Artur Becker
Der Lippenstift meiner Mutter
Roman

weissbooks.w

Der Lippenstift meiner Mutter

Für Magdalena

Dies ist kein autobiographischer Roman, obwohl man lebende und verstorbene Personen aus der Umgebung des Autors in diesem Buch wiedererkennen mag.

Ein Glossar polnischer und anderer Namen und Begriffe befindet sich auf den letzten Seiten des Buches.

Denkt nicht, ich sei gekommen, um Frieden auf die Erde zu bringen. Ich bin nicht gekommen, um Frieden zu bringen, sondern das Schwert. Denn ich bin gekommen, um den Sohn mit seinem Vater zu entzweien und die Tochter mit ihrer Mutter und die Schwiegertochter mit ihrer Schwiegermutter; und die Hausgenossen eines Menschen werden seine Feinde sein.

Matthäus 10, 34–36

Der Ort soll vor seiner jetzigen Benennung den Namen Rosenthal geführt haben. Gewiß ist, daß der Ort schon vor Erhaltung seines Privilegiums zu einiger Bedeutung gelangt war, weil in demselben jährliche Abgaben von Brodbänken, Fleischbänken, Schuhbänken und Fischbänken die schon erbaut sind (iam constructis) vestgesetzt werden, welches wohl von einem unbedeutenden Orte nicht hätte können gesagt werden.

Johann Gottlob Behnisch, 1836

All that is now
All that is gone
All that's to come
and everything under the sun is in tune
but the sun is eclipsed by the moon.

Pink Floyd »The Dark Side of the Moon« (1973)

Kapitel 1: Der Stepptanz und »Die Geliebte des französischen Leutnants«

Die sichelförmigen Absatzeisen, deren unermüdliches und unüberhörbares Klappern auf den Straßen von Dolina Róż erst in den langen und schneereichen Wintern fast gänzlich zum Verstummen kam, waren bei Herrn Lupicki, dem einzigen Schuster des Städtchens, der Verkaufsschlager. Damit würde Herr Lupicki zwar nie reich werden, und das wusste er, der seinen Beruf seit mehr als vierzig Jahren ausübte, wohl am besten, doch was sollte er machen. Alle Männer und Halbwüchsigen ließen bei ihm ihre Schuhe regelmäßig mit diesen hauchdünnen Absatzeisen veredeln. Sechs Nägel reichten, um die halbmondartigen und etwa sieben Zentimeter langen Eisen aufzuschlagen, und schon war selbst der letzte Armleuchter ein gemachter Mann. Keiner der Männer und heranwachsenden Jungen mochte auf das metallische Klappern auf den Bürgersteigen und Straßen – den hörbaren Beweis für die Männlichkeit oder Gerissenheit eines Kerls – verzichten. Ja, selbst die Pfarrer, die Milizionäre und Barteks Lehrer griffen zu diesem altbewährten Köder, der alte Weiber, widerspenstige Töchter und begehrenswerte Schülerinnen vom Gymnasium oder von der Nähschule davon überzeugen sollte, dass sie es nicht mit irgendwelchen Angsthasen und dahergelaufenen Hunden zu tun hätten, sondern vielmehr mit echten Helden, die zu jedem Schritt bereit seien – buchstäblich. Und den zahlreichen Mitbewerbern wurde signalisiert, sich warm anzuziehen, denn je lauter das metallische Klappern, dieser tägliche chaotische Stepptanz von Dolina Róż, war, desto wichtiger kamen sich die Träger der durch Herrn Lupicki persönlich aufgerüsteten Schuhe vor.

An diesem Stepptanz im Städtchen fand auch Bartek großen Gefallen, obwohl er erst fünfzehn Jahre alt war. Sein wichtigster Feind Schtschurek – die Ratte – ging sogar so weit, dass er sich selbst seine Turnschuhe mit Eisen, die er im Übrigen ständig verlor, beschlagen ließ. Doch jeder wusste, dass Schtschurek ein Idiot war und nur eines im Sinn hatte: solchen Muttersöhnchen, wie seiner Meinung nach Bartek eines war, bei passender Gelegenheit die Nase zu polieren. Schtschurek hasste Kinder, deren Mütter beliebte, hübsche und schwarzhaarige Lehrerinnen waren, da seine eigene Mutter, die an der Flasche hing, nicht einmal für knauserige Freier vom Lande ein Objekt der Begierde darstellte. Schtschureks Vater war zudem Totengräber, und man erzählte sich in der Werkstatt von Herrn Lupicki, dass der Totengräber Biurkowski ein mieser betrügerischer Grabhändler sei. Er würde nämlich die besten Liegeplätze des alten Friedhofs an der Luna für teures Geld an die Reichen verhökern, und die Armen hätten wieder einmal das Nachsehen und müssten ihre Angehörigen an den Randzonen bestatten, wo man noch hier und da alte Gräber mit Skelettresten und Schädeln aus deutschen Zeiten vermutete oder gar zu erkennen glaubte. Die von Efeu, Sträuchern und Gräsern überwucherten Gräber ähnelten riesigen Ameisenhaufen. Herr Lupicki sagte bloß: »Was ärgert ihr euch über dieses Stinktier Biurkowski! Ihr würdet an seiner Stelle genauso handeln! Der Gute will mit seiner Familie doch auch nur überleben!«

Jedenfalls versuchte Bartek, seinem größten Feind aus dem Weg zu gehen, nicht deshalb etwa, weil er dessen Arschtritte fürchtete. Nein, Schtschurek tat ihm sogar leid, zumal das Gesicht seines Erzfeinds tatsächlich der spitzen Schnauze einer ausgehungerten Ratte ähnelte. Diese Schnauze war der wahre Grund für Barteks Fluchten vor Schtschureks Verfolgungsjagden. Barteks Opa Monte Cassino väterlicherseits, der mit zwei Beinstümpfen im Rollstuhl saß, weil ihm im Krieg die Beine amputiert worden waren, und der in der Werkstatt von Herrn Lupicki als Aushilfe arbeitete, hatte nämlich seinen Enkel schon mehrmals gewarnt, Schtschurek nicht ins Gesicht zu sehen, vor allem nicht in seine Augen, denn das Böse sei eine Krankheit, die sich durch direkten Blickkontakt automatisch vermehren würde. Er wisse, wovon er spreche, so Opa Monte Cassino, er habe schließlich den Krieg an allen denkbaren Fronten mitgemacht – von Monte Cassino bis nach Afrika. Böse Augen seien stärker als die eines Normalsterblichen, mahnte er seinen Enkel, wenn dieser wieder einmal in die Fänge Schtschureks geraten war, und selbst Heilige zögen den Kürzeren, wenn sie von Angesicht zu Angesicht vor einem Bösewicht stünden.

Da Bartek nach der Schule so gut wie nie direkt nach Hause ging, wo ihn ohnehin niemand erwartete – außer seinem jüngeren Bruder Quecksilber vielleicht, der weinerlich und kränklich war, regelmäßig gläserne Fieberthermometer zerbiss und nach dem täglichen Schulunterricht meistens von Oma Olcia umsorgt wurde –, trieb er sich bis zum Abend auf den Straßen von Dolina Róż herum. Immer wieder suchte er die Werkstatt von Herrn Lupicki auf, um sich vor dem Regen oder einem Schneesturm zu verstecken oder, ganz einfach, um den neuesten Klatsch zu erfahren. Dann saß er stundenlang am Tresen, machte dort seine Hausaufgaben, hörte den Schustergesprächen und der eintönigen Musik zu, welche die Schuster mit ihren Hämmern und Feilen und Schleif- und Nähmaschinen erzeugten, oder er unterhielt sich mit der jungen Meryl Streep, von der er glaubte, sie wäre sein Mädchen, seine erste große Liebe! Er hatte im Kino *Zryw* den Film »Die Geliebte des französischen Leutnants« mit der Streep in einer Doppelhauptrolle gesehen, und seitdem war er wie ausgewechselt. Er begriff, dass er sich verliebt hatte, und obwohl seine Geliebte nur auf der Leinwand zu sehen war, beschloss er, der rothaarigen Meryl treu zu sein – bis er eines Tages eine echte Meryl treffen würde: eine aus Fleisch und Blut. Bartek machte sich da zwar keine allzu großen Hoffnungen, aber das Wichtigste war für ihn, dass er ein hübsches Mädchen liebte, das begehrenswerter war als die Schülerinnen vom Gymnasium oder von der Nähschule.

Zu Hause zu sitzen bedeutete für Bartek, dass er keine einzige ruhige Minute hatte, denn seine Eltern ließen ihn gern kleine Botengänge erledigen: »Bartek, renn schnell los und kauf bitte für den Papa eine Schachtel Zigaretten!« Oder: »Hol bitte für die Mama den neuen Schminkstift ab! Ich hab ihn bei Frau Żuławska unter dem Ladentisch gekauft!«, sagte Stasia gelegentlich, Barteks schwarzhaarige Mutter. Sie ist eine Hexe, eine ganz ausgebuffte Hexe, dachte er oft, mit ihren schwarzen Haaren fängt sie die Männer wie mit einem Kescher und stopft ihnen ihren schwarzen Schopf in den Mund, damit sie an ihrer Hexenschönheit ersticken.

Am schlimmsten war es jedoch am frühen Morgen oder am frühen Abend, wenn etwas Wichtiges fehlte, und es fehlte immer etwas Wichtiges: Zigaretten zum Beispiel. Warum kauft sich der Vater nie selbst Zigaretten?, fragte sich Bartek jedes Mal, wenn er wieder zum Kiosk gehen musste, um *Popularne*, *Sporty* oder *Klubowe* zu besorgen. Warum muss ich ständig seine Zigaretten kaufen? Und das Brot – entweder war es verschimmelt oder vertrocknet, und Bartek musste wieder los und einen Laib Brot, einen Liter Milch und ein Kilo Zucker und *kostkę masła*, ein Stück Butter, kaufen. Manchmal dachte er, seine Eltern hätten ihn lediglich deshalb gezeugt, um einen guten und gehorsamen Diener zu haben, den fleißigen Hermes. Sie saßen im Wohnzimmer auf dem Kanapee, sahen fern und erteilten ihm Befehle, während der Fernseher *Neptun* – eine alte polnische Schabracke, wie sich sein Vater Krzysiek auszudrücken pflegte – laut aufgedreht war, aber nur dann, wenn keine Konzerte mit klassischer Musik übertragen wurden. Chopin, Debussy und der Pianist Krystian Zimerman machten den Vater wahnsinnig, er fasste sich an den Kopf und schrie: »Bartek! Stell diesen fürchterlichen Krach aus! Diese Musik ist krank!«

Zum Glück stand der Fernseher auf vier dünnen Beinen, und zu Barteks Freude – Schadenfreude – war es ganz leicht, ihn im Vorbeigehen umzustoßen. Er landete immer auf dem Rücken, sodass der Bildschirm nie zu Bruch ging. Aber Stasia verteidigte ihren Sohn nicht, weil sie Angst vor ihrem Mann hatte, Angst vor seinen cholerischen Wutattacken, wenn sein Adamsapfel wieder einmal zu zittern begann, die Augäpfel sich mit roten Äderchen bedeckten, weshalb er von Sekunde zu Sekunde geistesabwesender und wutentbrannter wirkte. Diese Väter waren keine Freunde der Menschheit. Im ganzen Haus, auf jeder Etage des orange gestrichenen

Wohnblocks im Plattenbauquartier, in dem Bartek mit seinen Eltern und seinem Bruder Quecksilber wohnte, waren sie anzutreffen, und einmal in der Woche zogen diese unberechenbaren Väter ihre von Herrn Lupicki gelochten Ledergürtel genüsslich aus der Hose, um ihre Söhne zu verprügeln. Ja, solche Weltmeister der cholerischen und alkoholgesteuerten Wutattacken bewohnten ganze Plattenbausiedlungen, und Bartek sorgte sich, eines Tages auch so ein unberechenbarer Weltmeister der Wut zu werden. Daher beschloss er für sich schon früh, nie Kinder zu zeugen. Manchmal fragte er seine Geliebte, der er fast jeden Tag einen neuen Namen gab: »Und, willst du mit mir Kinder haben?« – »Nein, mein Liebster! Du weißt doch, was sie ihren Kindern antun! Sie bilden sie zu Butlern aus und schicken sie jeden Sonntag in die Kirche zur Heiligen Messe, um ein reines Gewissen zu haben, oder sie lassen sie bei ihren alkoholischen Sexorgien in Ungewissheit taumeln, ob es da im benachbarten Wohnzimmer, aus dem seltsame Geräusche und Stimmen kommen, wirklich mit rechten Dingen zugeht ...« – »Ach meine Liebe! Du musst jetzt schlafen gehen, ich habe noch etwas Wichtiges zu erledigen.« Und dann verschwand seine Meryl Streep, die so gut wie jeden Tag anders hieß und die noch nie jemand gesehen hatte, weshalb man Bartek für einen Angeber, Lügner und Träumer hielt, der steif und fest behauptete, Meryl Streep sei in ihn verliebt. Doch seine Eltern und auch der Schuster Lupicki und selbst Opa Monte Cassino sagten ihm: »Bartek! Du hast keine Freundin! Du sprichst mit Gespenstern! Und mit dir selbst!« Die Mutter Stasia machte sich Sorgen, und sie überlegte ernsthaft, ob sie ihren Sohn nun nicht doch einem Facharzt vorstellen sollte, einem Psychiater oder einem Psychologen aus Gdańsk oder Olsztyn; oder auch dem Mörder Baruch, der, nachdem er seine Strafe abgesessen hatte, ein Heiliger geworden war – nach seiner Entlassung aus dem Gefängnis war er zum besten Kurpfuscher des Landkreises Dolina Róż avanciert: Mit flauschigen Pfoten von Kaninchen, die er züchtete und mit großem Appetit verspeiste, versuchte er, die Menschen zu heilen und die bösen Geister zu vertreiben, indem er die Stirn seines Patienten mit einer Kaninchenpfote massierte.

Der einzige, der Bartek glaubte und auch seine Meryl mehrmals gesehen hatte, war Norbert, der dreißigjährige Sohn von Herrn Lupicki.

Norbert hatte einen Buckel – und an der rechten Hand sechs Finger. Für diese Laune der Natur und auch dafür, dass er nicht imstande war, seinen erbsengroßen Wortschatz zu erweitern, stellte man ihm gelbe Papiere aus: »Gelbe Dokumente für die Ewigkeit des Universums…«, sagten kichernd die älteren Jungen, die nach der Heiligen Messe vor der St.-Johann-Kirche Zigaretten rauchten. Der geistig behinderte Sohn von Herrn Lupicki spielte in Dolina Róż den Narren, und er spielte diese Rolle gern, zumal er von den Bewohnern des Städtchens für seine Nummern immer wieder mit Beifall oder gar Geschenken (Pfannkuchen mit Heidelbeeren, einer Flasche Bier oder einer Zigarette) belohnt wurde.

Man kann nicht gerade sagen, dass Norbert, der anhänglich war wie ein herrenloser Hund, Barteks bester Freund war. Und da Bartek – wenn er nicht gerade in der Schusterwerkstatt die Zeit totschlug – die Abende am liebsten mit Marcin und seiner Musik, seinen Büchern und Geschichten über exotische Auslandsreisen teilte, musste er Norbert oft den Laufpass geben. Er konnte ihn zu Marcin nicht mitnehmen, den verlorenen Narren, da Marcin, der bald achtzehn werden sollte, als Aristokrat des Denkens und Handelns – diese Bezeichnung war seine eigene Erfindung – keine Launen der Natur tolerierte. Er zitierte pausenlos große Namen, so auch den Philosophen Nietzsche, den er übrigens ins Polnische übersetzte – in Nietzsches eigentliche Muttersprache, so Barteks Kumpel und Lehrmeister –, und manchmal sagte er in belehrendem Ton: »Bartek! Du weißt gar nicht, wozu der Mensch fähig ist! Der Bucklige beleidigt nicht das Antlitz Gottes, sondern vielmehr das unserer menschlichen Spezies. Ich würde ihn in einem Käfig halten wie ein wildes Tier!«

Im Grunde genommen war Marcin in Dolina Róż nur ein Gast, ein Astronaut, der seit Jahren seine baldige Rückkehr ins Paradies, in das Gelobte Land plante. Er sagte, er wandere nach dem Abitur sofort in die USA aus und er bereitete sich auf diese große Ausreise jeden Tag vor, nicht nur, indem er intensiv Englisch lernte, nein, er versuchte auch, ein vorbildlicher Antikommunist zu sein. In der Tat war er in seiner politisch konsequenten Haltung eines Unangepassten und Aufwieglers nicht zu übertreffen, doch Bartek hatte dafür eine Erklärung: Nur der Sohn eines hohen Parteibonzen durfte ungestraft in seinem eigenen Rhythmus trommeln und protestieren und die Kommunisten für alle Misserfolge und die bitteren Niederlagen der Meinungsfreiheit in den Tageszeitungen aus Olsztyn oder Warschau verantwortlich machen; sein Papa würde ihn so und so immer in Schutz nehmen, und Marcin konnte damit nicht von der Schule verwiesen werden, obwohl er schon so oft die Lehrer und die Partei beleidigt hatte, meist im Gemeinschaftskunde- oder Polnischunterricht, wenn die Lehrer Gedichte über die Revolution von 1905 und 1917 vortrugen.

Marcin wohnte im einzigen von Reklamen und grellen Farben erleuchteten Wolkenkratzer des Städtchens – einem Wolkenkratzeraspirant, wie diese Mietskaserne im Jargon der Bewohner von Dolina Róż hieß. Dabei handelte es sich bei dem buntscheckigen Gebäude um einen ganz gewöhnlichen Wohnblock aus Betonplatten, der vier Eingänge und Stockwerke hatte. Da aber der Wolkenkratzeraspirant auf einem gewaltigen Sockel thronte, ragte er hoch in den Himmel wie der Turm der St.-Johann-Kirche. Im Sockel befand sich ein Restaurant mit der berüchtigten Dancing-Bar *Piracka*, in dem Barteks Tanten Hania und Agata, die zwei schwarzhaarigen Schwestern seiner Mutter Stasia, von Zeit zu Zeit für ungeheure Skandale sorgten: klassische Liebesszenen auf dem Billardtisch oder unangekündigte Verlobungs- und Hochzeitsfeiern. Einmal machte Barteks Oma Olcia, die in der Kopernikusstraße wohnte, vor dem Eingang des *Piracka* eine Verschnaufpause, weil sie unter mörderischem Bluthochdruck litt und ihr die Einkäufe vom Wochenmarkt zu schwer geworden waren – vor allem die Gans, die noch lebte und in einem Korb aus Todesangst ununterbrochen schnatterte. Und da das *Piracka* wegen einer Feier wirklich aus allen Nähten platzte, fragte Oma Olcia den nächstbesten Passanten, wer denn in diesem vom Teufel besessenen Schuppen feierte: »Das wissen Sie nicht, *Pani* Olcia?«, antwortete der junge Mensch. »Ihre Tochter Agata hat den Versicherungsbetrüger geheiratet, diesen Russischpolen! Jetzt saufen sie und tanzen sie!«

Mit anderen Worten: Marcin, der Aristokrat des Denkens und Handelns, lebte im Zentrum von Dolina Róż wie mitten im verruchten Warschau. Und wenn man zum Beispiel in der Silvesternacht auf dem Dach des Wolkenkratzeraspiranten stand – was eigentlich verboten war –, blickte man als Erstes auf die alten Wallanlagen, die einst die Altstadt vor den Angriffen der Pruzzen und anderer heidnischer Barbaren beschützten. Dann wanderte der Blick unweigerlich zum mittelalterlichen Kreuzrittertor mit der schwarzen, im Winter meist verschneiten und vereisten Uhr, auf der weiße Ziffern leuchteten. Im nächsten Moment schaute man auch noch auf den gigantischen Defilierplatz und das Kino *Zryw*, und vor allem flog man zu der Hanka-Sawicka-Straße und ruhte wieder eine Weile auf dem mittelalterlichen Tor mit der schwarz-weißen Turmuhr, von Bartek auch liebevoll *Big Ben* genannt, um schließlich bei den kleinen Läden und Arztpraxen und Ämtern der Hanka-Sawicka-Gasse zu verweilen: Dort auch lag die Werkstatt von Herrn Lupicki.

Der ehrenvollste und den Schustern immer willkommene Gast – zugegeben, ein seltener Gast – war Mariola, Herrn Lupickis Tochter, die junge, fünfundzwanzigjährige Krankenschwester, in die selbst der Aristokrat des Denkens und Handelns verliebt war. Jedes Mal wenn sie, stets leichtfüßig wie aus dem Nichts, die Schusterwerkstatt betrat, brachte ihr Halbbruder Norbert seine Ministrantenglocken zum Läuten, die er immer bei sich trug und die meist in einer ledernen Umhängetasche steckten. Mariolas Halbbruder kramte die Ministrantenglocken nur in Momenten hervor, wenn er seine Freude bekunden wollte. Allerdings verursachte er dann einen riesigen Lärm, und da er vor allem von seinem Vater für das debile Läuten, wie sich Herr Lupicki auszudrücken pflegte, ordentlich Schelte bekam, verwandelte sich die unbändige Freude in Sekundenschnelle in Wut und Trauer. Norbert zerrte im nächsten Augenblick hastig aus seiner Soldatenumhängetasche die aus sechs fetten Lederriemen geflochtene Geißel hervor, schlug sich damit auf den Rücken und wiederholte den einzigen Satz, den er in grammatikalisch korrektem Polnisch sagen konnte: »Norbert hat eine böse Strafe verdient! Norbert hat eine böse Strafe verdient! *Norbert zasłużył na tę straszną karę!*«

Kapitel 2: Die Schule, die sieben Gangarten und die brennenden Kühe

Schon seit einiger Zeit musste Bartek als frischgebackener Technikumschüler und zukünftiger Spezialist für Drehmaschinen jeden Montag ein Sakko, ein weißes Hemd und eine Krawatte anziehen. Auf dem rechten Ärmel musste das rote Schulemblem seines Mechanischen Technikums für jeden Lehrer sichtbar angenäht sein. Agraffen und Stecknadeln wurden nicht akzeptiert: Sie zerstachen das Herz des polnischen Adlers und der Warschauer Sirene mit ihrem Schwert und Schild; sie zerstachen auch das Stadtwappen von Dolina Róż, die drei Treppenstufen mit den zwei gekreuzten Beilen, den sogenannten Barten; sie beleidigten das Lehrerkollegium und die sozialistische Ordnung, die der katholischen und mittelalterlichen sehr ähnelte. Jeden Montag fanden in der ersten Unterrichtsstunde lange Schulappelle statt – zu Ehren der im Krieg gefallenen Soldaten, zu Ehren der Arbeiter, die im Schweiße ihres Angesichts das sozialistische Haus aufbauten, zu Ehren des Schuldirektors und zum Schluss zu Ehren der Schüler, der zukünftigen Techniker und Ingenieure. Und da es sich bei dem Technikum um einen reinen Männerhort handelte, standen beim Montagsappell im großen Festsaal der ehemaligen Wehrmachtskaserne, die nun seit vielen Jahren als Schule diente, die festlich uniformierten Schulklassen, von der ersten bis zur fünften. Bartek fühlte sich bei diesen Schulappellen wie ein Wehrmachtssoldat und manchmal wie ein Rotarmist oder wie der französische Leutnant von Meryl Streep. Und wenn er im Chemieunterricht wieder einmal versagte – obwohl der Chemielehrer ein Fan der Scorpions war und den Schülern gern seine liberale Ader zeigte, indem er predigte, dass jeder Schüler einmal im Monat nicht vorbereitet sein dürfe –, flüsterte Bartek seinen Nachbarn, die mit ihm zusammen auf einer Bank saßen, zu: »Euch würde ich nicht mit in den Krieg nehmen, ihr seid Versager und Verräter – warum habt ihr eure Hefte mit den Formeln und

Definitionen zugeklappt, während ich von unserem Chemielehrer ausgequetscht wurde?«

Für diese Appelle holte man die Schulfahne und die Nationalflagge aus dem sogenannten Gedenkzimmer hervor und sang die Nationalhymne, um sich anschließend lange Monologe und statistische Berichte des Schuldirektors anzuhören.

Dieses montägliche Ritual im Technikum hatte Bartek eingeimpft, dass nicht nur die Kirche, sondern auch der Staat ein Monopolist in Fragen von Ethik und Moral war. Anton, Barteks Schulfreund und Klassenkamerad, behauptete sogar, dass der neue sozialistische Staat viel stärker sei als die Kirche, weil er sich nicht einmal davor scheute, das jedem Büßer nach dem Tod versprochene ewige Leben als größten Betrug der Religionen zu entlarven. Anton erklärte noch, der sozialistische Staat scheitere zwar an der Geldgier der Menschen, sei aber dem Kapitalismus dennoch überlegen, weil er begriffen habe, dass der Mensch auf das Jenseits und das Paradies nicht warten wolle und könne, da er zu ungeduldig sei. Das Jenseits und das Paradies müsse man bereits auf Erden schaffen. Für diese Gedanken schätzte Bartek seinen Freund sehr, und er sagte zu ihm im Chemieunterricht, wenn er wieder einmal nicht vorbereitet war: »Anton, dich würde ich jederzeit mit in den Krieg nehmen, du hast mein Ehrenwort, das Ehrenwort eines echten Soldaten und Helden!«

Der Schnee war früher gefallen als gewöhnlich, denn kaum, dass die Kerzen, die man zu Allerheiligen und -seelen auf den Gräbern der Verstorbenen aufgestellt und angezündet hatte, geschmolzen und erloschen waren, schneite es fast jeden Tag. Das Städtchen fiel in einen tiefen Schneeschlaf, und die anhaltende Kälte machte die Menschen einerseits träge, andererseits hungrig und sexgierig; zumindest träumten die meisten von einem warmen Bett, einem üppigen Mittagessen und von langen Stunden zu zweit unter der weißen Federbettdecke der Nacht. Solche Träume waren nicht leicht zu verwirklichen, da der Staat von Zeit zu Zeit den Strom abschaltete, um Steinkohlebestände zu sparen, und es passierte nicht selten, dass auch das Wasser abgestellt wurde. Dann saß man in den Plattenbauquartieren im Dunklen und hoffte, dass keines der gefrorenen Rohre der erkalteten Heizkörper platzen würde. Die Kinder erledigten ihre Hausaufgaben bei Kerzenlicht, frierend und an den Fingernägeln kauend, während ihre Eltern für sie Geschwister zeugten, in einer finsteren Ecke einer Fabrik oder Schule.

Es war wieder einmal einer jener langweiligen und zugleich heiligen Schulappellmontage, als Bartek nach dem siebenstündigen Schulunterricht vor der Mauer, die die ehemaligen Kasernengebäude umgab, herumlungerte und mit Anton Zigaretten rauchte, sozusagen auf neutralem Terrain, da sie sich außerhalb des Schulgeländes befanden. In fast jeder Pause kamen die Lehrer des Technikums herbeigerannt, um die rauchenden Schülerhorden auseinanderzutreiben, und dann flohen die jungen Raucher in den Stadtwald, in dem es in der Nähe des berühmten Teufelsbergs viele Verstecke gab und sogar ein Goethe-Denkmal, das die Ostpreußen vor langer Zeit errichtet hatten. Diejenigen Schüler, die sich erwischen ließen, mussten mit einer schlechten Note für ihr soziales Verhalten rechnen, die sie jedoch wenig bekümmerte.

»Schusterkind«, sagte Anton. »Wann gehst du wieder zu Marcin, um Musik zu hören und den nächsten Kurs in Philosophie zu belegen? Ich würde gerne einmal zu ihm mitkommen! Angeblich plant er ein Attentat ...«

»... er plant gar nichts!«, unterbrach Bartek seinen Freund. »Wozu sollte er an ein Attentat denken, wenn er sowieso nach dem Abi abhauen will, und zwar nach Amerika?!«

Bartek mochte es nicht, wenn ihn seine Freunde Schusterkind nannten. Sie neckten ihn mit diesem grässlichen Wort, das sich in seinen Ohren so anhörte, als hätte er kein Zuhause. Allerdings war das gar nicht unbedingt falsch. Er hasste sein Zuhause, konnte sich das aber nicht eingestehen. Am wohlsten fühlte er sich in der Werkstatt von Herrn Lupicki. Bei ihm bekam man immer einen Teller heißer Erbsen- oder Kartoffelsuppe, ein Glas schwarzen Tee oder einen Schnaps, den vor allem Barteks Vater und Onkel zu sich nahmen, die drei blonden und blauäugigen Schwager, die Ehemänner von Oma Olcias schwarzhaarigen und dunkelbraunäugigen Töchtern. Schon am frühen Morgen, wenn Herr Lupicki seine Schusterwerkstatt öffnete, kamen die ersten Durstigen und Hungrigen, tranken einen Schnaps und aßen ein Stück Schweinespeck mit Brot, bevor sie weitergingen, jeder zu seinem Büro, zu seiner Fabrik. Große Strecken legte man in Dolina Róż zu Fuß zurück, da so gut wie niemand ein Auto besaß, und mit dem Fahrrad zu fahren, kam keinem in den Sinn, da man Fahrräder nur Erstkommunionskindern schenkte. Und so marschierten die Frauen, Männer und Kinder von Dolina Róż jeden Morgen zu ihren Schulen, Fabriken und Büros, um am späten Nachmittag wieder auf die Straße zurückzukehren, wo sie dann in den Schlangen vor den Lebensmittelläden stundenlang ausharren mussten, um Seife, Toilettenpapier und schlesische Wurst zu ergattern. Oder sie gönnten sich bei Herrn Lupicki eine kurze Pause, palaverten mit den Schustern und beklagten sich über ihre Ehepartner und Sprösslinge, aber auch über die Regierung und die Inflation. Im Winter begann ihr Tag im dunkelgrauen Licht des Schnees und des frostigen Himmels und endete im abendlichen, ein wenig rötlich schimmernden Dämmer. Bartek kam es so vor, als würde er von November bis Ende Januar am Nordpol wohnen, wo seit Tausenden von Jahren – seit der Sintflut quasi – die längste Nacht der Menschheit herrschte. Er liebte es, zusammen mit Anton und Marcin an einer Straßenecke herumzulungern und zu beobachten, wie die Bewohner ihres Städtchens von einem Termin zum nächsten eilten und kilometerlange Entfernungen zurücklegten – womit gesichert war, dass Herr Lupicki nie arbeitslos werden würde. Dabei studierten das Schusterkind und seine Kumpels die verschiedenen Gangarten: die Monty-Python-Sketche hatten sie auf diese Idee gebracht.

Die Schul- und Fabrikdirektoren stolzierten mit ausgestreckter Brust und voller Stolz auf ihren verantwortungsvollen Beruf. Manchmal setzten sie Sonnenbrillen auf, um dem direkten Blick eines Passanten zu entfliehen, und gleichzeitig versuchten sie, so zu tun, als wäre ihnen jedes zufällige Gespräch, jede zufällige Begegnung auf der Straße wichtig, indem sie freundlich lächelten und Fragen beantworteten. Dieses freundliche Lächeln und Antworten deutete Bartek jedoch als Maskerade, er spürte, dass die Direktoren in Gedanken bei ihren alltäglichen Sorgen waren: Ihre eigenen Kinder brauchten dringend Hilfe in allen Lebenslagen; ihre Ehefrauen gingen fremd, und der Krebs wütete in der Verwandtschaft. Die Gangart der Schul- und Fabrikdirektoren war erhaben und selbstbewusst, sie besaß aber eine klare Schwäche: Wenn man so stolzierte durch die Straßen von Dolina Róż, immer in den Himmel schauend, hochnäsig und aristokratisch, konnte man leicht umknicken, sich den Fuß verstauchen oder gar gegen ein Auto laufen und unter die Räder kommen. Es war »die Gangart der Blinden«.

Die drei blonden Schwager trugen Stiefel mit hohen breiten und schweren Gummiabsätzen, knielange Pelzmäntel und russische Wintermützen aus Kaninchenfell. Da sie meistens angetrunken oder gar besoffen waren, gingen sie immer schwerfällig und müde, als schleppten sie auf dem Rücken einen Sack Kartoffeln. Onkel Fähnrich, der Funker aus der Gelben Kaserne wie auch Tante Hanias Mann, und Onkel Versicherung, der Russischpole, der bei der staatlichen Versicherungsanstalt gearbeitet und nach seiner disziplinären Kündigung die Stelle eines Lagerverwalters angenommen hatte, gingen noch lethargischer als Barteks Vater, der ein spindeldürrer Bursche war. Eigentlich hatten Bartek, Anton und Marcin den Eindruck, die drei blonden Schwager trügen die ganze Erde auf ihrem Rücken. Sie litten unter dieser enormen Last sehr; sie litten für Millionen, für die Bewohner ihres Planeten. Ihre Gangart war »die Gangart der Elefanten«.

Mariola, die ebenso wie ihr Halbbruder bei ihrem Vater zu Hause wohnte und in die viele Männer und Jungen von Dolina Róż verliebt waren (außer Bartek, der ja vergeben war), Mariola und die drei schwarzhaarigen Töchter von Oma Olcia schminkten sich übertrieben, als hätten sie jederzeit in der Dancing-Bar *Piracka* zu einem heißen Tanz mit einem neuen Fähnrich aus der Schwarzen oder Gelben Kaserne anzutreten. Und wenn Männer aus dem Westen nach Dolina Róż zu Besuch kamen, vor allem aus Deutschland, und den hiesigen Weibern begegneten, dachten sie, sie hätten es mit Prostituierten zu tun, was Bartek und seine Kumpels nicht kränkte, obwohl es sich um ihre eigenen Mütter und Tanten handelte. Die Jungen waren einen anderen Anblick nicht gewohnt, Frauen mussten so geschminkt und ausstaffiert sein – zu Hause, bei der Arbeit und selbst beim Putzen. Dennoch war auch das Schusterkind gegen Eifersucht nicht gefeit. Es brachte Bartek in Rage, wenn er – begleitete er wieder einmal seine Mutter und Tanten beim Einkaufen – gierigen Blicken junger Männer begegnete, die Stasia und ihre Schwestern von Kopf bis Fuß musterten und durchleuchteten, als wollten sie bei einer Pferdeauktion eine schöne gesunde Reitstute ersteigern. Die meisten Frauen des Städtchens gingen wie Giraffen, wackelten in engen Röcken mit ihren Hintern, warfen ständig selbstverliebte Blicke auf ihre rosa lackierten Zehennägel und die neuen Stöckelschuhe, und im Winter machten sie sich große Sorgen um ihre Schminke, dass der Schnee oder Regen sie zerstören und verschmieren könnte. Die Frauen verhüllten ihre Gesichter mit einem dicken Schal, und ihre schwarz getuschten Wimpern und Augenbrauen blinzelten, da sie schon wieder ein paar Schneeflocken gefangen hatten. Ihre Gangart war »die Gangart der Spielzeugpuppen«.

Schtschurek trippelte wie eine Ratte, und man merkte ihm an, dass er in Wirklichkeit einem Angsthasen in nichts nachstand. Und da der Iltis ein feiges Tier war wie die Ratte, musste Schtschureks Trippeln »die Gangart des Iltisses« heißen.

Am lächerlichsten erschien Bartek und Anton, wie ihre Mitschüler gingen – auf den vorderen Fußballen, ihre Fersen berührten beim Gehen kaum den Boden, und in ihrem Springen von Schritt zu Schritt wollten sie ihre Feinde einschüchtern und ihnen zeigen, was für tolle Hechte sie seien: Kampfhähne erster Güte. Es war »die Gangart der Springenden Hechte«.

Der Einzige, der seine Gangart dauernd änderte, war Norbert. Er dackelte und tapste durch die Gegend wie eine Ente, wenn er aufgeregt war und eine wichtige Nachricht in schriftlicher Form zu überbringen hatte. Sein Hintern vibrierte, er drehte sich wie ein Propeller. Oder Norbert schleppte sich, wenn er mies gelaunt war, schweren Schrittes durch die Straßen von Dolina Róż, als würde ihn sein Buckel erdrücken. Seine Nase wurde dann länger und länger, und man hatte das Gefühl, Norbert würde im nächsten Moment umfallen und nie wieder aufstehen. Es war also »die Gangart des Helikopters«, die der Sohn von Herrn Lupicki repräsentierte, weil ein Helikopter besondere Flugkunststücke vorführen und gleichzeitig leicht zum Abstürzen gebracht werden konnte.

»Schusterkind! Erzähl mir noch einmal, wie wir gehen! Ich höre es so gern aus deinem Munde!«, sagte Anton, als sie die Zigaretten mit ihren Schuhen ausdrückten und sich auf den Nachhauseweg machten. Anton trug eine eng anliegende schwarze Jeans und eine weiß-blaue Lederjacke mit metallenen Knöpfen; die Schulterklappen waren aus weißen und blauen Lederriemen geflochten. Er sah aus wie ein Rocker, aber eigentlich schlug sein Herz vor allem dann höher, wenn er sein Portemonnaie mit Geldscheinen füllen konnte. Mit anderen Worten: Er war der geborene Geschäftsmann und ein ziemlich abgefeimter Typ.

»Wir sind Fallschirmjäger und Ninjas«, antwortete Bartek. »Wir passen uns stets der Landschaft und dem Wetter an, und man kann uns nicht fangen. Zumindest sind wir beim Zigarettenrauchen oder Biertrinken noch nie von einem Lehrer erwischt worden, nicht einmal von unseren Alten. Wir sind schnell und zielstrebig. Sprinter eben. Unsere ›Gangart‹ ist die ›der Sprinter und Ninjas‹! Oder, was du nicht gerne hören magst, ›die der Schusterkinder‹!«

Anton freute sich jedes Mal über diese Beschreibung. Es war ihm wohl nicht klar, wie wenig ihn mit seinem Freund Bartek verband, der im Geldhorten keinen Eifer entwickelte. Ja, eigentlich sahen sie sich zwar jeden Tag, aber nur deshalb, weil sie am frühen Morgen zusammen zur Schule gingen und nach dem Schulunterricht gemeinsam den Rückweg antraten. Sie wohnten an zwei gegenüberliegenden Enden des Städtchens. Bartek war 1974 von Oma Olcia zusammen mit seinen Eltern und seinem Bruder Quecksilber in das neue Plattenbauquartier an der Luna gezogen, während Anton schon seit einer Ewigkeit in einer Villa in der Karol-Marks-Straße residierte: Die Reihenhäuser und Villen der Karol-Marks-Straße bewohnten Neureiche, Ärzte und Fabrikdirektoren – hier lebte die Elite von Dolina Róż, zu der auch Antons Eltern gehörten. Doch das Wenige, das Bartek und Anton verband, war unzerstörbar.

Die beiden Jungen schafften es also, jeden Tag im Kreis einen kilometerlangen Fußmarsch zu bewältigen. Anton holte seinen Freund morgens um halb acht vor dem Kino *Zryw* ab, dann marschierten sie durch die Altstadt, und später überquerten sie das Flusstal der Luna, um zum Bahnhof zu gelangen. Dort gingen sie durch die Eisenbahnunterführung weiter, den muffigen Tunnel, dann über die Schrebergartenanlage in Richtung des Stadtwaldes, in dessen Nachbarschaft sich die ehemaligen Kasernengebäude der Wehrmacht befanden.

Auf dem Rückweg passierten sie zunächst den alten Friedhof, der gegenüber der Molkerei und dem städtischen Baggersee lag und den man von der Rückseite durch eine aufgebrochene Öffnung im Betonzaun betreten konnte. Diesen inoffiziellen Eingang benutzten alle Bewohner von Dolina Róż, auch diejenigen, die streng katholisch waren und sich bei jedem unflätigen Wort bekreuzigten.

Auf dem Friedhof verwickelten sich die beiden Jungen kein einziges Mal in hitzige Debatten über das Leben nach dem Tod, worüber Bartek später, als er älter war, gewaltig staunen musste. Sie ignorierten die Verstorbenen, auch wenn sie manchmal vor einem Grab stehen blieben, um herauszufinden, ob sie den Toten persönlich gekannt hatten. »Warum liegen sie hier, all diese Menschen?«, fragte Bartek immer, aber sein Freund zuckte nur mit den Schultern und sagte: »Ich weiß es nicht! Ich habe lediglich eine Bitte an dich: Auf meiner Beerdigung möchte ich dich nicht dabei haben! Der alte Biurkowski, dieses Stinktier, soll mir meine Musik spielen, am besten meine Lieblingsbands, Lombard und Bajm, oder die LP ›The Dark Side of the Moon‹, damit ich glücklich einschlafen kann!«

Vom Friedhof aus führte der Nachhauseweg am städtischen Baggersee vorbei, an dessen Ufern Lagerhallen für Segelboote standen. Dort palaverten sie lange mit Antons Opa, der sich in den Kopf gesetzt hatte, eine perfekte Yacht zu bauen, die auf den masurischen Seen jedem Gewitter und Sturm trotzen sollte. Der alte Mann baute an dieser Yacht schon seit zehn Jahren, und sie ähnelte mehr einem U-Boot als einem wunderbaren Segelgeschoss mit einer Kabine und zwei Masten.

Bei Antons Opa tranken sie ein Bier und rauchten wieder eine Zigarette, bevor sie in die Karol-Marks-Straße gingen. In dieser Straße legten sie meistens eine kurze Pause ein und klingelten bei Antons Nachbar Romek. Anton begleitete Bartek normalerweise bis zum Kino *Zryw*. Dieses Ritual wiederholte sich jeden Tag, und dort vor dem Kino diskutierten sie gerne noch ein halbes Stündchen über die sieben Gangarten von Dolina Róż oder über die verheerende Wirkung der sowjetischen Atomwaffen, die angeblich die stärksten der Welt waren. Oft jedoch schaute Anton zusammen mit Bartek in der Schusterwerkstatt für ein kurzes herzliches »Hallo!« und »Wie geht's, Herr Lupicki?« vorbei. Erst nach dieser Stippvisite bekam Barteks Begleiter Sehnsucht nach seinem Zuhause und Nachbar Romek, der wiederum am liebsten die Rolle eines Eremiten und beleidigten Eigenbrötlers spielte. Romek war ebenfalls fünfzehn Jahre alt, wie Bartek und Anton, doch da er das Gymnasium besuchte und seine Eltern es sich leisten konnten, ihm Schallplatten und Jeanshosen aus dem Westen zu kaufen, hielt er sich für einen Mann von Welt. Er las Julio Cortázar und hörte Frank Zappa und Joy Division. Bartek gefiel an Romek nur eines: dass der den Besser- und Alleswisser Marcin für einen Scharlatan hielt. Bartek glaubte dennoch nicht daran, dass Marcin eine echte Revolution plante.

An diesem letzten Schulappellmontag im November standen Bartek und sein Freund lange Zeit vor der Haustür Romeks, der ihnen nicht öffnen wollte, obwohl er um die Mittagszeit immer zu Hause war. Sie dachten, dass ihr menschenscheuer Kumpel wahrscheinlich wieder einmal in seinen Elfenbeinturm geflohen war, um sich vor der Welt zu verstecken: Auf dem Dachboden, wo er Bücher las und Musik hörte, erstreckte sich nämlich sein kleines Reich, das eines Eremiten und beleidigten Eigenbrötlers.

Bartek und Anton versuchten nicht einmal, Romek anzurufen, um ihn aus seinem Versteck herauszulocken, indem sie versprachen, ihm eine Verabredung mit Mariola zu organisieren – für eine ganze Nacht! In der Tat, die Krankenschwester war die schönste Frau ihres im Winterschlaf versunkenen Städtchens. Bartek ertappte sich ab und zu bei der Vorstellung, wie er Mariola in der sogenannten Totenkammer, in der alte und von Herrn Lupickis Kunden vergessene und nicht abgeholte Schuhe lagerten, ausziehen und zum Sofa zerren würde, um sie zwischen den Beinen zu küssen. Es war dies für ihn eine merkwürdige Vorstellung, da er doch schließlich Meryl Streep liebte und ihr treu sein wollte. Und Mariola, die von einem ganz gewöhnlichen Mann mit einer langen Tatarennase und von einer ganz gewöhnlichen Frau mit viel zu kurzen Beinen und viel zu großen Brüsten gezeugt wurde, hatte sich aus unerklärlichen Gründen in diese abgelegene, von den großen Nationen schon oft verspottete und verlachte Gegend verirrt – so schien es den meisten Männern und Jungen, die in Herrn Lupickis Tochter und ihren verführerischen Körper verliebt waren und behaupteten, diese Schönheit hätte einen besseren Ort zum Leben und bessere Eltern verdient. Mariolas Seele musste völlig betrunken gewesen sein, als sie in diesen begehrenswert weißhäutigen und nach Kartoffelrosen duftenden Körper hineinschlüpfte, um irdische Freuden zu genießen, dachten die Jungen. Doch vielleicht waren auch die Ärzte des Johanniter-Krankenhauses daran schuld, dass Mariolas Seele nach Dolina Róż und nicht in eine berühmte Metropole geschickt wurde, in der es von Diven und Primadonnen nur so wimmelte. Denn im Johanniter-Krankenhaus, erzählte Herr Lupicki, wenn er zu viel Schnaps getrunken hatte, seien alle Ärzte vom Teufel der Verantwortungslosigkeit und des Leichtsinns besessen. Bei Mariola – und Herr Lupicki schäumte vor Wut, kam er wieder einmal auf ihre Geburt zu sprechen –, hätte Doktor Sokołowski einen schlimmen und folgenträchtigen Fehler begangen. »Verdammt! Er hat sie viel zu früh aus dem Bauch ihrer Mutter rausgeholt! Viel zu früh! Das Mädchen ist nur deshalb so hitzköpfig und heißblütig, weil es in Eile geboren wurde. Und diese verdorbene, in seinem Schoß brennende Hitze bringt die Männer um ihren Verstand!«, sagte er dann. Bei der Geburt seines Sohnes Norbert hätte Doktor Sokołowski hingegen sofort den Kaiserschnitt anordnen müssen, ärgerte sich der alte Schuster, dann wäre der arme Junge gesund auf die Welt gekommen, ohne Gehirnschäden, die er sich aufgrund der mangelnden Sauerstoffzufuhr zugezogen hatte – und auch die Mutter hätte nicht sterben müssen, wenn der Doktor sofort zum Skalpell gegriffen hätte.

Norbert hatte viel Zeit im Geburtskanal seiner Mutter verbracht – eine kostbare Zeit, die er nie aufholen sollte; sein überdimensionaler Wasserkopf hatte sich gegen die irdische Welt erfolgreich gewehrt. Das Baby sei am ganzen Körper vollkommen violett angelaufen gewesen, als man es schließlich doch noch aus dem Würgegriff des Geburtskanals der Mutter habe befreien können, und zwar mit einer riesigen Zange, erzählte eine Krankenschwester später dem besorgten Vater.

Ja, Norberts Mutter, eine waschechte Masurin, hatte man nicht mehr retten können, sie verblutete und starb, und Herr Lupicki heiratete nach einem kurzlebigen Witwerdasein erneut und zeugte mit der neuen Frau Lupicka – einer polnischen Köchin – die hitzköpfige und heißblütige Mariola. Es grenzte an ein Wunder, dass es diesem nicht besonders ansehnlichen Liebespaar gelungen war, eine echte Dorfschönheit zu zeugen. Die neue Frau Lupicka ekelte sich jedoch vor dem Dreck der Schusterwerkstatt, den ihr Mann täglich mit nach Hause einschleppte und der auch von seinen Fingernägeln und Händen nicht mehr wegzubekommen war, so sehr, dass sie mehr und mehr in tiefe Depressionen verfiel, auch wegen des Wasserkopfs von Norbert und wegen des sechsten Fingers ihres buckligen Stiefsohnes. Schließlich brannte sie mit einem Devisenschieber aus Olsztyn durch.

Als Anton und Bartek das Villenviertel in der Karol-Marks-Straße verließen, hörten sie in der Ferne die Martinshörner der Feuerwehr, die sie nicht beunruhigten, da es in Dolina Róż öfter Feuerwehrübungen gab wie auch Kanonenschüsse der Artillerie auf dem Truppenübungsplatz der Schwarzen und Gelben Kaserne.

Beim Anblick der Rauchwolken, die in der Nähe des Landgerichts hoch in den Himmel gestiegen waren, wurde ihnen klar, dass etwas Schlimmes passiert sein musste und dass es sich bestimmt nicht um eine Übung handelte. Sie rannten los und blieben erst an der Kreuzung stehen, an der schon das Johanniter-Krankenhaus zu sehen war. Sie mussten einen mit hoher Geschwindigkeit fahrenden Milizwagen vor ihren Nasen vorbeisausen lassen, bevor sie weiter laufen konnten.

Leuchtete in der zweiten Etage des Johanniter-Krankenhauses ein violettes Licht, bedeutete dies, dass gerade ein Patient operiert wurde. Vor diesem violetten Licht fürchteten sich die Bewohner von Dolina Róż sehr: Es war die Farbe des Todes und der katholischen Pfarrer, deren Stolen für die Heilige Messe violett gefärbt waren. Und das violette Licht war wieder eingeschaltet – hatte man die ersten Opfer auf den Operationstisch gelegt?, fragten sich Bartek und Anton. Auch sie beide waren von ihren Müttern im Johanniter-Krankenhaus geboren worden, an einem Ort, der schon seit fast hundertfünfzig Jahren als Brutstätte des Guten und Bösen diente. Tausende, Abertausende von Menschen waren im weißen Bauch dieses ostpreußischen Krankenhauses zur Welt gekommen und gestorben: Deutsche, Polen, Ukrainer und Juden.

Nun aber, nachdem der Milizwagen, dem zwei Krankenwagen hinterher geeilt waren, die Karol-Marks-Straße in Richtung des Landgerichts weitergefahren war, erblickten Bartek und Anton auf dem Gelände des Johanniter-Krankenhauses zwei Kühe, deren Rücken brannten und die, vor Schmerzen brüllend, zusammenbrachen und schwer zu Boden fielen. Männer und Frauen in weißen Kitteln kamen mit Wolldecken und Eimern voller Wasser herbeigerannt, um das Feuer auf den Rücken der Kühe zu löschen. Das schafften sie auch, aber die Tiere gaben keinen Ton mehr von sich. In der Luft schwebte der Geruch verbrannten Fleisches.

Bartek und Anton rannten weiter. Mit offenem Mund liefen sie hinter den Krankenwagen her, die Karol-Marks-Straße hoch, und drehten sich nicht einmal um. Erst als sie die nächste Kreuzung erreichten, wo das Landgerichtsgebäude stand, sahen sie eine Absperrung der Miliz. Auf der abgesperrten Straße lagen ein paar Kühe, die ebenfalls gebrannt hatten – die Feuerwehr hatte jedoch das Feuer gelöscht.

Sie hielten an, wo sich einige Schaulustige versammelt hatten. Die Jungen waren ganz aus der Puste und bemerkten nicht einmal, dass Schtschurek sich kaputt lachte und lauthals etwas in die Menge schrie. Marcin, der auch gerade angekommen war, brüllte Schtschurek an: »Halt deine dumme Fresse! Ich brech' dir sonst sämtliche Knochen!« Bartek kämpfte sich durch die schaulustige Menschenmasse zu Marcin durch und fragte ihn: »Was ist denn hier passiert?!«

»Schau doch! Da! Oder bist du blind?«, antwortete Marcin, der auf zwei umgekippte LKWs zeigte, die die Feuerwehr mit Löschschaum bedeckt hatte. Ein Tiertransporter und ein Tanklastwagen der Schwarzen Kaserne waren zusammengestoßen.

»Wir haben aber keine Explosion gehört!«, sagte Anton, der keuchend nachgerückt kam.

»Dann müsst ihr taub sein! Es hat geknallt, als hätte ein Flugzeug eine Bombe abgeworfen!«, erklärte Marcin. »Und diesmal waren es keine Haubitzen der Gelben oder Schwarzen Kaserne! Unsere Soldaten werden doch nicht auf die eigenen Leute schießen, obwohl selbst solche Irrtümer schon vorgekommen sind!«

In den angrenzenden Gebäuden waren viele Fensterscheiben zu Bruch gegangen, wahrscheinlich von der Druckwelle der Explosion. Die LKW-Fahrer wurden auf Bahren weggetragen und in Eile mit den Krankenwagen weggefahren. Die Miliz hatte alle Hände voll zu tun, schließlich war der Unfall mehr oder weniger vor ihrer eigenen Nase passiert – das Revier befand sich nur wenige hundert Meter entfernt vom Unfallort. Schtschurek mussten die Milizionäre zur Abschreckung Handschellen anlegen, da er mit seinem hysterischen Geschrei für einen höllischen Lärm sorgte. »Leute! Höret die Geschichte: Brennende Kühe, brennende Kühe sind in Dolina Róż vom Himmel gefallen!«, schrie er. Man sah den Milizionären an, dass sie ihn am liebsten einbuchten würden. Schtschurek wartete jeden Tag auf den Weltuntergang und begriff nicht, dass dieser längst stattgefunden hatte, dass das Weltende im Grunde genommen jeden Tag von neuem anfing, wie es der junge Pfarrer Jędrusik in der Kirche lehrte, der kürzlich strafversetzt worden war, auch wegen seiner fanatischen Liebe zum Hard- und Bombastrock (in seiner Schallplattensammlung, die Bartek schon einige Male bestaunt hatte, war für jeden Fan der progressiven Rock-Szene etwas dabei, von King Crimson bis Yes).

Irgendwann, Bartek hatte auf seine Armbanduhr schon seit langem keinen prüfenden Blick mehr geworfen, ertönten freudig Ministrantenglocken, und Bartek wusste, dass nun der Sohn von Herrn Lupicki herbeigeeilt kam, um sich die Brand- und Verkehrskatastrophe anzusehen. Die teilweise bis aufs Fleisch, am Rücken und an den Beinen bis auf die Knochen verbrannten Kühe lagen reglos im Schneematsch der Warschauer Straße, die einmal, so Opa Monte Cassino, den Namen Adolf Hitlers getragen hatte. Die toten Tiere, deren Mäuler schmerzvoll verzerrt waren, lagen in blutigen Pfützen, und die Feuerwehrleute deckten die Kadaver mit Planen zu. Und da bemerkte Marcin: »Schusterkind! Schau! Ein paar Viecher haben den Zusammenprall und die Explosion überlebt!« In dem Moment, als Bartek sich umdrehte, baute sich Norbert vor ihm auf und rief aus vollem Hals: »Franzos! Franzos!«

Bartek riss dem Sohn von Herrn Lupicki die Ministrantenglocken aus der Hand, weil ihn das aggressive Läuten taub machte, und fragte: »Was für ein Franzose? Was redest du da? Und wie hast du mich überhaupt gefunden?« – »Feuer großes, Feuer großes!« Norbert überreichte ihm einen zusammengeknüllten Zettel, Bartek entfaltete das Papier und erkannte sofort die krakelige Handschrift von Herrn Lupicki: »Mein Sohn! Komm sofort in meine Werkstatt! Du hast Besuch! Dein Opa Franzose ist wieder da!«

Bartek gab dem Buckligen seine Ministrantenglocken zurück und stieß einen Freudenschrei aus: »Juhu!« Niemand wusste, warum er sich so freute, niemand beachtete ihn. Er hatte seinen Opa seit fünf Jahren nicht mehr gesehen. Als der Franzose das letzte Mal in Dolina Róż weilte, war Bartek noch ein Kind, aber jetzt, mit fünfzehn, würde ihn sein Opa nicht wiedererkennen, und bei dem Gedanken spürte Bartek entlang der Wirbelsäule eine Kälte aufsteigen, eine Erregtheit, die sogleich auch sein Herz erfasste. Er konnte sich nun seinen Opa als jungen Mann vorstellen, der sogar ein paar arme Kühe hatte sterben sehen wie im Krieg. Ja, und er hatte eine große Liebe gefunden, von der er ihm so schnell wie möglich einen vollständigen Bericht erstatten wollte. Und er erinnerte sich daran, was ihm der Opa Franzose zum Abschied vor fünf Jahren lachend gesagt hatte: »Mein Junge! An dem Tag, an dem du meine Rückkehr nicht mehr erwarten wirst, komme ich zu dir zurück! Einige traurige und lange Lenze werden ins Land ziehen! Haha! Und du wirst dann groß sein!«

Kapitel 3: Die Hure, das Café *Wenecja* und die quälenden Gedanken von Quasimodo

Bartek verabschiedete sich von seinen Freunden und ging zusammen mit Norbert los: Der Opa Franzose wartete auf sie in der Werkstatt von Herrn Lupicki, doch bestimmt nicht lange, da er ein ungeduldiger Mensch war, ständig neue Ideen bekam und neue Pläne schmiedete, und daher mussten sie sich beeilen. Es fing wieder an zu schneien, als sie auf dem Weg zu Herrn Lupicki das Kino *Zryw* erreichten, das Bartek mindestens einmal in der Woche besuchte (meist allein, da er es nicht mochte, wenn Marcin oder Anton den Film während der Aufführung kommentierten).

In unmittelbarer Nähe des Kinos *Zryw* befand sich das kleine Café *Wenecja*, von dem aus man einen Panoramablick auf das Städtchen genießen konnte. Deshalb saß Bartek gerne hier. Viele müßige Stunden hatte er schon im *Wenecja* verbracht. Er beobachtete die Straße, studierte die sieben Gangarten von Dolina Róż, rauchte eine oder zwei Zigaretten (möglichst unauffällig, was eine große Kunst war, da ihn so gut wie jeder als den Sohn der Lehrerin Stasia und als das Schusterkind kannte) und trank eine Flasche Pepsi-Cola nach der anderen, da ihm die Kellnerin Jagoda keinen Alkohol verkaufen wollte (den bekam er dafür ohne Probleme in der Bierbar des *Piracka*, wo er lediglich darauf aufpassen musste, dass er dort keinem der blonden Onkel und schon gar nicht seinem Vater in die Arme lief, was eine große Kunst war).

Das Café *Wenecja* wurde vor allem von Mädchen der Nähschule und des Gymnasiums, ferner von Großmüttern und Tanten und manchmal auch von besoffenen Männern jeden Alters besucht, das Eis hier war das beste von ganz Dolina Róż, und die Frauen hier waren die besten, die schönsten weit und breit.

Einmal hatte Bartek die Tochter von Herrn Lupicki ins *Wenecja* eingeladen, die dachte, der Junge wolle ihr eine schlimme Klatschgeschichte, die ihre nicht aufhören wollenden Liebschaften beträfen, auftischen. Ja, die Leute redeten sich über ihre Liebschaften den Mund wund, die alten Weiber zeigten auf der Straße mit dem Finger auf Mariola und ihren Busen und Hintern und erzählten sich: »Da, schaut! Da geht sie wieder zu einem Rendezvous mit einem verheirateten Mann, diese Hure! Diese Hure!«

Doch Bartek wollte Mariola aus einem ganz anderen Grund im *Wenecja* treffen. Er hatte es gründlich satt, Nacht für Nacht im Bett zu liegen und darauf zu warten, bis sein Bruder Quecksilber eingeschlafen war, damit er endlich mit dem dunkelsten Teil der Nacht beginnen konnte: mit den Träumen von der schönen Meryl Streep und ihrem Körper. Er masturbierte dann unter der Bettdecke und dachte abwechselnd an Mariola und seine Meryl. Er hatte mit der Masturbation sehr früh angefangen, beziehungsweise das dunkle süße Tal der Selbstbefriedigung sehr früh betreten – im Alter von elf Jahren nämlich. Am Anfang hatte er immer wieder an seine Mutter und Tanten gedacht, während er es getan hatte, und nun war er froh, dass er, seitdem er »Die Geliebte des französischen Leutnants« im Kino *Zryw* gesehen hatte, in seinen Träumen Meryl Streep und später eben auch Mariola für einen Liebesakt engagieren konnte – als exzellente Verführerinnen waren sie ihm diese Gefälligkeit schuldig, fand er. Und es kam ihm jetzt ekelerregend vor, dass er früher einmal beim Träumen vom dunklen süßen Tal immer nur an die Mutter und ihre Schwestern gedacht hatte, an ihre Unterwäsche und Kosmetika. Sie waren ja tatsächlich schamlose Biester und Spielzeugpuppen ihrer blonden Ehemänner und Liebhaber: Die Töchter von Oma Olcia paradierten zu Hause meistens nackt oder im Bikini, wenn sie Wäsche in der Waschmaschine *Frania* wuschen oder Hemden, Tischdecken und Bettlaken bügelten. Dieses nackte Hin-und-her-Stolzieren in der Wohnung hatte Barteks sexuelle Begierde erweckt und seinem kleinen aufstrebenden und nach Anerkennung trachtenden Penis Leben eingehaucht; es war ein Aufruf zum Handeln, der immer noch Morgen für Morgen und Nacht für Nacht erklang.

Aber das Masturbieren empfand er irgendwann als anstrengend und zum Schluss als unbefriedigend, zumal seine Meryl die Leinwand im Kino *Zryw* ungern verließ – üblicherweise nur für ein kurzes Gespräch –, und er fühlte sich außerdem von Maria und Jesus, die in der St.-Johann-Kirche wohnten, behelligt. Er begann von einem echten Frauenkörper aus Fleisch und Blut zu träumen, und er hatte sich gedacht, dass ihm Mariola einen großen Dienst erweisen könnte. Denn schließlich wusste ja jeder, dass sie gerne mit Männern ins Bett ging, mit jungen und alten, verheirateten und ledigen, mit Bonvivants und Verrückten. Sie war bloß wählerischer als die Hure Marzena, die für Geld selbst Norbert befriedigte, wovon Herr Lupicki nichts wusste. Die blonden Schwager amüsierten sich köstlich, indem sie seinem Sohn gelegentlich einen Besuch bei der Hure Marzena bezahlten.

Und als Bartek im *Wenecja* die Krankenschwester fragte, ob sie ihn nicht in die Geheimnisse der Liebeskunst einweihen möge, bekam sie einen Wutanfall und schrie ihn an: »Geh doch zu deiner Mama! Sie wird dir alles, was du wissen willst, erklären!«

Anschließend hatte sie noch Barteks Mutter derb und aggressiv beschimpft, sie sei eine wirkliche Hure, sie habe viele Liebhaber, von denen ihr Mann und die zwei blonden Schwager nichts ahnten. Ja, die schwarzhaarigen Tanten, Stasias Schwestern, wüssten schon Bescheid, sie würden selbst fremdgehen. Und dann sagte die Krankenschwester, dass sie eines Tages reich heiraten und ihrem Mann bis ans Lebensende treu sein werde, doch davon, was echte Liebe sei, könne er, der dumme minderjährige Schüler, ein Onanist und Sohn einer Hure und eines Hurenbocks, noch nichts verstehen: er, das dumme Schusterkind. Sie verließ das Café und sprach ein halbes Jahr lang nicht mit Bartek, da sie sich von seiner Anfrage im *Wenecja* gekränkt fühlte.

Der Schnee wollte hier in Dolina Róż nur selten schmelzen – die Sonne war viel zu schwach gegen die Gerissenheit und die bittere Kälte des hiesigen Winters. Und Bartek und Norbert überquerten die wichtigste und größte Kreuzung ihres Städtchens, wo eben Marcins Wolkenkratzeraspirant mit dem *Piracka* in seinem trunkenen Bauch stand. Das Kino *Zryw* und das *Wenecja* ließen sie hinter sich – auf der rechten Seite breitete sich der riesige Defilierplatz aus, hinter ihm lag wiederum der Stadtpark, wo man spazieren und Volleyball und Tennis spielen konnte. Auf den Bänken dort saßen im Sommer betrunkene Männer, die die vorbeigehenden Frauen und Kinder mit vulgären Bemerkungen terrorisierten. In Barteks Augen waren sie keinen Pfifferling wert, wie sein Vater, der jeden dritten Tag schon am frühen Mittag stockbesoffen im Eingangsfoyer ihres orangefarbenen Wohnblocks lag und über dessen Körper die Nachbarn kopfschüttelnd stiegen, um zur Treppe zu gelangen. Keiner der Nachbarn half dem armen Mann auf die Beine, niemand machte sich die Mühe, seinen besinnungslosen Leib in eine Ecke zu bugsieren, damit der Durchgang frei würde. Bartek schämte sich für seinen Vater in Grund und Boden, wenn er von der Schule nach Hause kam und Krzysiek wieder sturzbetrunken im Eingangsfoyer lag. Zum Glück wohnten sie im zweiten Geschoss, denn Barteks Muskelkraft reichte nur für zwei Stockwerke, wenn er den Vater am Arm packte und die Treppe hochzerrte. Auf jeder Etage blieb Krzysiek stehen und sprach mit Geistern und Dämonen, beschimpfte seine Frau Stasia und Mutter Hilde und sagte zu seinem Sohn Dinge, die man eigentlich zu niemandem sagt, da sie die Seele eines Menschen vergiften und aufspießen, um sie überm Feuer zu braten. »Du Hurenkind! Was willst du von mir? Ich bringe dich um!« Und so ging es in einer Tour, bis sie endlich polternd in die Wohnung hereinstürzten – dann schmiss sich Barteks Vater auf ein Sofa, vollständig bekleidet, schlief sofort ein und schnarchte.

»Norbert!«, sagte Bartek. »Ich hoffe, du hast nichts dagegen, wenn wir uns ein bisschen mit meiner Meryl unterhalten – ich muss ihr doch sagen, dass mein Opa Franzose wieder da ist!«

Der Sohn von Herrn Lupicki lachte kurz und nahm seine Wollmütze ab, um nicht ein einziges Wort von Barteks Erzählung zu verpassen. Er trug in seinem Mund mindestens fünf oder sechs künstliche Zähne, die er seinem Vater zu verdanken hatte. Herr Lupicki wandte gegen Zahnschmerzen eine einfache Methode an. Er holte seine spitze Zange raus, entfernte damit den kranken Zahn, und Norbert musste anschließend zum Zahnarzt gehen, der sich ärgerte: »Dieser Mann – dein Vater – hat dein ganzes Gebiss ruiniert! Schuster, bleib bei deinen Leisten!«, beschwerte sich jedes Mal Doktor Pyszniak.

Auf dem Kreuzrittertor zeigte die Uhr schon seit Tagen ein und dieselbe Uhrzeit an: Sie war kaputt, der Stundenzeiger stand auf Fünf. Das mittelalterliche Tor hatte bei einem Brand zwei Geschwister verloren. Drei Tore insgesamt habe es früher einmal in Dolina Róż gegeben, die zu dem ostpreußischen Marktplatz mit den Kaufmannshäusern führten. Es war kaum zu glauben, dass sich vor noch gar nicht so langer Zeit ein paar Hitlerjungen in der Ratsapotheke Salpetersäure besorgt hatten, weil sie heimlich eine Bombe basteln und im Stadtwald, in der Nähe des Teufelsbergs und Goethe-Denkmals, zum Explodieren bringen wollten. In der ehemaligen Ratsapotheke konnte man jetzt Strumpfhosen und Damenunterwäsche kaufen. Und eines fernen Tages würde hier kein Stein auf dem anderen stehen, da alles, was von Menschenhand erfunden und erbaut wurde, auf die vollständige Vernichtung zusteuert. Das Weltall mag sich immer wieder erneuern, dachte Bartek manchmal, der Schnee freut sich auf seine Wiederkehr zu einem neuen Planeten, einem neuen Himmel, doch den Menschen und den Tieren wird die Unsterblichkeit des Weltalls von der Zeit gestohlen. »Es ist ein Elend, ein Elend!«, klagte Herr Lupicki, wenn das Schusterkind am Tresen seiner Werkstatt wieder einmal schwer ins Grübeln kam, von Marcin, dem Aristokraten des Denkens und Handelns, für den anstrengenden Beruf des Grüblers bestens vorbereitet.

Bartek fragte nun auf dem Weg zur Werkstatt von Herr Lupicki seine Freundin: »Meryl! Wie möchtest du heute heißen?«

»Ich weiß nicht! Am liebsten ist mir, wenn du mich Meryl nennst!«

»Also gut, Meryl! Soll ich dir was sagen?«

Sie nickte mit dem Kopf und lächelte.

»Madame! Sie gehen so schön im Schnee!«

Das Mädchen freute sich. Die rothaarigen knielangen Haare der Geliebten des französischen Leutnants färbten sich plötzlich blond und waren auf einmal sehr kurz, wie bei einem zwölfjährigen Jungen.

»So gefällst du mir auch, meine Meryl! Vielleicht sollte ich dich ab heute – zur Feier des Tages, da mein Opa Franzose nach Dolina Róż zurückgekehrt ist – nur noch so nennen: Meryl! Meine liebste Meryl!«

»Ja, den Vorschlag nehme ich sofort an!«, antwortete das Mädchen. »Aber was ist mit Norbert? Warum weint er?«

Bartek war so sehr in das Gespräch mit Meryl Streep vertieft, dass er nicht mitbekommen hatte, was mit seinem traurigen Kompagnon los war. Er sah sich Norberts Gesicht kurz an: Seine gerötete Nase lief, und Tränen rollten bei der Kälte im Schneckentempo seine Wangen hinunter.

»Er weint«, sagte Bartek, »weil er weiß, dass du niemals seine Geliebte werden wirst, denn du liebst mich, und außerdem ist Norbert hässlich und dumm, was ihm selbst übrigens sehr wohl bewusst ist!«

»Ich werde ihn erst nach seinem Tod lieben – im Jenseits kann ich ihn sogar heiraten! Dort im Jenseits sind alle Menschen schön, jung und gesund!«, tröstete Meryl umgehend den Buckligen, was ihr auch auf Anhieb gelang, da der arme Wicht zu heulen aufhörte. Man sah ihm förmlich an, dass ihn die quälenden Gedanken verlassen hatten. Sein Gesicht verlor die Blässe, die rote Nase lief nicht mehr so stark, und der Sohn des Schusters wischte sich den Rotz mit dem rechten Ärmel seines Pelzmantels weg.

Kapitel 4: Opa Franzose und die Werkstatt von Herrn Lupicki

Bartek erzählte Meryl von Opa Franzose.

Sein Spitzname war eigentlich kein großes Rätsel: Nach dem Ende des Zweiten Weltkrieges setzte die große Wanderung abenteuersüchtiger Männer, der osteuropäischen Cowboys, ein. Zu diesen Cowboys gehörte auch Barteks Opa Franzose, der in der Ukraine im Hause eines polnischen Gelehrten und Postdirektors geboren wurde. Warum aber sollte er in einer Großstadt wie Gdańsk oder Toruń leben und den langweiligen Posten eines Beamten und Verwalters annehmen, zum Beispiel in einem Bauamt? Er konnte doch Geige spielen und französische Bücher im Original lesen. Er hatte Abitur gemacht, und wäre nicht der 1. September 1939, an dem sein Vater in einem Autohaus einen nagelneuen Fiat hätte abholen sollen, dazwischengekommen, hätte er sicherlich in Lwów oder Krakau ein Universitätsstudium begonnen. Opa Franzose sah gut aus, und die Frauen mochten ihn. Er war witzig, intelligent und gebildet. Nichtsdestotrotz: Bildung oder Ruhm bedeuteten ihm nicht viel.

Also ging er nach Masuren, in das neue Polen. Die Deutschen waren aus diesen Gebieten verjagt worden – Stalin, Roosevelt und Churchill hatten unter sich ausgemacht, wie das neue Europa auszusehen hätte. Aber Opa Franzose war mit ihren geopolitischen Vorstellungen nicht einverstanden, da er nichts mehr verabscheute als die Gewissheit der Herrschenden, dass ihr irdisches Lebenswerk ewig sei. Er fühlte sich nicht als Sieger der Geschichte, er war zudem kein überzeugter Kommunist. Er war nach Ostpreußen eher wie ein Abenteurer gekommen, der noch im 18. Jahrhundert lebte, irgendwo in den Canyons des Wilden Westens oder in den Wäldern Alaskas. Nach wenigen Jahren wollte der Franzose weiterziehen, zumal er keine einzige Arbeitsstelle länger als sechs Monate behalten konnte. Ständig verlor er die Geduld und beleidigte seine

Freunde und Arbeitskollegen, obwohl sie ihn in Dolina Róż bewunderten und ihm überdies des Öfteren aus einer brenzligen Situation herausgeholfen hatten, sodass er kein einziges Mal ins Gefängnis musste. Schließlich war er »der Franzose« – ein gebildeter Mann, der den Bewohnern des Städtchens beim Ausfüllen von Anträgen beistand und für sie gar ganze Akten mit Familiendokumenten verwaltete, da er als einer der wenigen Neuankömmlinge schreiben und lesen konnte: Polnisch, Russisch, Deutsch und Französisch. Und nicht nur das: Wenn sie etwas zu feiern hatten, spielte er für sie auf seiner Geige lustige Lieder und zur späten Stunde traurige Balladen. Franzosen waren in der Vorstellung der Bewohner des Städtchens die kultiviertesten Edelleute Europas, die, wenn es nötig war, dem einfachen Volk halfen und es obendrein mit Liedern und Gedichten zu unterhalten wussten.

Der Franzose, der Olcia im KZ Bergen-Belsen kennen gelernt hatte, heiratete sie schließlich, doch mehr aus Mitleid als aus Liebe. Er hatte seiner Braut keine Wahl gelassen: Obwohl sie aus Großpolen stammte, hatte Olcia ihrem Mann in den Wilden Osten folgen müssen. Er langweilte sich schrecklich mit ihr und den drei schwarzhaarigen Töchtern. Sesshaftigkeit, das war nichts für ihn. Oma Olcia meinte später – wie zu seiner Entschuldigung –, die Nazis hätten ihn während seiner KZ-Gefangenschaft so oft gefoltert, dass er den Verstand verloren hätte; sein Pflichtbewusstsein gegenüber der Familie hätten ihm die Deutschen aus Herz und Kopf geprügelt.

Opa Franzose interessierte es nicht, ob seine Frau Geld in ihrem Portemonnaie hatte, um auf dem Wochenmarkt zehn Eier, ein Kilo Schweinefleisch für den Gulasch oder ein Huhn kaufen zu können. Die Kochtöpfe und die Heilige Messe am Sonntag waren seine größten Feinde. Ständigen Hunger und ständige Gottesfurcht verspürten seiner Meinung nach nur dumme Menschen, die nicht ins Kino gingen, sich aus Büchern nichts machten, keine Zeitungen lasen und die Bachs oder Mozarts Violinkonzerte als vollkommen überflüssig betrachteten. Und war der Kühlschrank leer, waren das

Sauerkraut und die Weckgläser mit eingelegten Gurken und Birnen aus dem Keller verbraucht, so sagte er, er müsse nichts essen, er könne auch einfach schlafen gehen. »Aber Bücher kannste nicht fressen!«, schimpfte dann seine Frau.

Der Opa Franzose lag gern tagelang auf dem Sofa, las seine Bücher oder übte auf der Geige und brachte seinen Töchtern gutes Benehmen und Tischmanieren bei. Er ging nur selten in die Kirche, da er die Kirche für die Erfindung des Teufels hielt, und den Papst mochte er überhaupt nicht. Seine Frau kratzte ihm fast die Augen aus, wenn er wieder einmal irgendwelche lästerlichen Sachen sagte. Er antwortete ihr stets im Ton eines Spötters: »Olcia, du bist nicht mit mir, sondern mit unserem Pfarrer vom St.-Johann verheiratet. Und wer kann mir beweisen, dass Jesus wirklich gekreuzigt wurde? Wer ist außerdem so kühn und leidet am Kreuz für Millionen und Abermillionen von Menschen? Weißt du, wie Menschen in Wirklichkeit sind? Sie sind vergesslich und böse!«

Dann aber kam eine schwere Zeit für Oma Olcia. Ihr Mann verschwand immer öfter, und die Monate, in denen er abwesend war, wurden lang und unüberschaubar. Niemand wusste, wo sich der Franzose herumtreiben mochte und wann er wieder nach Dolina Róż zurückkehren wollte. Man sagte, er habe bei der polnischen Eisenbahn einen Posten angenommen und sei oft auf Reisen. Und manche Leute aus Dolina Róż behaupteten, dass der Franzose in seine Heimat zurückgegangen sei: nach Frankreich. Und Frankreich, das war ein Land, das für sie auf einem anderen Planeten lag, weil sie wussten, dass sie es nie besuchen würden, nicht einmal dann, wenn erneut ein Weltkrieg ausbrechen und drei Herren wieder einmal die Grenzen verschieben würden, sodass kein Stein mehr auf dem anderen stünde. Als aber der Franzose nach jahrelanger Abwesenheit nach Dolina Róż zurückkehrte, freuten sich seine schwarzhaarigen Töchter, und Oma Olcia wusch ihm sogar die Hemden und bügelte sie – Oma Olcia kochte ihm das Mittagessen und redete mit ihm, als wäre er nie abgehauen. Er durfte bloß nicht in ihrem Ehebett schlafen, nein, das nicht. »Du hast bestimmt eine Geliebte!«, warf ihm seine Frau vor.

»Liebe Meryl!«, sagte Bartek. »Wir haben eine Verabredung mit dem Franzosen!«

Zwei ebenerdige Häuser standen ganz am Anfang der Hanka-Sawicka-Gasse, die zum mittelalterlichen Kreuzrittertor mit der Turmuhr und den auf seinem steilen Dach wohnenden Krähen führte. Die Werkstatt von Herrn Lupicki in der Hanka-Sawicka-Gasse lag neben einem Schuhladen, was die Verkäuferinnen als äußerst praktisch empfanden, da die neuen Schuhe – vor allem aus der heimischen Produktion – schon beim Anprobieren grobe Mängel aufwiesen: Die Absätze brachen bei den Damenschuhen oft bei den ersten zwei, drei Schritten ab, die Riemen rissen nach einmaligem Ziehen, oder der Schuh drückte erbarmungslos, obwohl der Kunde die richtige Schuhgröße gewählt hatte.

Am Kiosk gleich neben dem Schuhladen musste Norbert eine Schachtel Extra Mocne besorgen, da die Verkäuferin dem Schusterkind keine Zigaretten mehr verkaufen wollte: »Die sind nicht für deinen Vater! Ich weiß, dass du sie selbst rauchst!«, sagte sie, wenn der Schusterjunge Fluppen von ihr zu bekommen versuchte.

Auf der gegenüberliegenden Seite prunkte das Haus von Oma Hilde und Opa Monte Cassino mit Jugendstilornamenten – ein prächtiger Altbau mit zwei Geschossen und einer herrlichen Veranda, von der aus man den ganzen Defilierplatz übersah.

Bartek steckte sich eine Zigarette an – er wollte möglichst erwachsen und ernsthaft wirken, wenn er Opa Franzose vor die Augen treten würde. Er hoffte nur, in der Werkstatt von Herrn Lupicki mit keiner bösen Überraschung rechnen zu müssen: Alle wussten, dass das Schusterkind rauchte, und man bot ihm ab und zu eine Zigarette oder gar einen Schnaps an, doch Barteks Eltern durften davon nichts erfahren. Der Junge bekreuzigte sich und wünschte sich »Viel Glück!« und hoffte, dass sein Vater an dem verschneiten späten Nachmittag vom Büro schnurstracks nach

Hause gegangen war. Aber wer konnte das schon wissen? Vielleicht hatte es sich schon überall herumgesprochen, dass der Franzose zurückgekehrt war, und nun war Krzysiek wahrscheinlich seit mindestens einer Stunde unterwegs, weil er auf Bitten seiner Frau den Franzosen suchte, den er allerdings nicht besonders mochte. Opa Franzose war nicht zimperlich, was die Kritik an seinen Schwiegersöhnen anging, und die Wahrheit kannte nur das Schusterkind: Der Franzose hielt die drei blonden Schwager für die größten Dummköpfe, die ihm je begegnet waren; für sie erfand er auch eine drastische Bezeichnung: Samenproduzenten. »Die können nur Kinder zeugen, diese Eber! Das ist alles!«, sagte ihm sein Opa einmal.

Es schneite immer heftiger, und ein stürmischer Wind wehte durch die Straßen. Bei so einem Wetter war die Werkstatt von Herrn Lupicki proppenvoll und aufgeheizt wie eine Sauna: Man brauchte keinen Pullover mehr, man durfte sogar sein Hemd ausziehen und im T-Shirt oder Unterhemd auf einer Bank sitzen (wenn man es als Kunde eilig hatte und die Schuhe gleich nach der Reparatur wieder anziehen musste).

Herr Lupicki pflegte viele kleine Macken. In seiner Werkstatt trug er am liebsten schwarze oder weiße Netzunterhemden, und auf dem Kopf hatte er eine gestrickte Kippa, obwohl er kein Jude war, zumindest auf dem Papier nicht mehr. Seine Eltern hatten einst in Lwów für Polen, ihre neue Heimat, und für den Kommunismus alles aufgegeben – ihren jüdischen Glauben und ihre Muttersprache. Und selbst seine Aushilfe, der ehemalige Wehrmachtssoldat, spekulierte darüber, wer nun der Schuster Herr Lupicki sei. Zu Hause bei Oma Hilde und Opa Monte Cassino, den Deutschen, bei denen sich regelmäßig ein paar alte Weiber und Männer zum Bridgespielen bei selbst gemachtem Eierlikör und Kaffee trafen, erzählte man sich, der alte Lupicki sei in Wahrheit ein ukrainischer Chassid, was den Schuster besonders amüsierte, da er mehr einem Türken oder Griechen ähnelte als einem Chassid aus der Ukraine.

Bartek hatte den Anbruch der Dunkelheit verpasst – die Nacht war plötzlich von ihrem kurzen Urlaub zurückgekehrt. Und obwohl in Dolina Róż die Nacht und der Mond zusammen mit den Krähen und dem Schnee die einzigen wahren Herrscher und Könige waren, vor denen man sich fürchten musste, mochte er die Dunkelheit des ewigen Winters sehr. Er mochte außerdem die scharfe Kälte und das Leuchten des Schnees in der Stille der Straßen von Dolina Róż, wenn er nach einer Filmaufführung im *Zryw* um halb elf nach Hause ging. Der Himmel war ungeheuerlich still und kalt, der Schnee leuchtete gelb und manchmal orangefarben, und die hohen Minustemperaturen machten Barteks Kopf und seine Seele vollkommen nüchtern, sodass er nicht einmal mehr daran dachte, bei Opa Monte Cassino vorbeizuschauen, um mit ihm in der Totenkammer, dem Lager der Schusterwerkstatt, heimlich eine Zigarette zu rauchen und einen Schnaps zu trinken. Monte Cassino schlief sogar in der Totenkammer, obwohl dieser Raum winzig klein war und keine Fenster besaß. Er musste sich ab und zu eine Auszeit von Oma Hilde nehmen und für ein paar Tage untertauchen. Norbert half ihm dann bei der morgendlichen Toilette, er wusch ihn und zog ihn wieder an, und vor dem Schlafengehen setzte er Monte Cassino auf den Nachttopf wie ein kleines Kind. Im Grunde genommen konnte Barteks Opa seine Frau, eine uralte Ostpreußin, die zu jeder Familienfeier und selbst beim Bridge immer die gleiche Geschichte erzählte, wie sie 1945 hundertzwanzigmal von den Rotarmisten vergewaltigt worden war, nicht mehr ertragen. Am liebsten würde er sie töten, in Stücke schneiden, weil ihr äußerst lästiges Jammern über die Gräuel des Krieges und über ihre Krankheiten, unter denen sie angeblich litt, kein Ende nehmen wollte. Und Bartek wunderte sich nicht darüber, dass ihm Opa Monte Cassino einmal bestätigte, was Norbert seit langem behauptete, dass nämlich die in Vergessenheit geratenen und von den Kunden seines Vaters nicht abgeholten Schuhe sprechen könnten. Man müsse sich bloß in der Totenkammer für eine ganze Nacht zum Schlafen legen, und dann würde man verrückt träumen, erzählte Monte Cassino. Zumindest habe er in der Totenkammer den Krieg vergessen können, und die Träume von seinen im Gefecht gefallenen Kameraden seien gänzlich verschwunden. Die Schuhe aus der Totenkammer, meinte Barteks polnisch-galizischer Opa, hätten mit ihm schon mehrmals gesprochen und ihn beruhigt. Sie hätten ihm gesagt, er müsse sich um seine Kameraden keine Sorgen mehr machen, sie seien alle wohlauf.

Wenn Herr Lupicki manchmal eine freie Minute hatte, was selten vorkam, betrat er die Totenkammer, setzte sich auf das Sofa, schaute sich das Regal mit den herrenlosen Schuhen an, trank Kaffee und rauchte Zigaretten. Es war für ihn unbegreiflich, dass jemand seine eigenen Schuhe, die er zur Reparatur abgegeben hatte, vergessen konnte. Manche dieser unzuverlässigen Kunden erkannte er wieder auf den Straßen von Dolina Róż; er sprach sie darauf, dass ihre Schuhe seit Jahren auf Abholung und Bezahlung warteten, nie an – sein Stolz und sein Ehrgefühl erlaubten ihm nicht, einen Kunden zu mahnen, damit dieser endlich seiner Verpflichtung nachkam.

Der Eingang in die Schusterwerkstatt war von weitem kaum zu erkennen: Der Schneesturm wütete in den engen Straßen, an Türen und Fenstern klebte eine dünne Schicht Eis. Die Martinshörner der Feuerwehr und Krankenwagen heulten immer noch, sie sangen weiter ihr trauriges Lied, und manche neugierigen Bewohner des Städtchens eilten immer noch zum Unfallort, obwohl ihnen der Schnee ins Gesicht peitschte und sie sich mit der Hand die Augen verdecken mussten. Bartek zündete seine Zigarette, die nicht brennen wollte, mehrmals an, schließlich warf er sie vor der Tür der Schusterwerkstatt in den Schnee, wo sie sofort verschwand wie ein Stein im See.

Bei Herrn Lupicki bot sich dem Schusterkind und Norbert der gewohnte Anblick: Der Laden war so voll wie das *Piracka* an den Sonnabenden, wenn die Fähnriche, Funker und Versicherungsvertreter ihre Ehefrauen in die Dancing-Bar einluden.

Im ganzen Raum, der nicht mehr als fünfunddreißig Quadratmeter maß, schwebte eine milchige Dunstwolke. Alle Männer qualmten eine Fluppe nach der anderen, und das beherrschende Thema ihrer Gespräche war der Unfall mit den Kühen und dem Tanklastwagen. Der Kachelofen glühte, und im Radio lief leise Musik. Den Tresen belagerten Herrn Lupickis Kunden, und selbst der Mörder Baruch und die Hure Marzena waren da, dazu auch der Fabrikdirektor Szutkowski, der einen Wirkwarenbetrieb mit dreitausend Angestellten führte und für den auch Barteks Vater als Mädchen für alles arbeitete. Schließlich mussten sich die Arbeiter von ihrer schweren körperlichen Schufterei in den Ferien und am Wochenende erholen, wofür Krzysiek zuständig war. Er organisierte verschiedene Freizeitangebote: Tischtennisturniere, Ausflüge an die großen masurischen Seen, Schlittenfahrten, Weihnachtsfeiern und so weiter.

Opa Monte Cassino, Herr Lupicki und dessen Angestellter Michał Kronek begrüßten die neuen Gäste und schimpften sogleich mit ihnen, sie sollten rasch die Tür schließen, damit die Wärme vom Kachelofen nicht entfliehen könne. Das Schusterkind entdeckte aber seinen Opa Franzose nirgendwo, doch als es sah, dass auf der Toilette Licht brannte, ahnte es sofort, wer sich ihm gleich zeigen würde.

Herrn Lupickis Werkstatt schien seit Wochen nicht aufgeräumt worden zu sein. Überall, auf den Tischen und Werkbänken und auf dem Fußboden, waren dicke schwarze Staubschichten zu sehen, die beim Schleifen der Absätze und Sohlen entstanden. In den Regalen und Schränken lagerten Schuhe, Werkzeuge und allerhand Gerümpel, das man normalerweise nur im Keller eines seit vielen Generationen von einer einzigen Familie bewohnten Hauses vermuten würde: alte Wanduhren, Fleischwölfe, Fahrradketten und -schläuche, Nachttischlampen, Telefonapparate und sogar Spielzeugpuppen lagerten in diesen überfüllten Regalen, die Herr Lupicki gebaut hatte. Er baute alle Möbel selbst. Für die Sitzflächen der Stühle und Hocker verwendete er altes Leder, das er für die Reparatur der Kundenschuhe nicht mehr gebrauchen konnte. Sämtliche Hocker, auf denen die Schuster den ganzen Tag saßen und hämmerten, waren mit breiten Lederstreifen bespannt. Und ihr Hämmern, das Bartek Schustermusik nannte, hörte man an manchen Tagen, besonders im Sommer, schon auf der Straße, wenn man sich dem Kiosk und dem Schuhladen näherte. Und je lauter das Hämmern war, desto sicherer war es, dass die Schuster schlecht gelaunt waren, allen voran Herr Lupicki. Unter seinen Fingernägeln klebte seit zig Jahren der Dreck seiner Werkstatt, er würde sie nie wieder dauerhaft sauber bekommen, was ihn schmerzte, weil er dreckige Hände hasste. Unter seinen Fingernägeln – und das war Bartek nicht bewusst – klebte die Wut auf seine Landsleute, die seine Arbeit als selbstverständlich hinnahmen und ihr keine große Bedeutung beimaßen. Und Herr Lupicki lachte nie. Er war ein stolzer und ernster Mann, der auch die Witze der drei blonden Schwager hasste und der so sehr in seine Arbeit vernarrt war, dass man den Eindruck hatte, er würde jeden Tag eine schwierige chirurgische Operation durchführen, von deren Erfolg das Überleben eines Patienten abhängen würde.

Als die Toilettentür aufging, hatte Bartek das Gefühl, sein Herz würde aus seiner Brust herausspringen wie eine Billardkugel. Er kannte dieses Gefühl zu gut, es kehrte nur im Winter zurück, im richtigen Winter, wenn seit Monaten Schnee auf den Straßen von Dolina Róż lag. Eigentlich gab es ja in ihrem Städtchen keine Sommer und Frühlinge – die gab es an den großen masurischen Seen, wo sich die Touristen herumtrieben. Die Städte Masurens schliefen im grauen Bett, im grauen Tal des Sozialismus. Gelegentlich träumten sie von einer besseren Zukunft, und dann erinnerte man sich daran, dass viele Häuser erheblich älter waren als die Großeltern aus Galizien, Litauen und der Ukraine, die man zur Umsiedlung gezwungen hatte und die nun in den toten Körpern der Weltgeschichte hausen mussten. Wo waren aber die ursprünglichen Besitzer der Häuser? Was war mit ihnen geschehen? Wenn Bartek ins Grübeln kam, dachte er, Dolina Róż befände sich auf einem fremden Planeten, auf dem er bloß zu Besuch wäre. Und auf dieser neuen Erde machte er die unglaubliche Entdeckung, dass Dolina Róż einmal Rosenthal geheißen hatte.

Das erste Mal hatte sein Herz so heftig geschlagen, als er glaubte, einen unsichtbaren Liebesbrief von Jesus Christus erhalten zu haben, und er glaubte sogar daran, dass der Heiland sich in seinem Körper für immer eingenistet hätte und ihn nie mehr verlassen würde. Daraufhin beschloss er, Ministrant zu werden, doch nachdem er festgestellt hatte, dass die Pfarrer der St.-Johann-Kirche die Bewohner von Dolina Róż als minderwertige, willensschwache Geschöpfe ansahen, die der Liebe Jesu und seiner unbefleckten Mutter nicht würdig waren, wandte er sich davon wieder ab. Das zweite Mal wollte sein Herz vor Liebesgier explodieren, als er im Kino *Zryw* Meryl Streep kennen lernte.

Und nun zeigte ihm sein Herz, dass er tatsächlich zurückgekommen war: der Opa Franzose. Er steckte in einer dunkelblauen, hier und da zerschlissenen Uniform der polnischen Eisenbahn und war mächtig gealtert. Seine braunen Augen hatten ihre Kraft, die Kraft eines Chansoniers und Gelehrten, verloren.

Bartek warf sich ihm an die Brust, und Opa Franzose umarmte ihn und küsste ihn auf die Stirn: »Du musst mein Enkel sein!«, sagte er. »Verdammt! Du bist ein richtiger Mann geworden!«

Herr Lupicki holte aus der Totenkammer eine Flasche Schnaps, den sein Angestellter gebrannt hatte. Dann bat er seine Kunden höflich, nach Hause zu gehen, er würde heute wegen der beißenden Kälte draußen und zu Ehren des unerwarteten Gastes die Werkstatt etwas früher schließen. Der Mörder Baruch und die Hure Marzena durften noch ein halbes Stündchen bleiben. In ihren Wohnungen war es bitterkalt, da sie am Ende des Monats für gewöhnlich pleite waren und für Steinkohle kein Geld mehr hatten. Nachdem jeder ein Gläschen getrunken hatte, fügte Herr Lupicki noch hinzu, dass er sich über die Rückkehr des Franzosen sehr freue und dass bitte jeder daran denken möge, wie schwer das Leben eines Reisenden und Heimatlosen sei.

»Red keinen Quatsch!«, sagte Opa Monte Cassino. »Der Hund ist stets abgehauen, wenn er von uns und seiner Familie die Schnauze voll hatte. Er ging weg und kam zurück, wie es ihm gefiel – nicht wahr, Franzose?«

Opa Franzose nickte und schwieg – einen Mann, dem nach einer schweren Kriegsverletzung die Beine amputiert worden waren, der im Rollstuhl saß und das Liebesglück nie erlebt hatte, würde er niemals angreifen und zum Duell herausfordern.

Herr Lupicki sagte: »Ach! Was soll das Gerede?! Wir haben auch die Schuhe des Franzosen gerne repariert und mit Eisen beschlagen, obwohl er sie eigentlich nicht gebraucht hat! Wir unterscheiden nicht zwischen guten und bösen Menschen – wir müssen alle Schuhe in Dolina Róż gerecht behandeln. Seht! Selbst der Mörder Baruch und die Hure Marzena kommen zu mir …«

Bartek konnte es kaum erwarten, dass ihm Opa Franzose wenigstens in ein paar Sätzen erzählte, wo er in den letzten fünf Jahren gewesen war und was er erlebt hatte. Deshalb unterbrach er das Geständnis des Schusters. Fiel man ihm unhöflich ins Wort, was niemand zu tun wagte, musste man mit dem Schlimmsten rechnen. Dann bestrafte Herr Lupicki den unhöflichen Übeltäter mit Hausverbot und warf ihm obendrein einen alten kaputten Schuh an den Kopf. Aber Bartek – das Schusterkind – durfte sich mehr erlauben als jeder andere, der in der Schusterwerkstatt tagtäglich verkehrte.

»Du fragst, wo ich gewesen bin und was ich getan habe?«, begann der Franzose, nachdem er sich die erwartungsvoll strahlenden Augen seines Enkels kurz angesehen hatte. »Bartek! Ich bin Eisenbahner geworden! Das ist eine unvorstellbar schwere Arbeit, da du die meiste Zeit draußen bist, bei jedem Wetter! Der Winter ist auch unsere grausigste Jahreszeit – ich weiß gar nicht mehr, wie die Sonne aussieht! Man sagt, sie sei gelb und heiß wie eine Feuerflamme, doch ich kann es nicht bestätigen. Und ich sage euch eines: Ich hasse den Schnee! Ich wäre gerne für immer bei euch geblieben, doch nicht unter den Bedingungen, dass es unaufhörlich schneien muss!«

Er stellte seine Aktentasche auf den Tresen und holte ein paar Zwiebeln, Möhren, Rote Beete, Äpfel und Sellerieknollen heraus: »Mehr habe ich euch nicht mitgebracht! Es sind harte Zeiten für die Eisenbahner angebrochen!«

Monte Cassino sagte: »Franzose! Wir wollen von dir keine Geschenke!«

»Hört nicht auf ihn, diesen verbitterten Soldaten einer geschlagenen Armee!«, sagte Herr Lupicki und fragte im nächsten Moment: »Franzose, wo wirst du heute Nacht schlafen? In der Totenkammer? Du kannst dir dort etwas zu essen kochen und dich auf dem Sofa ausbreiten, wie du willst!«

»Nein, lieber Freund – steck mich bloß nicht in dieses Loch! Ich habe dort schon mehrmals übernachtet! Und die toten Schuhe lassen einen nicht zur Ruhe kommen! Ich konnte in diesem Raum kein einziges Mal in den Schlaf finden und habe mich wie ein Nachtwächter und Totengräber gefühlt! Und dann noch dieser fürchterliche Geruch, als hielte man sich im Leichenhaus unseres Krankenhauses auf! Dabei warten sie nur darauf, die vergessenen Schuhe, dass man sie wieder trägt, denn wer will schon sterben?! Nein, ich werde zu meinen Töchtern gehen! Sie werden mich schon nicht vor die Tür setzen. Denn bei Olcia kriege ich allerhöchstens nur einen Teller warmer Suppe! Und jetzt spielt mir endlich wieder eure Schustermusik, die ich so vermisst habe! Los! Fangt mal an zu hämmern und zu schleifen!«

So etwas musste man Herrn Lupicki nicht zweimal sagen. Es gab sonst niemanden, der – wie Bartek – mit Vergnügen den Schustern beim Reparieren der Schuhe zuschaute und für den das Hämmern kein lästiger Lärm war, sondern ein Ohrenschmaus.

Herr Kronek und Herr Lupicki waren wie der Opa Franzose und wie viele ältere Männer von Dolina Róż nicht größer als eins achtundsechzig. Monte Cassino aber, der als Sohn einer polnischen

Mutter und eines österreichischen Vaters seine Kindheit in Galizien verbracht hatte und zum Dienst in der Wehrmacht gezwungen worden war, weil er Deutsch konnte, musste einmal ein stattlicher und gut aussehender Mann gewesen sein. Seine Frau Hilde geriet ins Schwärmen, wenn sie auf die guten alten Zeiten zu sprechen kam. Während des Krieges war Monte Cassino mit seiner Truppe in Rosenthal, einer traditionellen Garnisonsstadt, stationiert. Und Hilde erzählte gern, wie sie in Rosenthal einen großen und schlanken Kerl kennen gelernt hätte, dem alle Mädchen damals zu Füßen gelegen hätten. Nach dem Krieg war er dann im Rollstuhl zu seiner ostpreußischen Geliebten zurückgekehrt: Das Rote Kreuz hatte ihm bei der Suche nach ihr geholfen. Und da ihm, einem Vaterlandsverräter, die polnischen Kommunisten keine Soldaten- und Behindertenrente zahlen wollten, erbarmte sich Herr Lupicki seiner und stellte ihn nach Stalins Tod als Aushilfskraft ein. Barteks Vater Krzysiek erinnerte sich immer noch mit Wonne, vor allen Dingen im Suff, an den häufigen Streit zwischen seinen Eltern: »Du wirst doch nicht bis an dein Lebensende bei diesem ukrainischen Chassid, einem Juden, für die Polen Schuhe zusammenkleben und -nageln!« – »Schweig! Du dummes Weib!« Immerhin konnte Monte Cassino seiner widerspenstigen Frau Polnisch beibringen, sodass sie in Dolina Róż nicht verhungern musste: Sie fand auch eine Arbeit und gebar ihm, dem verkrüppelten Soldaten, Krzysiek.

Jedenfalls hatten die Schuster trotz ihrer fast fünfundsechzig Jahre auf dem Buckel kräftige Arme und Schultern, und wenn sie auf ihren Hockern saßen – und Monte Cassino in seinem Rollstuhl –, hämmerten und die kaputten Schuhe und ihre Träger verfluchten (auf dem Schoß den Dreifuß mit dem aufgestülpten Patienten), sahen sie aus wie Skulpturen, die jemand in dieser Werkstatt vor vielen Jahren aufgestellt und seitdem nicht mehr bewegt hatte. Die Schuster vergaßen überdies bei ihrer Arbeit die Zeit und wirkten abwesend und unnahbar, sodass sie von den Kunden regelrecht geweckt werden mussten. Und nahm zum Beispiel Herr Lupicki einen Schuh zur Reparatur entgegen, stand er lange am Tresen, betrachtete den Patienten von allen Seiten, drehte ihn in seinen Händen, räusperte sich und sagte seinen Standardsatz, nämlich dass dies ein schwieriger Fall sei und er nicht einschätzen könne, wann er mit der Arbeit fertig werden würde.

Bartek hielt die Schuster für glücklicher als seine Eltern und viele andere Bewohner des Städtchens. Dabei waren sie eigentlich Erzfeinde untereinander. Ein ehemaliger Wehrmachtssoldat, ein Pole namens Michał Kronek und ein verkappter Chassid und ukrainischer Jude, der sich für einen polnischen Patrioten ausgab, waren dazu verurteilt, miteinander zu leben: Tag für Tag und von morgens bis abends in diesem engen, verstaubten und zugerümpelten Raum. Fünfunddreißig Quadratmeter maß ihr privates Europa. Immerhin durften sie sagen, was sie dachten – niemand würde sie ins Gefängnis stecken. Ihre Freiheit imponierte Bartek, und dennoch wollte er kein Schuster werden. Irgendwann aus Dolina Róż zu fliehen, wie es sein Opa Franzose getan hatte, gefiel ihm am besten von allen Optionen und Ideen, die ihm durch den Kopf schwirrten. Vielleicht war deshalb auch für ihn jeder Besuch bei Marcin die glücklichere Rettung vor dem ewigen Winterschlaf ihres Städtchens als die tägliche Flucht in die Werkstatt von Herrn Lupicki. Der Aristokrat des Denkens und Handelns hatte einen bombenfesten Entschluss gefasst, und Bartek wusste, dass sein Kumpel und Lehrmeister in Philosophie und Musik diesen Entschluss auch in naher Zukunft realisieren würde. Bloß Amerika interessierte Bartek nicht. In Amerika würde er sich zwar endlich seine Lieblingsschallplatten kaufen und ein paar unglaubliche Rock- und Jazzkonzerte besuchen können, jedoch zu einem sehr hohen Preis, den er nicht bereit war zu zahlen – weder in Amerika noch hier. Alle polnischen Männer, auch die gescheiterten Fußballer, Schachspieler, Lehrer und Ingenieure, die mit einem Haufen Dollar nach Dolina Róż zurückkehrten, um eine Firma zu gründen, ein Geschäft zu eröffnen oder ein Haus zu bauen, hatten bei den miesen und erniedrigenden Jobs in den USA den Glauben an die Einmaligkeit ihres eigenen Daseins und Tuns eingebüßt, und dies zum zweiten Mal, weil sie in ihrer Heimat ursprünglich als Nieten oder Faulenzer gegolten hatten. Die Geldgier, getarnt als edle Sehnsucht nach einem Leben in einem normalen Staat, hatte ihre Seelen ausgehöhlt und sie selbst zu Zombies werden lassen. Da gefiel Bartek Opa Franzose, dieser Zugvogel, der wie ein Nachtfalter oder Schmetterling lebte, schon viel besser. Er kehrte wenigstens immer wieder auf die Erde zurück wie der Schnee, und er trug ein Geheimnis, das vielleicht kein großes war, das ihm aber niemand entreißen konnte.

Die Schuster begannen zu arbeiten.

Herr Lupicki war für die Damen- und Mädchenschuhe zuständig, weil diese Reparaturen seiner Meinung nach besonderes Geschick erforderten. Außerdem empfand er es als ein Privileg des Chefs, dem zarten Geschlecht, wie er voller Stolz sagte, dienen zu können. »Ich weiß, mein hübsches Füßchen, dass ich ein Grobian bin«, sprach er mit jedem Schuh einer jungen Frau, »aber ich werde versuchen, dir nicht wehzutun! Und ich weiß auch, dass du meine dreckigen Fingernägel nicht magst…« Die Schuhe alter und wohlbeleibter Weiber wiederum beschimpfte er: »Verfressene Gänse! Ich bin doch kein Arzt!«, meinte er dann selbstzufrieden. »Und guckt euch ihre Zehenballen an! Diese missgebildeten Knochen machen jedes Schuhwerk kaputt!« Opa Monte Cassino und Herr Kronek mussten sich mit den schäbigen Arbeiten begnügen: Monte Cassino bediente von morgens bis abends die Schleif- und Nähmaschinen, atmete den Staub ein und beklagte sich über nächtliche Asthmaanfälle und Kopfschmerzen. Der wortkarge Michał Kronek klebte, nagelte und nähte die Halbschuhe und Stiefel der Männer von Dolina Róż, und sein Kollege musste anschließend die Absätze und Sohlen schleifen, wobei Kronek besonderen Wert darauf legte, dass man ihn als Herrn Lupickis Stellvertreter und rechte Hand ansah. Den ehemaligen Wehrmachtssoldaten, den er für einen Protestanten hielt, behandelte er wie einen Verbrecher – als strenger

Katholik hatte Kronek für andere Konfessionen keinerlei Verständnis. Barteks Opa Monte Cassino war für ihn ein Sklave und Gefangener, der lediglich Befehle zu empfangen und auszuführen hatte. Aus diesem Grunde kam es zwischen den beiden Angestellten von Herrn Lupicki fast täglich zum Streit. »Rudolf Höß und Luther – das sind deine Götter«, beschimpfte Kronek seinen Arbeitskollegen. Im tiefsten Inneren war er traurig darüber, dass er die Luft eines Lagers oder des Warschauer Aufstandes nie geatmet hatte. Sein linker Arm trug keine Narben von einem Nahkampf und keine tätowierte Nummer, und es schmerzte ihn, dass er in der Langeweile der Provinz von Masowien kein Held hatte werden können. Er brüstete sich lediglich damit, dass sein Vater als Partisan zu Ruhm gekommen war.

Der Franzose und sein Enkel standen am Tresen und schauten grinsend den Männern bei ihrer Arbeit zu, als würden sie sich im überfüllten Saal des Kulturhauses von Dolina Róż ein lustiges Gastspiel ansehen. Und die Schuster hämmerten, rauchten Zigaretten, spuckten auf den verstaubten Dielenboden und stritten miteinander, aber man verstand jedes Wort, da sie laut und vorwurfsvoll miteinander sprachen. Norbert schlief dabei im Sitzen in einer Ecke ein – mit der ledernen Umhängetasche von Onkel Fähnrich auf den Beinen, in der er seine wichtigsten Schätze trug: die Ministrantenglocken, die lederne Geißel, verschiedene Talismane, die Norbert vor dem Bösen, das ihm tagtäglich auf den Straßen begegnete, beschützen sollten. Einige Bewohner des Städtchens hätten ihn am liebsten eingesperrt, dieses missratene Geschöpf, das sie mit einem Tier verglichen. Nichtsdestotrotz: Norberts Lieblingstalismane waren zum Beispiel die Stricknadeln seiner Stiefmutter, dann die Pfrieme und Stichhaken aus der Schusterwerkstatt und die verbogenen Suppen- und Teelöffel, die ihm Barteks Vater geschenkt hatte. Seitdem sich Fernsehsendungen über Magier, UFOs, Telepathie und den legendären Kontinent Atlantis großer Popularität erfreuten, war Barteks Vater fest davon überzeugt, über außergewöhnliche Fähigkeiten zu verfügen und allein mit der Kraft seiner Gedanken Löffel verbiegen oder Uhrzeiger bewegen zu können. Sein unglaubliches Talent stellte er unter Beweis, wenn er etwas getrunken hatte. Dann saß er am Küchentisch, sein Gesicht bitterernst, als würde er in der ersten Reihe des Trauerzuges hinter dem Sarg eines geliebten Menschen hergehen, und starrte mit einem vernichtenden Blick den Löffel und seinen rechten Zeigefinger an, der ihm am nächsten Morgen immer sehr wehtat, weil er jedes Mal das dünne Stück Metall regelrecht mit Gewalt um den armen Finger zu biegen versuchte, aber nicht mit der Kraft seiner Gedanken, sondern der seiner Muskeln.

»Franzose! Meine Frau wird sich freuen, dass du zu uns zurückgekommen bist«, sagte Monte Cassino. »Sie war schon immer in dich verliebt! Du wolltest bloß nie etwas von ihr – Gott sei Dank! Du bist uns allen mächtig auf der Nase herumgetanzt! Und während wir all die langen Jahre schufteten – für nichts und wieder nichts – und für unsere Sünden büßen mussten, bist du in der Weltgeschichte herumgereist!«

Der Franzose schwieg, und Herr Lupicki nahm seinen Freund in Schutz: »Dafür aber ist er ein gebildeter Mann, der sich nichts gefallen lässt. Wir haben unsere Werkstatt bis jetzt nicht einmal für drei Tage geschlossen, um Urlaub zu machen, und daran wird sich auch in Zukunft nichts ändern, weil wir Feiglinge sind.«

»Feiglinge?«, staunte Monte Cassino. »Ich habe meine beiden Beine im Krieg für Hitler geopfert! Der Franzose hat sich gleich zu Anfang des Krieges kampflos gefangen nehmen lassen. Das ist die Wahrheit! Die Heutigen wissen gar nicht, wie gut sie es haben – sie mussten nicht an der Front kämpfen, mussten nicht hungern!«

Herr Lupicki sagte: »Schweig, du nichtsnutziger Soldat einer geschlagenen Armee! Die Werkstatt ist unser Gefängnis, und da draußen können jeden Tag Sirenen heulen, Kühe verbrennen und neue Schlachten zwischen zwei verfeindeten Nationen geschlagen werden – wir dienen bloß dem einfachen Fußvolk, zu dem wir auch selbst gehören! Zu Recht! Wir müssen für unsere Dummheit einen hohen Preis bezahlen, weil wir vom Regieren nichts verstehen!«

»Zum Teufel mit der ganzen Schusterei!«, fluchte Michał Kronek. »Mit lauter Idioten muss man sein ganzes Leben verbringen! O Herr! Was für eine Strafe!«

Herr Lupicki sprach ein Machtwort, sodass niemand das Gespräch fortzusetzen wagte. In solchen Momenten, wenn er, der Chef, auf seine Angestellten wütend wurde, holte er aus der Totenkammer den Hauklotz, doch nicht etwa deshalb, um für den Kachelofen ein paar Holzscheite zu spalten. Er reagierte bloß seine Wut ab, und am besten gelang ihm dies – so auch jetzt –, wenn er einen Nagel nach dem anderen in den Hauklotz schlagen konnte, und zwar mit bewundernswerter Geschwindigkeit. Das war die schönste Schustermusik, die Bartek je gehört hatte.

Norbert wurde von dem Lärm nicht wach und schlief weiter. Monte Cassino und Kronek schauten gebannt zu, wie ihr Chef die Nägel in den Hauklotz schlug. Die Schuster merkten nicht einmal, dass ihre Gäste die Mäntel angezogen hatten und offenbar keine Geduld mehr für ein weiteres Gespräch aufbringen konnten. Selbst der Mörder Baruch und die Hure Marzena, die beide sonst redselig waren wie die Händler auf dem Wochenmarkt, beendeten ihren vom Schnaps und Schneesturm verschuldeten Schlummer auf der Kundenbank und schlichen sich am Tresen vorbei nach draußen, obwohl zu Hause sie keiner erwartete.

»Komm, mein Sohn!«, sagte der Franzose zu seinem Enkel. »Es wird Zeit, dass wir uns für die Nacht eine Bleibe suchen! Ich hoffe, dass deine Eltern mich noch kennen! Um unsere Freunde brauchen wir uns nicht mehr zu kümmern – als Weltverbesserer sind sie die glücklichsten Geschöpfe unter der Sonne! Merk dir das!«

Sie gingen auf die Straße, ohne sich verabschiedet zu haben, und verschwanden im Schneesturm dieses frostigen Novemberabends. Die Musik der Schuster ließ sich aber nicht abschalten, sie dröhnte in ihren Ohren weiter.

Kapitel 5: Der Besuch im orangefarbenen Haus und die Stalinistin Natalia Kwiatkowska

Ein Besuch bei Marcin hätte Bartek bestimmt gut getan, doch an diesem Abend musste er den Franzosen zu seinen Eltern begleiten. Es wunderte Bartek, dass die Tochter von Herrn Lupicki nicht in die Werkstatt gekommen war, um den Schustern eine heiße Kartoffelsuppe zu bringen. Und da die Lebensmittelläden längst geschlossen hatten und nur noch im *Piracka*, dem Tempel der Trinker, geschäftiges Treiben herrschte, schien es, als hätten sich alle Bewohner von Dolina Róż ins Bett gelegt. Die Warschauer Straße war zwar nach wie vor gesperrt, aber man hörte nichts mehr von der Feuerwehr und den Krankenwagen. In vielen Wohnzimmern strahlten die Fernsehapparate als einzige Lichtquelle, die meisten Fenster waren dadurch violett beleuchtet, wie die Operationssäle im Johanniter-Krankenhaus. Barteks Opa schwieg seit einigen Minuten beharrlich, und es machte ihm Mühe, im fußknöcheltiefen, frisch gefallenen Schnee zu waten; die wichtigsten Bürgersteige und Wege würde man erst am frühen Morgen wieder freischaufeln und mit Sand bestreuen.

»Ich habe Angst«, sagte der Franzose nach einer Weile, »dass ich meine Schuhe im Schnee verliere. Deshalb bin ich so langsam. Und ich besitze nur dieses eine Paar.«

Der alte Mann kam Bartek nicht mehr fremd vor, er hatte sich schnell an seinen schweren Atem gewöhnt und auch an den Geruch, der ihn augenblicklich ins Schlafzimmer der Oma Olcia katapultierte, in dem es immer noch nach alten Kleidern und Schuhen roch. In ihrem Kleiderschrank wohnte dieser Duft, der gar nicht so unangenehm war. Er sagte ihm, dass manche Kleidungsstücke viel älter waren als er selbst. Es gab also, dachte er, Sakkos und Röcke, die mehr wussten als er, weil sie schon etliche Schulen besucht und schwere Zeiten durchgemacht hatten.

»Bevor wir deinen Eltern vor die Augen treten, muss ich dir etwas sagen«, meinte der Franzose.

Sie gingen am *Piracka* vorbei und wählten den kürzesten Weg, wo der Wind nicht mehr so wütend blies. Das Plattenbauquartier an der Luna lag auf einem Hügel, es war der höchste Punkt des Städtchens – nur das zerstörte Schloss der Kreuzritter konnte sich mit dieser Höhe messen, da es selbst auf einem Hügel thronte, von dem aus man ins Lunatal blicken konnte. Von dem mittelalterlichen Schloss war zwar so gut wie nichts mehr zu sehen, außer ein paar Mauern, aber auswärtigen Gästen zeigte man gerne die Ruinen, um die einstige strategische Bedeutung von Dolina Róż zu verdeutlichen. Die Rosenthaler Synagoge hätte am Flussufer gestanden, meinte Oma Hilde, von diesem Gebäude wären jedoch nicht einmal Fundamente geblieben. »Unsere Juden sind alle nach Amerika abgehauen!«, entschuldigte sich die Ostpreußin Hilde in ihrem für Muttersprachler oft stümperhaft klingenden Polnisch, wenn sie nach der Synagoge gefragt wurde. »Wir haben ihnen nichts Böses getan!« Das berühmte Plakat mit Frank Zappa, der nackt auf dem Klosett sitzt, brachte sie aber total durcheinander. Bartek hatte das Plakat über seinem Bett angebracht. Sie sagte ihm einmal: »Mein Kind! Reiß dieses schreckliche Foto von der Wand herunter! Das ist ein nackter Jude!« Und Hilde sah es auch nicht gern, wenn Bartek mit seinen Freunden die alten Schlossruinen aufsuchte, um dort auf Mauerresten und Säulenstümpfen Bier zu trinken, Zigaretten zu rauchen und die Zivilisation von Dolina Róż und den Sozialismus in hasserfüllten Tiraden zu verdammen. Es sei ein gespenstischer Ort, meinte Hilde. »Die Leichen der Kinder und Soldaten sehe ich immer noch in den zerbombten Gemäuern liegen, wenn ich in diese Gegend komme«, klagte sie.

Plötzlich beruhigte sich der Sturm. Es schneite nicht mehr so stark, am Himmel tauchten die ersten Sterne auf, und die orangefarbene Leuchtkraft des Schnees war zurückgekehrt.

»Was ich dir erklären will, ist Folgendes, mein Schusterjunge!«, fuhr Opa Franzose fort. »Eigentlich wollte ich nie wieder nach Dolina Róż kommen, doch eines Nachts bin ich schweißgebadet aufgewacht, weil mich ein Alptraum gequält hat und ich sofort wusste, dass ich dich, bevor ich ins Gras beiße, noch ein letztes Mal sehen muss. Ich habe mich gefragt, was inzwischen aus dir geworden sein mochte, und ich sehe, dass ich mich in meinen Erwartungen und Phantasien nicht getäuscht habe – du bist ein prächtiger Junge, der wie ich kein warmes Plätzchen finden kann, weder bei den Schustern noch bei seinen Lieben zu Hause. Doch es gibt noch einen anderen Grund, warum ich wieder zurückgekommen bin, in unser Lunatal! Und du bist schon in einem Alter, in dem du die Dinge, die mir keine Ruhe lassen, verstehen wirst.«

Bartek war perplex über dieses rührselige Gerede. Er dachte sich, hör mal, du Eisenbahner, Geigenspieler und Vagabund, du kennst weder Joy Division noch das wahre Ziel des Kommunismus, der dir den Kopf verdreht hat wie eine junge Geliebte. Ich gelte nämlich in meiner Schule als schlimmer Parasit, und du weißt nicht, dass ich mich von euch mit allen Wassern gewaschenen Ideologen, die ihr in den Schulen, Fabriken und Ämtern sitzt, nicht mehr unterkriegen lassen will. Hör mal, dachte Bartek, ich verzichte gerne auf deine Ratschläge oder Begründungen, warum du und ich uns angeblich so ähnlich sind. Und überhaupt, sagte er sich, was weißt du schon davon, was Liebe ist, der du vor ihr stets geflohen bist? Immerhin bin ich mit Meryl Streep zusammen. Ich wundere mich im Übrigen nicht, dass du dieser katholischen einfältigen Kuh, der du drei schwarzhaarige Töchter gemacht hast, zum Schluss eine harte Lektion erteilen musstest, denn sie hat dich nicht verstanden. Olcia, die keine Bücher liest, nicht einmal die Bibel, hat dir aber verziehen, weil der Pfarrer jeden Sonntag von der Barmherzigkeit Jesu Christi predigt. Der Pfarrer hat sie vor dem Wahnsinn gerettet. Was sagst du nun dazu? Ja? Kannst du es bitte wiederholen? Was ist los? Na, hör mal, ich lebe – und du bist ein Toter: Ich bin hier allein geblieben, während du dich draußen in der Welt vergnügt hast!

Bartek staunte über seinen inneren Wutausbruch, gleichzeitig staunte er noch mehr darüber, dass er keinen Mut aufbrachte, dem Franzosen seine Bedenken geradeheraus und scharf ins Gesicht zu schießen wie eine Maschinengewehrsalve.

»Du tust mir weh!«, meinte Bartek, nachdem er sich doch aufgerafft hatte, sein Missbehagen in wenigen Worten zu schildern.

»Ich weiß. Aber wenn du denkst, ich sei zu dir gekommen, um dich zu retten, irrst du dich gewaltig!«

»Mich interessiert, wie es da draußen aussieht«, sagte Bartek. »Wo liegt der Ort, an dem du lebst? Wo ist das? Man erzählt sich, du hättest Kinder mit einer anderen Frau.«

Sie näherten sich dem Plattenbauquartier. Der Halbmond begleitete sie auf Schritt und Tritt, sodass sie sein hinter den spärlichen Wolken wanderndes und tänzelndes Licht nicht zu suchen brauchten. An solchen verschneiten Abenden hatte Bartek den Eindruck, dass es in seinem Städtchen keine Schatten gäbe: Die Häuser schwammen in einem weißen Fluss – ohne Konturen, ohne Eingänge und Fenster. Die eingemummten Passanten bewegten sich mühsam in diesem reißenden Strom des Winters, und die nackten Laubbäume im Stadtpark wirkten auf den Betrachter wie Risse in einer Mauer, die jederzeit einstürzen konnte.

»Da draußen, lieber Freund, sind Fremde den Einheimischen nicht willkommen. Aber zerbrich dir den Kopf nicht darüber. Es ist das Grauen, nichts weiter als das Grauen, dass ich mich selbst nicht aushalten kann. Und da draußen wollen sie dich nicht – dich, der du einmal ein anderer werden wolltest, bloß nicht du selbst. Jetzt weißt du, warum ich diese hässliche Uniform trage, warum ich mich verkleide. Der Staat zahlt außerdem meine Reisen mit der Eisenbahn.«

Bartek antwortete dem Franzosen nicht, der ihn im nächsten Moment fragte: »Hast du eine Freundin? Wie heißt sie, dein Mädchen?«

»Meryl Streep«, sagte Bartek. »Und sie spricht Polnisch, denn mein Englisch ist noch nicht so gut!«

»Die Streep also! Eine gute Wahl«, meinte der Franzose. »Für dieses Mädchen würde ich alles opfern, sogar mein Leben!«

Als sie das Plattenbauquartier mit dem orangefarbenen Wohnblock an der Luna erreichten, wurde Bartek bewusst, dass Opa

Franzose neben Norbert der Einzige war, der seine Liebe respektierte und nicht in Frage stellte.

»Ich bin ein alter Narr, das sollte dir inzwischen klar geworden sein«, sagte der Franzose. »Bevor wir zu deinen Eltern gehen, werden wir noch einer mir lieben Dame und verehrten Freundin einen Besuch abstatten. Einverstanden? Und erinnere mich bitte daran, dass ich dir noch den zweiten Grund für meine Rückkehr nach Dolina Róż verraten muss! Übrigens: Deine Fluchtpläne habe ich längst durchschaut! Lass dir nur eines sagen: Die Flucht aus unserem Städtchen wird dir nie gelingen. Ich habe auch versucht, Dolina Róż zu vergessen und aus meinem Gedächtnis zu löschen. Ich bin praktisch ein lebendes Beispiel dafür, dass die Erinnerung uns Menschen töten kann!«

»Aber ich bin doch längst schon aus unserem Lunatal geflohen«, antwortete das Schusterkind. »Jetzt müssen Taten folgen, zumal ich kein Schuster werden will! Ich bin Eisenbahner – wie du, Franzose!«

»Was für ein Unsinn! Du hast mindestens zwei, drei Leben vor dir! Die Zukunft ist dein wahrer Verbündeter, und das wäre ein fataler Fehler, wenn du dir bereits jetzt schon eine Uniform anlegen würdest, um sie bis zum Tode zu tragen!«, ärgerte sich der Franzose.

Bartek nickte nur mit dem Kopf und schwieg, da er seinen Opa nicht noch mehr reizen wollte, obwohl er sich in seiner Wut kaum zügeln konnte: Das Schusterkind hasste es nämlich, wenn ein Erwachsener es zu belehren versuchte. Es fragte schließlich: »Wer ist diese Dame und verehrte Freundin, von der du so inbrünstig gesprochen hast? Doch nicht etwa unsere Nachbarin Natalia Kwiatkowska? Ist sie auch einmal eine deiner zahlreichen Geliebten gewesen?«

»Du stellst zu viele Fragen, die einen Mann meines Alters beleidigen, mein Sohn! Ich muss dich schon bremsen … Lass dich einfach überraschen.«

Bartek konnte sich nicht vorstellen, mit seiner Vermutung falsch zu liegen. Hier in dieser Gegend, im Plattenbauquartier an der Luna, gab es eigentlich nur eine Frau, die als ehemalige Geliebte des Franzosen in Frage kam: Das orangefarbene Haus, dieser klassische Wohnblock mit vier Eingängen, war auch das Domizil der in ihrem Städtchen verfemten Natalia Kwiatkowska. In ihrer Erdgeschosswohnung, die Bartek bis jetzt nur wenige Male und stets für einen kurzen Augenblick besucht hatte, hingen immer noch Bilder von Stalin und von den pompösen Aufmärschen des kommunistischen Jugendverbandes *ZMP*. Natalia war eine pensionierte Physiklehrerin und hatte ihre Universitätszeit in Warschau verbracht. Als die Abrechnung mit Stalin und seinen Schergen begann, wurde sie nach Dolina Róż verbannt, in die für Warschauer entlegenste und in ihrer Hauptstädtervorstellung hilfsbedürftigste Provinz des Landes. Und die heutigen Bewohner von Dolina Róż beschuldigten Natalia, eine alte stalinistische Funktionärin, noch immer der Denunziation. Sie hätte mehrere Menschen auf dem Gewissen, behaupteten sie, den von ihr verratenen Kommilitonen und Kameraden hätten die stalinistischen Henker die Fingernägel ausgerissen, und so manch armes Schwein hätte die Foltern nicht überlebt. Doch niemand konnte diese Behauptungen beweisen – die einzigen Beweise, die jeder einsehen durfte, da sie in der Stadtbibliothek aufbewahrt wurden, waren Natalias Gedichte für Onkelchen Stalin, Hymnen auf den Erretter der von Kapitalisten und Faschisten gepeinigten Völker der Erde.

Natalia ging nicht in die Kirche und verließ so gut wie nie ihre Wohnung. Ihre achtzigjährige Mutter Jadwiga, die sich seit Jahren schon konsequent zu sprechen weigerte, erledigte sämtliche haushälterische Arbeiten – wie eine Bedienstete, die putzt, wäscht, kocht und einkauft.

Jadwiga litt sehr darunter, dass sie in einer Betonwüste leben musste. Als Bäuerin kannte sie nur Not und harte Arbeit auf dem Feld und im Schweinestall, doch sie vermisste diese Arbeit, weil sie die Weizenfelder, die Birkenhaine und den Fluss aus ihrem Dorf in

Masowien über alles liebte. Natalia hatte Kühe auf einer Koppel und blühende Kirschbäume in einem Garten an die Wände des Zimmers, in dem ihre Mutter schlief, malen lassen, sozusagen zur heimlichen Versöhnung Jadwigas mit der Betonwüste. In diesem Raum war das Sonnenlicht ein seltener Gast, weil die Tochter panische Angst davor hatte, dass die alte Mutter an Hautkrebs erkranken könnte: Die Fenstervorhänge waren oft zugezogen, und die Achtzigjährige saß auf ihrem Bett, stumm und mit einem Blick, der keine Durchsetzungskraft mehr erkennen ließ. Jadwigas Augen tränten ständig, ihre Haut war runzelig und trocken, ihr Gesicht voller tiefer Furchen und Krater, und da sie von Natur aus einen schmächtigen Körperbau hatte und zudem kaum etwas aß, sah sie aus, als wäre sie am Verhungern. Man hätte Jadwiga in einem geräumigen Reisekoffer unterm Bett verstecken können, und ihr Gesicht mit den vielen tiefen Runzeln und der trockenen Haut erinnerte Bartek an die entstellten Fratzen der ägyptischen Mumien, die er im Fernsehen gesehen hatte.

Am merkwürdigsten war jedoch – weswegen die Bewohner von Dolina Róż Natalia Kwiatkowska wirklich hassten –, dass die ehemalige Physiklehrerin und Funktionärin des kommunistischen Jugendverbandes eine einzige Farbe für ihre Kleidung und Wohnungseinrichtung bevorzugte: Rot. Alle Röcke, Hemden, Blusen, Hosen und Pullover, die sie trug, waren rot, selbst Schuhe, Socken oder Mäntel und Jacken. Einmal im Monat besuchte Natalia den Friseur Tschossnek – Herrn Knoblauch. Tschossnek, der ihr die Haarspitzen höchstpersönlich schnitt, spielte dann mit seiner Kundin eine Runde Schach, was seine große Leidenschaft war, ja: seine Droge. Er spielte mit unzähligen Kunden, allerdings trat er besonders gern gegen Natalia an, da sie in Dolina Róż die Einzige war, die ihn zu schlagen vermochte: Ihre zwielichtige Vergangenheit interessierte Herrn Tschossnek nicht. Und wenn Natalia, ganz in Rot gekleidet, wieder einmal zum Friseur ging, liefen hinter ihr Kinder her, die sie auslachten und manchmal sogar bespuckten. Schtschurek führte meistens die wütende Bande an und beschimpfte die ehemalige Physiklehrerin: »Du Mörderin! Du Abschaum des Menschengeschlechts!« Solche wilden Verfolgungsjagden kamen außerdem auch dann vor, wenn sich ein Schwarzer nach Dolina Róż verirrte, zum Beispiel ein Student aus Ghana.

Natalia Kwiatkowska erlaubte sich aber noch eine andere Merkwürdigkeit: In ihrer Wohnung gab es so viele Topfpflanzen – und manche davon stammten tatsächlich aus exotischen Ländern – wie in einem echten botanischen Garten. Den ganzen Tag war Natalia damit beschäftigt, die verschiedenen Gewächse zu pflegen, die Palmen und die Farne, die Kakteen und die Sträucher, die Blumen und die Kräuter. Auf den Fensterbänken wuchsen Thymian, Rosmarin, Minze, Petersilie und selbst Basilikum und Salbei. An den Wänden hingen Gefäße aus Terrakotta für Knoblauchknollen, für Moos und Heidekraut, für Rosen und Orchideen. Auf massiven Holzhockern residierten riesige Agaven und Farne, und Natalia sprach mit ihren stummen Mitbewohnern wie mit Menschen, und ab und zu stand sie am Küchenfenster mit einem Zettel in der Hand und las den Kräutern auf der Fensterbank mit so einer Andacht etwas vor, als würde sie einem Lehrling ein geheimes Kochrezept diktieren.

»Bartek! Du wirst schweigen wie ein Grab«, meinte Opa Franzose. »Und wenn meine Freundin dich etwas fragen sollte, werde ich für dich antworten. Hast du kapiert?«

»Sie ist verrückt, das weiß doch jeder!«, entgegnete das Schusterkind, das sich stillschweigend über die Erfüllung seiner Vorahnung freute. »Und sie hasst uns Schüler und Jungen. Ihrer Meinung nach sind wir nicht imstande, die Gesetze der Physik zu begreifen. Sie hat mir einmal gesagt, wir würden die wunderbaren und vollkommenen Gesetze der Physik und damit auch des ganzen Universums mit der uns angeborenen Dummheit und Ignoranz beleidigen. Und an unserer Schule, an der sie einst unterrichtet hat, erzählt man sich, sie hätte einmal mit einer Kollegin aus ihrem damaligen Lehrerkollegium ein richtiges Verhältnis gehabt – wie mit einem Mann! Das ist doch Degeneration!«

»Was für ein Unsinn! Wer hat dir beigebracht, ein so übles und törichtes Gerede ernst zu nehmen?«, ärgerte sich Opa Franzose. »Du musst noch viel lernen!«

Bartek wurde erneut wütend – diesmal aber verlor er die Beherrschung und legte barsch los: »Ich muss gar nichts lernen: Ihr seid die Dummen und die Ignoranten, und vor allem seid ihr alle krank! Ihr treibt es sogar mit Tieren und Leichen! Jawohl! Deine Töchter zum Beispiel – sie suchen sich in der Dancing-Bar *Piracka* die schönsten Hengste aus, und das Monat für Monat! Ich dagegen bin meiner Meryl treu!«

»Nein, mein Schusterjunge! Du bist verwirrt und weißt nicht, was du redest. Du wirst ein Mann, und du brauchst endlich eine echte Frau fürs Bett – mehr kann ich im Moment dazu nicht sagen«, beruhigte ihn der Franzose.

Die Kragen- und Ärmelsäume ihrer Mäntel waren vereist, sie selbst gänzlich durchgefroren, als sie den dritten Hauseingang betraten. Natalia Kwiatkowskas Türklingel war kaputt. Barteks Opa, der vor Freude auf die Begegnung über beide Backen strahlte, klopfte dreimal an die Tür, die dann sogleich aufging. Natalias Mutter ließ das ungleiche Paar nur zaghaft in den Flur herein und die Mäntel ablegen, schüttelte den Kopf und verdeckte kurz ihr Gesicht, dann faltete sie die Hände, als wollte sie ein kurzes Gebet sprechen und anschließend sagen: »Nacia! Mein Gott! Er ist wieder da! Dieser Teufel – dein Geliebter!«

Sie führte die Besucher ins Wohnzimmer, in dem ihre Tochter geistesabwesend an einem runden Tisch saß – eine rote Wolldecke umhüllte ihren Körper, ihr hüftlanges, kastanienbraun gefärbtes Haar war wie immer zu einem Zopf geflochten, und auf dem Tisch waren verschiedene Papiere ausgebreitet, alte Dokumente und Briefe, vergilbte Zettel mit Notizen, Postkarten und Zeitungsausschnitte. Natalia hob endlich den Kopf und blickte die Gäste nachdenklich an. Sie war in das Studium der Papierberge so vertieft gewesen, dass sie lange Zeit brauchte, um zu verstehen, wer unerwartet in ihr Reich getreten war. Natalias Geistesgegenwart kehrte auf einmal zurück – sie sagte grinsend: »Deinen Mut muss ich wirklich bewundern, Franzose!«

Bartek schwieg, wie es ihm sein Opa befohlen hatte. Er staunte über die Einrichtung der Wohnung, vor allem über die verschiedenen kristallenen Gläser, Schalen, Karaffen, Flaschen und Blumenvasen, die in den Bücherregalen und Vitrinen standen. Er fragte sich, warum er diesem gläsernen und kristallenen Reichtum bis jetzt nie Beachtung geschenkt hatte – genauso wenig wie den Stapeln mit Büchern, Zeitungen und Zeitschriften, die sich auf dem Fußboden in allen freien Ecken türmten, zwischen all den Topfblumen und Kakteen. Natalias Imperium war in mehrere Kontinente aufgeteilt, auf denen die unterschiedlichsten Kulturen und Zivilisationen einander bekämpften. Die Bücher, von Glastüren geschützt, wollten mit den für sie hässlichen und brutalen Schling- und Rankgewächsen, deren Blätter ihnen die Sicht verdeckten, nichts zu tun haben. Die Zeitungen mit den Nekrologen, propagandistischen Reden und traurigen Berichten von dramatischen Ereignissen konkurrierten mit den bunten Illustrierten, die versuchten, den Leser mit utopischen Geschichten über das Goldene Zeitalter zu verführen. Und die teuren Kristallwaren schämten sich, dass sie so primitive und hässliche Geschöpfe wie Bücher oder Efeublumen zu Nachbarn hatten.

Natalia stand auf, begrüßte den Franzosen mit einem flüchtigen Händedruck und ließ sich von ihm auf die Wangen küssen. Sie schaute dann dem Schusterkind in die Augen und sprach gleichzeitig mit seinem Opa weiter: »Du hast deinen Enkel mitgebracht – du bist so feige wie all die anderen Bewohner von Dolina Róż. Sie benutzen ihre Kinder als Schutzschilde, wenn sie bei einer Behörde etwas Wichtiges erledigen müssen.«

»Und? Wofür ist dein Ressort zuständig?«, fragte der Franzose und lachte.

»Für die Zerstörung der Lügen, die in euren kalten Kirchen, Ämtern und Häusern wohnen – das weißt du doch!«, meinte sie. »Du kennst meine Biografie, und du weißt auch, was ich von eurer Welt und euren mickrigen Taten und Ideen halte. Oder hast du alles, was ich schon so oft erklärt habe, vergessen?«

»Nein, Liebste... Ich habe nichts vergessen...«

Dann trat eine Stille ein, die für Bartek genauso unerträglich war wie die festlichen Reden an den Appellmontagen in der Schule.

»Wenn ihr Hunger habt, müsst ihr in eine Gaststätte gehen«, sagte Natalia, da ihrem Freund keine Antwort auf ihre Vorwürfe eingefallen war. »Denn unser Kühlschrank und Herd haben nicht allzu viel zu bieten – außerdem leben wir bescheiden. Die Völlerei, die heutzutage überall wütet, finden wir widerlich und stumpfsinnig. Nicht wahr, Mütterchen?«

Wie zur Bestätigung zwinkerte Jadwiga mit den Augen und verschwand. Sie kochte schwarzen Tee, den sie aber in der Küche stehen ließ. Sie wollte, wie es schien, den Franzosen nicht bedienen. Die alte Frau schlurfte in aus Kaninchenfell genähten Hausschuhen durch die Dreizimmerwohnung hin und her; schließlich suchte sie sich im Wohnzimmer ein Plätzchen bei den großgewachsenen Farnen, im Schatten ihrer zarten Blätter ließ sie sich sanft auf einen Stuhl fallen und war sofort eingenickt wie eine Katze.

Natalia holte den Tee aus der Küche und sagte: »Es ist wohl dein letzter Besuch bei uns im Lunatal ... Wir sind beide alt geworden. Alt und träge. Ja, irgendwann muss man sich verabschieden – für immer.«

»Ich bin aus einem anderen Grund zurückgekehrt...«

Bartek musste pinkeln, aber er traute sich nicht, auf die Toilette zu gehen. Im Stehen schüttete er zwei Löffel Zucker in sein Glas Tee und wartete gespannt auf die Erklärung von Opa Franzose, der ihn darum bat, er möge sich doch setzen, was sein Enkel auch sofort tat.

Der Franzose kramte aus seiner Aktentasche ein Porträtfoto hervor – das Bild eines Mädchens. Er legte es auf die ausgebreiteten Papiere auf dem Tisch und sagte: »Ich bin nach Hause zurückgekommen, weil ich in großen Schwierigkeiten stecke und dich um einen Rat bitten will.«

»Das ist mir nichts Neues«, antwortete Natalia. »Was ist das für ein Foto? Das Mädchen ist schön. Wer ist sie, die junge Dame? Muss man sie kennen?«

Bartek betrachtete verstohlen das schwarz-weiße Bild; im schwachen Licht einer Kugellampe, die tief über dem Tisch hing und summte, dieser private Mond Natalias, wirkten die riesigen Palmenblätter wie Flügel von längst ausgestorbenen urzeitlichen Vögeln. Meryl, dachte er, es ist unglaublich, aber du hast eine Schwester, die dir ebenbürtig ist und deiner unvergleichlichen Schönheit sehr nahe kommt. Ihm gefiel das unbekannte Mädchen sehr, und es musste in seinem Alter sein, vielleicht war es nur ein Jahr älter.

Opa Franzose setzte sich endlich hin und seufzte. Dann sagte er: »Es ist meine Tochter Joanna. Sie ist sechzehn und wird bald siebzehn. Ihre Mutter, die ich abgöttisch verehrt habe, wurde letztes Jahr schwer krank. Sie ist nun vor zwei Monaten gestorben, und ich weiß nicht, was ich mit Joanna machen soll. Zurzeit wohnt sie bei meinem Bruder, in Gdańsk. Ich kann mich nicht um sie kümmern. Ich bin es als Eisenbahner und Reisender nicht gewohnt, zu Hause zu sitzen, Mittagessen zu kochen und Wäsche zu waschen. Ich bin pausenlos unterwegs, auch damit ich mein monatliches Gehalt kriege und später eine bessere Rente!«

Er wartete eine Weile auf die Reaktion seiner alten Geliebten, die ihn bloß mit ihren grauen, Kälte ausstrahlenden Augen ansah und die Stirn runzelte. Bartek ignorierte augenblicklich sein Versprechen, das er eben noch gegeben hatte, und platzte damit heraus, dass Oma Olcia das Gerücht, der Franzose habe im Süden eine neue Familie gegründet, schon seit Jahren fleißig verbreiten würde, und nun war es also wahr, was Olcia eifrig selbst vor ihren Freundinnen, mit denen sie sich nach der Sonntagsmesse im *Wenecja* traf, behauptete.

»Es ist also kein Gerücht!«, sagte Bartek. »Du bist ein Betrüger!«

Der Franzose schnäuzte sich die Nase. Seine Augen wurden feucht, das Stofftaschentuch steckte er aber wieder ein – die Tränen wischte er mit dem rechten Ärmel seines dunkelblauen Eisenbahnersakkos ab.

Natalia lachte plötzlich auf, aber ihr Lachen war das einer irrsinnigen und – einer höhnischen Frau. Ihre Mutter wurde für wenige Sekunden wach, dann schloss sie wieder die Augen, diese Katzenmumie.

»Man müsste dich vor Gericht bringen, Franzose«, sagte die ehemalige Physiklehrerin, nachdem sie sich beruhigt hatte. »Du bist kein geschiedener Mann und hast ein Kind mit einer fremden Frau gezeugt. Und dass auch ich einmal von dir schwanger geworden bin und unser Baby abgetrieben habe, hast du bestimmt verdrängt! Was für einen Ratschlag erwartest du von mir in Anbetracht so glasklarer Umstände? Gib dein Mädel zur Adoption frei! Oder steck es in ein Jugendheim! Töten wirst du es wohl nicht – dafür bist du zu feige!«

»Du wirst es nicht glauben, aber ich habe sogar daran gedacht, dich um Hilfe zu bitten! Du bist eine gute Lehrerin gewesen! Und Anstand und Ehre sind dir keine Fremdwörter, du bist nicht korrumpierbar...«

»Du elender Hund, du versuchst mir zu schmeicheln! In Wahrheit frotzelst du über mich!«, antwortete sie. »Ich soll diesen Bastard, den du vermutlich in einem Hühnerstall mit einer Bäuerin gezeugt hast, adoptieren und erziehen?! Schäm dich für deinen idiotischen Einfall! Geh doch zu deiner Katholikin Olcia, zu dieser Gottes- und Priesternärrin! Ihr kannst du ein so dämliches Angebot reinen Gewissens unterbreiten! Ein billiges Ölgemälde mit der barmherzigen Muttergottes wird ihr weinerlich zuflüstern, dass man sich seinem Schicksal fügen müsse. Und jetzt verlasst bitte mein Haus! Es ist spät, und ich habe noch viel zu tun! Meine Korrespondenz darf heute Nacht nicht unbeantwortet bleiben! Es sind wichtige Briefe!«

Bartek war über die Heftigkeit der Worte von Natalia Kwiatkowska erschüttert. Nicht geschieden? Ein fremdes Kind? Ein Bastard? Eine Abtreibung? Was geht hier vor?, fragte er sich. Und dachte zugleich: Das ist also der zweite Grund für deine Rückkehr, Franzose – du suchst eine Mutter für deine hübsche Tochter! Du willst das arme Küken so schnell wie möglich loswerden und davonfliegen! Diese Methode kommt mir irgendwie bekannt vor …

Auf einmal ging in der ganzen Wohnung das Licht aus, doch auch in den gegenüberliegenden Wohnblöcken war das Licht erloschen. Für eine Weile wurde es stockfinster, sodass Bartek zu frieren begann. Die Regierung hatte wieder einmal den Strom abgeschaltet, und in den nächsten zwei Stunden würde Dolina Róż in einen traumlosen Abgrund taumeln, in dem es keinen Boden und keinen Himmel gab. Bartek fürchtete sich vor dieser Finsternis, er fürchtete sich so sehr vor ihr, dass er sich jedes Mal schwor, er würde am nächsten Tag in die Kirche gehen, auf die Knie fallen und um Gnade der Sonne bitten. Er tat es jedoch nie, weil ihm dazu der Mut fehlte. Er wollte von Schtschurek, Marcin, Romek und Anton nicht ausgelacht werden.

Natalia Kwiatkowska brach wieder in ein unerträgliches, fast männlich klingendes Gelächter aus und zündete eine Kerze an.

Kapitel 6: Der Lippenstift meiner Mutter

Manchmal, wenn das Schusterkind zu Hause allein war, ging es ins Badezimmer und schminkte sich die Lippen. Hinterher stellte es den Ghettoblaster, den sein Vater von einer Reise in die BRD mitgebracht hatte, auf volle Lautstärke. Bartek tanzte dann in der Küche zu seinen Lieblingssongs aus dem Doppelalbum und Meisterwerk der psychedelischen Rockmusik »Ummagumma«. Er rauchte dabei eine Zigarette und sang zu den Musikstücken seine eigenen Texte, in einer Sprache, die er sich selbst ausdachte und die dem Englischen nachgeahmt war. Er nahm einen Schluck Bier und begrüßte freudig das tobende Publikum in der Küchenarena, in der seine Geliebte Meryl Streep auf der Ehrentribüne saß. Er fühlte sich wie ein Rockstar, ja, er war ein Rockstar, nur dass keiner, der in dem orangefarbenen Haus wohnte, ahnte, wer ihr Nachbar war, welches Genie der psychedelischen Rockmusik unter ihnen weilte. Die irdischen Götter küssten Bartek auf seine rot geschminkten Lippen und prophezeiten ihm, er würde eines Tages ein Weltstar werden.

Das Doppelalbum »Ummagumma« hatte Bartek aus dem Radio aufgenommen – ausgerechnet bei Romek, der ihn einmal zu sich nach Hause eingeladen hatte, was eine absolute Ausnahme war; nicht einmal Anton war bei dieser Jamsession dabei gewesen, und Marcin wollte dem Schusterkind daraufhin fast die Freundschaft kündigen. »Ich kümmere mich um deine Bildung«, sagte er, »spiele dir die wertvollsten Perlen der Rockmusik und Klassik vor, und du Verräter, du gehst zu Romek, diesem Existenzialisten, der sich für den König der Philosophen hält! Wie konntest du mir das antun? Ich habe dir gezeigt, was man hören, lesen und anziehen muss! Und das ist dein Dank?«

Für Bartek sah die ganze Sache anders aus: Marcin saß in einem Käfig wie ein wildes Tier und dachte ständig nur ans Fressen. Er war in seiner Gier unersättlich. Seine Schallplatten- und Bändersammlung musste die beste und größte in ganz Dolina Róż sein, genauso wie seine Bibliothek. Die künstliche Finsternis, die die Regierung in die Plattenbauquartiere und Häuser der Altstadt entsandte, um die Menschen einzuschüchtern, erweckte in ihm natürlich keine Furcht – in allen anderen ja. Er würde sich durch grenzenlosen Mut auszeichnen, meinte er selbstbewusst. Mit Mariola und der Hure Marzena würden ihn die intensivsten Liebesaffären verbinden, auf die sich die beiden Frauen je eingelassen hätten. Und die Halbwahrheiten, die in Form von Gebeten, Predigten, Appellen und Tiraden von den katholischen Pfarrern verbreitet würden, hätte er längst durchschaut. Er hielt die Religionen für eine äußerst praktische Erfindung von Außerirdischen, welche die Erde seit Millionen von Jahren besuchten und ausbeuteten; und der Tod sei eine gewaltige Illusion, in deren Gefangenschaft der Mensch derart an den Planeten Erde gebunden sei, dass er auf ihm ständig reinkarnieren müsse – damit sei der Homo sapiens ein Sklave der Erde, seine angebliche Freiheit samt dem freien Willen eine beispiellose Täuschung.

Bartek fiel es schwer zu begreifen, dass Marcin, der so gebildet und erfahren war und der sich für jede Wissenschaft und Lehre interessierte – mochte sie auch unkonventionell sein –, kein eigenes Urteil besaß und die meisten Theorien für bare Münze nahm. Er plapperte unzählige Definitionen und Theorien nach, aber Tatsache war, dass er sich all die kühnen Gedanken, die er als seine eigenen deklarierte, durch mühsame Lektüre aneignete. Marcin musste Philosophen, Schamanen und Propheten zurate ziehen, weil er Angst vor dem Nichts hatte, das ihn aushöhlte und zu vernichten drohte, fand Bartek. Außerdem ängstigte sich sein Freund, ein unverbesserlicher Wiederkäuer, vor dem eigenen Tod, obwohl er bei jeder Gelegenheit die ewige Wiederkehr aller existierenden Dinge und Lebewesen predigte, wie es ihm Fryderyk Nietzsche beigebracht hätte.

Und wenn das Schusterkind wieder einmal in der Küche tanzte, dachte es: Unser Planet hat schon so viele Wiederkäuer und Käfige, Zivilisationen und Schulen, Armeekasernen, Schusterwerkstätten und Fabriken auf seinem Rücken getragen und wieder abgeschüttelt, dass jeder Erdling aufhören sollte, sich Sorgen um die Zukunft zu machen. Schau, Marcin, der Lippenstift meiner Mutter hilft mir zu überleben – und die Angst vor der Zukunft frisst mich nicht auf. Ich schminke mir gerne die Lippen, weil ich ab und zu so aussehen und mich so fühlen will wie die Frau, die mich geboren hat, eine Frau, die jeden Morgen beim Make-up-Auftragen mit ihrem Handspiegel palavert und ihm ihre intimsten Geheimnisse anvertraut. Und die dann sagt: »Ich liebe es, die Fähnriche aus der Dancing-Bar und die Fabrikdirektoren zu verführen. Ich liebe es, wenn sich andere Frauen und selbst die Schüler aus meiner Schule auf der Straße nach mir umdrehen. Und ich hasse Mariola und ihre weiße und nach Kartoffelrosen duftende Haut. Ich will sie eifersüchtig machen, sie soll vor Eifersucht auf mich verwelken und verbrennen. Und ich möchte, dass Herr Lupicki meine Schuhe und die meines Mannes mit Respekt behandelt, obwohl Krzysiek ein Trinker und ein Nichtsnutz ist!«

Eines Nachmittags wurde Bartek beim Tanzen in der Küche von seinem Vater erwischt, der in der Mittagspause nach Hause gekommen war, weil er sein Portemonnaie mit dem Führerschein vergessen hatte. Quecksilber war bei Oma Olcia, die Mutter noch in der Schule.

Das Schusterkind war nackt und wollte sich gerade eine Zigarette zwischen die rot geschminkten Lippen stecken, und die Kannibalen und Kopfjäger aus Neuguinea, die Bartek durch die Lektüre der Bücher von Alfred Szklarski liebgewonnen hatte, tanzten mit ihm zusammen zu den »Ummagumma«-Klängen, den wilden Liedern der Menschenfresser. Bartek wurde brutal aus dieser Ekstase herausgerissen: »Du hast dich geschminkt? Und du bist nackt? Ich bringe dich um! Ich bringe dich um!«, drohte ihm sein Vater und zog seinen Gürtel aus der Hose, um das Schusterkind zu verdreschen.

Den Rest des Tages verbrachte Bartek in Angst, weil der Vater angekündigt hatte, er würde ihn nach Feierabend richtig bestrafen, das sei nur ein Vorspiel gewesen, die paar Schläge ins Gesicht und auf den Hintern. »Ich werde dich zu unserem Mörder Baruch schicken – er wird dich von deinen perversen Spielen heilen! Doch vorher wirst du noch einmal Vaters Hand und Gürtel kennen lernen!«

Bartek bezog am Abend noch ein zweites Mal saftige Prügel, überstand sie aber tapfer, und nach dieser Bestrafung musste er zusammen mit seinem Vater zu dem Mörder Baruch gehen, der in der Altstadt wohnte. In der Maria-Skłodowska-Curie-Straße hatte Baruch ein möbliertes Dachbodenzimmer gemietet. Seine Exorzismen und Behandlungen fanden im Hinterhof des Mietshauses statt, dessen Grundmauern angeblich genauso alt waren wie die des mittelalterlichen Kreuzrittertors, das man immerhin vor fast sieben Jahrhunderten errichtet hatte. Dort im Hinterhof der Maria-Skłodowska-Curie-Straße betrieb der Kurpfuscher einen Kleingarten – für seine Kaninchen hatte er dort Käfige gebaut und für die zwei Schweine einen Koben.

Bartek war schon einiges von den Bewohnern seines Städtchens gewohnt, sodass es ihn nicht besonders wunderte, als er in dem Schweinekoben, in dem nicht mehr als drei erwachsene Personen bequem stehen konnten, den Oberkörper freimachen musste. Seine Brust wurde mit Eberspeck eingerieben, und danach servierte man ihm frische Eberhoden, die der Kurpfuscher auf dem Wochenmarkt besorgt und in der Bratpfanne auf einem Spirituskocher zubereitet hatte. Das Schusterkind erbrach sich noch während der Mahlzeit vor den Augen seiner beiden Peiniger. Baruch sagte aber, das sei keine Schande, die Manneskraft werde schon bald in seinen jungen unverdorbenen Körper zurückkehren und die weiblichen Dämonen der Begierde besiegen. Die Behandlung wurde in den Wochen danach einige Male wiederholt – doch Bartek ließ sich nichts anmerken und tanzte in der Küche seine wilden Neuguinea-Tänze weiter, schminkte sich und erzählte seinen Freunden und auch seiner Mutter nichts von den in Schmalz gebratenen Eberhoden. Ihm war, als hätte ihn eine unsichtbare Macht vergewaltigt. Das Gefühl der Scham hinderte ihn daran, öffentlich vom Leid der Vergewaltigung zu klagen. Es war für ihn unmöglich, sich jemandem in dieser fatalen Angelegenheit anzuvertrauen. Seinem Vater wünschte er mehr denn je den Tod, und er verbannte ihn ins violette Licht des Operationssaales im Johanniter-Krankenhaus.

Der Empfang bei Bartek zu Hause fiel naturgemäß unfreundlich aus. Gleich in der Tür sagte Stasia zu Opa Franzose: »Für diese eine Nacht darfst du bei uns bleiben. Am nächsten Morgen verschwindest du aber.« Sie sprach mit einer Stimme, die dem Schusterkind bestens bekannt war. Die Nervosität, die Unberechenbarkeit und die Unbeherrschtheit des Vaters bestimmten den Herzschlag der Familie, und alle Kraft wurde darauf verwendet, ihn bei guter Laune zu halten. Er war ein Wassermann, der es liebte, wenn sein Land regelmäßig überflutet wurde – mit seinen Launen und Eifersüchteleien, mit seinem Flut- und Ebbewasser, das in ihm brodelte. Schweißausbrüche aus Angst vor den Launen und Besäufnissen des Vaters waren an der Tagesordnung. Selbst an den in Dolina Róż rar gewordenen Sommertagen, wenn Krzysiek mit den Arbeitern der Wirkwarenfabrik einen Ausflug machte oder in den Urlaub gefahren war, spürte man deutlich seine Anwesenheit, vor allem den aggressiven Geruch seines Schweißes. Und erstaunlich war die Tatsache, dass der Vater dem Schusterkind unsterblich vorkam. War eine Überschwemmung überstanden, kam sofort die nächste. Wie ein Demiurg erfand sich der Vater Reinkarnation für Reinkarnation, Bild für Bild, Überschwemmung für Überschwemmung neu. In diesem Spiegelkabinett gab es keinen Ausgang, die Suche nach Rettung war vergeblich, da der Vater meistens wie aus dem Nichts auftauchte, um die nächste Überflutung herbeizuführen.

Die Wohnung von Barteks Eltern war genauso geschnitten wie die von Natalia Kwiatkowska: Küche, Bad, Balkon und, wie es Herr Lupicki sagen würde, drei Gefängniszellen – zum Sterben zu groß, zum Leben zu klein. Und auch hier war es stockfinster und totenstill. Die feinen Schatten, die durch das Kerzenlicht entstanden, krochen bei jeder Körperbewegung an den Wänden und Decken herum, als würden sie nach einem Unterschlupf suchen. Der Unterschied zu dem botanischen Garten im Erdgeschoss bestand darin, dass in diesen bescheiden möblierten Räumen ein süßlicher Geruch in der Luft schwebte, den man, wenn er sich einmal in der Nase eingenistet hatte, nicht mehr los wurde. Dieser Geruch war eine explosive Mischung aus den Ausdünstungen des Vaters und dem penetranten Parfümduft der Mutter.

Stasia führte den Franzosen und Bartek in ihr Arbeitszimmer, wo schon das Schlafsofa hergerichtet war. Sie mussten die ganze Zeit im Flüsterton sprechen und bei jeder Bewegung und jedem Schritt leise sein, weil der Vater nicht geweckt werden durfte. Er war betrunken und schlief in Barteks Bett – in dem engen Zimmer, das sich das Schusterkind mit seinem zehnjährigen Bruder Quecksilber teilte, der auch sein eigenes Bett besaß. Dieser Raum war eine Art Ausnüchterungszelle, vorausgesetzt, dass es Quecksilber gelungen war, den Vater milde zu stimmen und zum Schlafen in einem der Betten seiner Söhne zu überreden, worin, in dieser hohen Überredungs- und Zähmungskunst, der Zehnjährige im Laufe der Jahre ein Meister geworden war. »Du bist mein Ein und Alles. Unsere Regierung und deine Mutter können nur lügen und betrügen, aber du nicht, Quecksilber. Und wenn du groß wirst, übernimmst du von unserem Direktor Szutkowski die Fabrik, und die Arbeiter werden dir gehorchen und dich ehren!«, prophezeite er seinem kleinen Sohn, wenn er wieder einmal blau war. Der Vater schnarchte und sprach ab und zu im Schlaf ungereimtes Zeug. Seine Kämpfe gegen die weiblichen Dämonen, die der Mörder Baruch dem Schusterkind austreiben wollte, gingen im alkoholisierten Traum von Krzysiek weiter.

Stasia war verärgert, dass der Franzose so spät in der Nacht zu ihnen nach Hause gekommen war. Sie hatte sich Sorgen gemacht und berichtete jetzt, dass Herrn Lupickis Werkstatt schon geschlossen gewesen wäre, als Krzysiek nach dem Heimkehrer – erst nach ihm, dann auch nach Bartek – in der ganzen Stadt gesucht hätte. Dabei wäre ihr Mann irgendwann im *Piracka* gelandet, wo er mit seinen beiden Schwagern die Ankunft des untreuen Schwiegervaters gefeiert hätte, zumindest laut seines verwirrenden Berichts, den er ihr lallend und fluchend erstattet hätte.

»Franzose! Du schaffst es immer wieder, dass man mit dir Mitleid hat«, sagte Stasia. »Ich werde dich nicht auf die Straße zurückschicken, in diese erbarmungslose Kälte. Ich habe für dich sogar ein paar gebrauchte Hosen, Hemden und Sakkos aus den Paketen, die wir alljährlich zu Weihnachten aus der BRD bekommen, zurückgelegt. Du solltest die Sachen anprobieren.«

Plötzlich fiel sie dem alten Mann um den Hals, dann, genauso jäh, ließ sie ihn los und machte zwei Schritte rückwärts. Seine Eisenbahneruniform hatte ihr noch nie gefallen. Sie wusste, dass der Franzose kein Geld hatte, doch selbst wenn er welches hätte, würde er es nie für neue Kleider ausgeben, sondern eher für ein Vergnügen, für ein Rendezvous mit einer Frau oder für Bücher.

Der Karton mit den Hosen, Hemden und Sakkos aus den westdeutschen Weihnachtspaketen schien ihn nicht zu beeindrucken, obwohl er sich auf die Sofakante setzte und, auf der Suche nach etwas Passendem, in ihm zu wühlen begann.

»Ich bin kein Bettler! Und ich werde keine Hemden und Hosen von ehemaligen Feinden tragen! Ich danke dir dennoch sehr für deine Hilfe, meine Tochter«, sagte er. »Du hast mich nie so stiefmütterlich behandelt wie deine beiden jüngeren Schwestern Hania und Agata.«

»Sie lieben dich auch, obwohl du ihre Liebe nicht verdienst«, warf Stasia ein.

»Aber du hast das schwere Los eurer gealterten Eltern nie belächelt oder mich zum Narren gehalten.«

Bartek hielt es nach der Visite bei Natalia Kwiatkowska für besser, sich nicht in die Angelegenheiten des Franzosen einzumischen, bloß fühlte er sich seit ihrer Begegnung in der Werkstatt von Herrn Lupicki für seinen Opa verantwortlich: Immerhin war es ihm vergönnt gewesen, dass er als Erster von seiner Rückkehr erfahren hatte. Er sagte: »Am härtesten hat es doch mich getroffen! Ihr habt mich an der Nase herumgeführt, mir immer nur gesagt: Vielleicht kommt er nächsten Winter zurück, jenen Tag und jene Stunde kennt niemand, und vielleicht ist er schon seit Jahren tot – mit solchem Gerede habt ihr mich beinah in den Wahnsinn getrieben!«

»Du siehst dich als Opfer an?«, fragte seine Mutter und erstarrte.

Der Franzose wandte sich, um dem Schusterkind den Wind aus den Segeln zu nehmen, an seine Tochter: »Stasia, weißt du, was ich dringend brauche? Ein Paar Winterstiefel! Was sagen dazu die Weihnachtspakete? Werden mir die Deutschen noch einmal gnädig sein?«

»Herr Lupicki würde sich freuen, wenn er dir helfen könnte«, sagte Stasia. »Und manchmal zaubert er aus seiner Totenkammer wie aus einem Zylinder einen richtigen Schatz!«

»Nur über meine Leiche! Von ihm lasse ich mir nichts schenken, nicht von meinem Freund!«

Barteks Bruder Quecksilber kam im Schlafanzug angetrippelt und sagte: »Papa schläft nicht mehr – er liegt auf dem Teppich und wälzt sich hin und her.«

Tatsächlich, aus der Ausnüchterungszelle drangen seltsame Geräusche herüber, das aggressive Klappern eines Fensters, das Grunzen eines Schweines, das Zungenzischen einer Schlange, unverständliche Laute.

»Mein Papa macht wieder ein Krokodil nach und kriecht über den Boden, weil er Bauchschmerzen hat«, rief Quecksilber und blickte für einen Moment den Franzosen an, dessen Anwesenheit endlich in sein Bewusstsein gedrungen war. »Wer bist du?«, fragte er.

»Ich?«, staunte der alte Mann. »Du kennst mich doch – ich bin dein Großvater, der Eisenbahner aus Tschenstochau ... Der Hofgeigenspieler und Schreiberling des Königs von Warmia und Masuren!«

»Der Schlag soll mich treffen!«, rief Quecksilber vor lauter Begeisterung und Herrn Lupickis Redensart nachahmend. »Du arbeitest wirklich für die Eisenbahn?«

Sie konnten ihr Gespräch nicht fortsetzen, denn die Geräusche in der Ausnüchterungszelle hatten an Lautstärke zugenommen. Der Vater überschwemmte langsam wieder die Wohnung.

Ich töte ihn morgens und abends, ich tue es jeden Tag, und er lebt dennoch weiter, sang Bartek im Geiste sein altes rebellisches Lied.

Stasia musste sich nun um ihren Mann kümmern. Sie holte aus dem Badezimmer ein Handtuch, das sie kurz ins kalte Wasser getaucht hatte, um Krzysieks brennende Stirn zu kühlen – es würde gar nicht so einfach sein, ihn wieder zum Schlafen zu bewegen, solche Nächte konnten dann plötzlich sehr kurz werden, die sinnlosen Diskussionen mit dem Trunkenbold unerträglich lang und ermüdend. Stasia bat den Franzosen um Hilfe und ging zusammen mit ihm und ihren Söhnen, quasi mit ihrer Leibgarde, zu Krzysiek: Der besoffene Unruhestifter hockte in der Ausnüchterungszelle auf dem Fußboden und ballerte mit der Faust gegen die Kleiderschranktür, sodass die Knöchel seiner linken Hand zu bluten anfingen, und brüllte: »Ich werde hier alles kurz und klein hauen! Und dann drehe ich dieser Schlampe den Hals um und reiße ihr die Eingeweide heraus!«

Ein Glück, dass an diesem Abend der Opa Franzose da war. Vor einem seltenen Gast hatte Krzysiek schon immer Respekt gehabt. Und obwohl er den Franzosen hasste, bemühte er sich, bei seinem Schwiegervater den Eindruck zu erwecken, in den letzten Jahren viel gelernt zu haben und ein Mann von Welt geworden zu sein.

»Teile deinen Schmerz mit mir, mein Sohn«, sagte der Franzose. »Sei tapfer!«

Krzysiek legte seinen Kopf auf den Schoß des Schwiegervaters und heulte: »Ich bin nicht mehr so ein mieser Kerl wie einst! Deine Tochter ist das schönste und klügste Mädchen von Dolina Róż, und ich beschuldige sie andauernd der Untreue, dabei ist sie die beste Ehefrau, die je unter der Sonne gelebt hat.« Dann küsste er den Franzosen mehrere Male hintereinander auf den Mund, und zwischendurch wiederholte er hoch und heilig, wie sehr er den Vater seiner Frau lieben und respektieren würde.

»Quecksilber!«, rief er noch, bevor er wieder einschlief. »Lass mich nicht allein! Ich bin so einsam in meinem durstigen Herzen ...«

Als die Regierung den Strom einschaltete – kurz vor Mitternacht erst –, waren die meisten Bewohner von Dolina Róż längst zu Bett gegangen. Sie brauchten den elektrischen Strom nicht mehr. Wozu sollten sie ein Bad nehmen oder einen Fernsehfilm anschauen? Sie waren froh, dass die Nacht in ihr Städtchen zurückgekommen war.

Opa Franzose und seine Tochter zogen sich für eine Unterredung unter vier Augen in die Küche zurück, während Bartek – wie gewöhnlich, wenn Besuch von Verwandten da war – im Arbeitszimmer seiner Mutter unter die Bettdecke kroch. Er mochte es nicht, dass er zusammen mit den Gästen der Eltern, einer Tante oder einem Onkel, auf diesem harten Schlafsofa nächtigen musste, aber so lautete das ungeschriebene Gesetz, so waren die Regeln in Dolina Róż: Die Kinder dienten den Eltern nicht nur als Butler und Schutzschilde, sondern eben auch als Plüschtiere, an die man sich im warmen Bett gerne anschmiegte. Ich bin kein Teddybär, dachte sich Bartek, ich bin ein Mann! Warum behandeln sie mich wie ein Spielzeug und einen Wachhund?!

Einmal im Monat, wenn Onkel Versicherung seinem Hobby nachging und auf einer Hochzeit Schlagzeug spielte, musste das Schusterkind bei Tante Agata und ihren beiden kleinen Söhnen übernachten. Sie hatte panische Angst vor Verstorbenen, sie ängstigte sich davor, die Toten könnten sie nachts entführen und umbringen, und das war der Grund dafür, dass sie hin und wieder an Schlaflosigkeit litt. Besonders akut wurde ihr Leiden, wenn ihr Mann fürs Wochenende verreiste: Dann konnte sie gar nicht mehr schlafen, zumindest nicht in der Nacht. Sie brauchte die Nähe eines lebendigen menschlichen Körpers, zumal sie Hunde und Katzen nicht mochte. Sie musste diesen Körper spüren, sie musste spüren, dass seine Seele von Alpträumen nicht geplagt wurde. Tante Agata roch genauso verführerisch wie die Tochter von Herrn Lupicki. Aber was sollte Bartek mit ihr in diesem von Angst überfluteten Bett machen, mit seiner eigenen Tante noch dazu? Sie war für ihn viel zu alt und besaß nicht die Fähigkeit von Meryl Streep, die auf der Leinwand jedes gewünschte Alter annehmen konnte: mal war sie ein Mädchen, mal eine reife Frau in den Fünfzigern. Und wenn Barteks Tante dann endlich in tiefen Schlaf gefallen war und nicht mehr merkte, dass man mit ihr schlimme Sachen anstellen konnte, tat sie ihm leid, denn sie wünschte sich bloß eines: geliebt zu werden.

Bei Opa Franzose war das zum Glück alles anders – das Schusterkind hatte viele Fragen an ihn und freute sich auf die Nacht, auf die kommenden Tage und auf die vielen Stunden am Abend.

Der Vater hatte sich endgültig beruhigt und gab keinen Laut von sich: Er würde jetzt durchschlafen und gleich am frühen Morgen sein alltägliches Gejammer wieder fortsetzen. Kopfschmerzen und schlechtes Gewissen wegen des Trinkgelages im *Piracka* waren für den folgenden Tag vorprogrammiert. Seine Komplimente, die er Stasia dann bei der morgendlichen Toilette machte, um sie von seiner unermesslichen Liebe wie auch von seiner Unschuld zu überzeugen, fand Bartek jedes Mal abscheulich. Die Gespräche der Eltern verunsicherten ihn, da der Vater ungeniert von dem wunderbaren Sex mit seiner Frau sprach. Oder er verdammte Stasia und die Vorzüge ihrer verführerischen Schönheit, verdammte ihre eigenen Beischlafmethoden, was mehr als seltsam war, denn sie hatten sie schließlich selbst erfunden. »Soll ich ständig bluten, wie du?«, schrie er sie an. »Ich bin kein Weib!« Warum schämten sie sich nicht? Hielten die Eltern ihre Söhne für Idioten, die nichts merkten? Das Schusterkind hatte darauf keine Antwort. Es kannte viele Details ihres Liebeslebens, als würde es die beiden Eheleute beim Koitus heimlich beobachten, und es sagte sich zerknirscht: »Bartek! Wenn du dich schminkst, tust du es auch für deinen Papa! Du bist wirklich ein Perversling, mein Alter! Vielleicht solltest du deine Meryl gegen Robert Redford oder Jeff Bridges tauschen?«

Es galt also als ziemlich sicher, dass Krzysiek am nächsten Morgen die Wohnung wieder überfluten und seine Frau verdammen oder in den Himmel loben würde. Und Bartek hörte in seinem Kopf eine Stimme, die ihm die Einkaufsliste diktierte: Butter, Zigaretten für Papa, Milch, Watte für Mama, bitte den Lippenstift nicht vergessen … Brot! Das Schusterkind konnte den Augenblick, in dem der Vater endlich von der Nacht verschluckt wurde – mit Haut und Knochen –, nie abwarten. Es war der wichtigste Moment des Tages, ein Höhepunkt, wenn die Nacht gekommen war und mit ihr das Ende der Überschwemmungen, wie jetzt, er lag auf dem Schlafsofa und überprüfte noch einmal die Einkaufsliste, ob er denn nicht etwas vergessen hätte. Nein, er hatte nichts vergessen: Er war frei – Meryl Streep schlief in seinen Armen.

Barteks Einkaufsliste

Butter
Zigaretten für Papa – *Sporty* oder *Popularne*
Milch
Watte für die verletzte Mama
… bitte den Lippenstift nicht vergessen …
Brot!
Zucker, 5 Kilo Kartoffeln vom Gemüsestand
… und ein Gurkenglas *budapren* von Herrn Lupicki

Einmal im Monat war der Lippenstift der Mutter verletzt und hatte Bauchschmerzen. Bartek rannte dann zur Apotheke und beeilte sich, weil er Angst hatte, seine Mutter könnte verbluten und sterben. Warum nähen sie ihre Wunde nicht zu, diese dummen Ärzte?, wunderte sich das Schusterkind. Erst nachdem ihm Marcin erklärt hatte, warum die Ärzte solche Wunden nicht zunähten, wusste Bartek, wie sehr seine Mutter und ihr Lippenstift leiden mussten – bis an ihr Lebensende. Und hier bei Stasia, in ihrem Arbeitszimmer und Boudoir, herrschte so eine Stimmung, die für Bartek große Ähnlichkeit mit derjenigen eines Jahrmarkts und Rummelplatzes hatte, obwohl die Mutter nichts feilzubieten hatte und keine Zirkusnummern vorführen konnte. Im Sommer gab es in Stasias Boudoir frisch geschnittene Wiesenblumen, im Herbst die *suszki*, getrocknete Gänseblümchen. An den Wänden ihres Arbeitszimmers hingen Filmplakate und aus Kalendern ausgeschnittene Bilder: chinesische Landschaftszeichnungen, Gemälde barocker Meister, Frauenakte, kubistische und surrealistische Orgien, die Bartek von der Flucht aus Dolina Róż träumen ließen. Auf dem Schreibtisch stand ein Wählscheibentelefon, keine Attrappe – auf den Anschluss war die Mutter sehr stolz –, und es gab Briefpapier und einen chinesischen Füllfederhalter. Ihr am wichtigsten aber waren die verschiedenen ausländischen Kosmetika und Düfte sowie die Schmuckkästchen. Stasia besaß eine beachtliche Sammlung an Ohrringen, Clips, Armbändern, Halsketten, Broschen, Fingerringen, Lippenstiften, Wimperntuschen, Puderdosen, Cremes, Balsamen und Ölen. Ungeschminkt kannte Bartek seine Mutter gar nicht mehr – ungeschminkt ging sie gar nicht auf die Straße, und selbst wenn sie am frühen Morgen aufstand, sah sie wie eine Hollywood-Diva aus. Das tägliche Make-up war ihre Maske, und sie brauchte diese Maske, weil niemand erfahren durfte, dass sie in Wirklichkeit ein fünfzehn Jahre altes Mädchen geblieben war, in ihrem Verstand und in ihrer liebesgierigen Seele. Und die Gottheit, die sie auf dem Schmuck- und Kosmetikaltar anbetete, verlangte von ihr absoluten Gehorsam.

Zugegeben: Die private Bibliothek der Mutter war viel bescheidener als die monströse Sammlung von Natalia Kwiatkowska, doch immerhin barg sie einige erstklassige Schätze, sodass das Schusterkind in den Bücherregalen solche Dramen und Komödien entdeckt hatte, die es nicht langweilten, obwohl sie zum Teil auch in der Schule gelesen wurden, wie zum Beispiel »Der Sommernachtstraum«, der Bartek als Gegengift gegen den ewigen Winterschlaf des Lunatals beste Dienste geleistet hatte.

Als Opa Franzose zu ihm kam, war Bartek wach. Die Einkaufsliste und die vor Überfüllung platzenden Schmuckkästchen beschäftigten ihn nicht mehr. Es war seltsam, aber die Mutter mochte keinen Bernsteinschmuck. Vielleicht lag das daran, dass Stasia vor dem Altwerden Angst hatte: Bernsteinschmuck trugen in Dolina Róż vor allem alte Damen.

»Ich muss dir sagen, dass wir morgen zu Olcia umziehen. Deine Mama hat mir erlaubt, dich mitzunehmen. Meine Töchter wollen mich nicht haben – ihre Herzen sind aus Stein! Und Olcia muss mich freundlich aufnehmen. Sie weiß ganz genau, was Jesus in seiner Bergpredigt gesagt hat!«

Der Franzose zog sich aus. Seine Eisenbahneruniform hängte er in Stasias Kleiderschrank, die durchnässten Schuhe wanderten auf den Heizkörper, und mit einer Schere schnitt er die Zigarette in der Mitte durch, um Tabak zu sparen, und rauchte sie genüsslich vor dem Einschlafen. Er saß am Schreibtisch, dem Schmuck- und Kosmetikaltar seiner Tochter, und begann zu erzählen: »Bartek! Hast du dich je gefragt, wie du gezeugt wurdest? Bestimmt! Als ich in deinem Alter war, ließ mir die gleiche Frage, meine Zeugung betreffend, keine Ruhe. Leider bekam ich darauf nie eine Antwort, obwohl meine Recherchen sehr umfangreich waren. Und bis heute stelle ich mir vor, wie meine Mutter auf dem Postamt nach dem Direktor verlangt, weil sie sich beschweren will … Ich wurde als eine Postkarte geboren, ein Telegramm. Auf dem Postamt muss die Empfängnis stattgefunden haben. Und wenn du willst, verrate ich dir, wie du gezeugt wurdest. Die Entscheidung liegt allein bei dir!«

Bartek richtete sich auf und sagte, auf dem Schlafsofa aufrecht sitzend: »Du meinst, du könntest mir ein großes Geheimnis verraten? Doch du irrst dich. Ich weiß, wie es in meinem Fall war. Ich bin das Kind des 1. Mai. Es geschah am 1. Mai in der Totenkammer der Schusterwerkstatt. Der Lippenstift meiner Mutter drang in den jungen Mann, der mein Vater werden sollte, ein und füllte seinen hohlen Körper vollkommen aus wie ein Lavastrom. Krzysiek leistete zu der Zeit in der Gelben Kaserne den Grundwehrdienst und hatte an dem Tag frei. Opa Monte Cassino gab ihm den Schlüssel der Schusterwerkstatt, weil sein Sohn die von Herrn Lupicki reparierten Halbschuhe für das Fest anziehen wollte.«

»Du hast mich überzeugt, so könnte es gewesen sein«, entgegnete der Franzose. »Willst du nun meine Version hören?«

»Ja! Bloß – Meryl schläft tief und fest, und ich möchte sie nicht wecken. Also dann ein anderes Mal! Mein Mädchen darf nichts verpassen!«

Barteks Opa schien nicht enttäuscht zu sein. Er drückte die Zigarette aus und legte sich in Unterwäsche zu seinem Enkel. Seine Muskeln waren schlaff, die Knochen kantig und hervorstehend, aber dafür hatte er keinen Hängebauch. Sein Körpergeruch ließ das Schusterkind rätseln. Es überlegte lange, an was dieser markante Duft es erinnerte. Eine Erleuchtung kam Bartek erst dann, als er an den morgigen Tag und seine Pflichten dachte. Wie jeden Dienstag musste er morgen am praktischen Unterricht in den Werkstätten des Mechanischen Technikums teilnehmen. Dort an der Luna bei der alten ostpreußischen Stahlbrücke setzten die Schüler Türschlösser zusammen, an denen es allerdings bei dem Eisenwarengeschäft von Dolina Róż keinen großen Bedarf gab, da sie nie richtig funktionierten und andauernd repariert werden mussten. Sie lernten auch, Bohrer zu schärfen. Opa Franzose roch wie die Metallspäne, die beim Bohren und Drehen an der Drehmaschine entstanden.

Ein Eisenbahner muss nach frisch bearbeitetem Eisen riechen, dachte das Schusterkind, ehe ihm die Augenlider zufielen.

»Wovon hast du geträumt?«

Bartek hörte diese Frage deutlich, sie war real, genauso real wie der Opa Franzose, mit dem er im Arbeitszimmer der Mutter übernachtet und der ihm die Frage gestellt hatte. Jetzt, in Barteks Traum, schien taghell die Sonne, und das Schusterkind suchte in dem Schmuckkästchen seiner Mutter nach passenden Ohrringen. Opa Franzose probierte nagelneue Winterstiefel von Herrn Lupicki an. Seine Lippen waren rot geschminkt.

»Der Sommer steht vor der Tür!«, sagte das Schusterkind. »Wozu die Stiefel?«

»Aber ich muss dich verlassen. Und dort, wohin ich gehe, liegt ewiger Schnee«, meinte der Franzose und wiederholte seine Frage: »Wovon …«

Er wurde von seinem Enkel unterbrochen, der sagte: »… ich träumte wieder einmal von den unbekannten Männern, die fußknöchellange schwarze Wintermäntel und Baskenmützen auf dem Kopf tragen. Von Zeit zu Zeit klingelt einer von ihnen bei uns an der Tür und redet mich in einer Sprache an, die ich nicht verstehe. Ist es Französisch? Wer sind diese Männer? Und was wollen sie von mir?«

Kapitel 7: »The Dark Side of the Moon« und die Frage »Nofe?«

Wenn ein fremder Besucher in einem Raumschiff im Orbit um die Erde kreisen würde, um durch ein Fernrohr die Erdlinge zu beobachten, würde er Unglaubliches zu sehen bekommen. Er würde greise Männer entdecken, die in prachtvollen Gewändern und mit ehrfurchteinflößenden Kopfbedeckungen vor Gläubigen Predigten hielten. Der fremde Besucher würde stutzen über die zahlreichen Anhänger der Priester und ihrer Götter, um dann in seinem Logbuch Folgendes zu notieren: »Manche Erdlinge beten Kreuze an, andere wiederum mehrarmige Sterne oder einen Halbmond; die Priester sind meistens männlich und tragen Schmuck und aufwändig geschneiderte Kleider aus teuren Stoffen; sie behaupten, Knechte ihres Gottes zu sein, des einzigwahren Schöpfers aller Lebewesen und Dinge.« Der Fremde würde aber noch etwas anderes entdecken: eine Schlange vor *masarnia*, dem Fleischerladen am Marktplatz von Dolina Róż. Und dem unsichtbaren Beobachter, einem Vegetarier, fehlte wohl jedes Verständnis dafür, dass alte Frauen mitten in der Nacht aufstehen und sich in der Kälte abquälen müssen, um am frühen Morgen ein bisschen Schweinefleisch, Koteletts und Mett für ihre faulen Töchter und Schwiegersöhne zu erbeuten.

Es tat Bartek gut, sich vorzustellen, dieser außerirdische neugierige Besucher im Orbit zu sein. Und im Grunde genommen fühlte er sich gar nicht wie jemand, der unter seinen Brüdern und Schwestern lebte, denn oft sagte er sich: Ich bin nicht von hier – ich komme wie Jimi Hendrix und Syd Barrett von den Sternen – die Schweineleber kommt von hier!

Das Schusterkind musste sich des Öfteren zusammen mit Oma Olcia in der Schlange vor der Fleischerei stundenlang in Geduld üben. Olcia nahm ihren Enkel gerne zum Anstehen mit, damit er sie hin und wieder vertreten konnte. Wenn ihr die Beine wehtaten und schwer geworden waren und die Kälte unerträglich wurde, ging sie für ein halbes Stündchen nach Hause, um sich ein bisschen auf dem Sofa auszuruhen. Und es kamen immer wieder Zeiten, in denen der tägliche Speiseplan äußerst bescheiden war. Wochenlang aß man dann nur Käse oder Geflügel, weil es in den Läden nichts anderes zu kaufen gab. Das hatte wiederum dazu geführt, dass Bartek irgendwann angefangen hatte, das Essen nur noch als notwendiges Übel zu betrachten. Die Monotonie des Speiseplanes wirkte sich bei seinem Freund Anton dagegen ganz anders aus: Er redete andauernd vom Essen und davon, dass er ständig Hunger hätte. Dabei ging es ihm gar nicht schlecht, seine Eltern konnten sich alles leisten, und ein Schwein wurde bei ihm zu Hause nicht nur zu Weihnachten geschlachtet.

Barteks kulinarischer Alptraum war die gebratene Schweineleber, die einmal in der Woche von der Großküche der Grundschule, an der seine Mutter Geschichte unterrichtete, im meist überfüllten Speisesaal serviert wurde. Ab und zu ging er dorthin und aß zusammen mit seinem Bruder zu Mittag. Die Schweineleber troff vor Fett und war gleichzeitig so zäh, dass man die abgebissenen Stücke lange kauen musste und nur mit Widerwillen herunterwürgen konnte.

Die Fleischerei am Marktplatz befand sich fast durchweg im Belagerungszustand: Wer wenig Geld und keine Beziehungen oder Verwandten auf dem Lande hatte, musste in den nicht aufhören wollenden Schlangen stehen. Dafür blühte der Tauschhandel mit den Marken für Fleisch, Wodka, Zucker und Zigaretten. Oma Olcia rauchte nicht und konnte dadurch nach einem Markentausch mehr Fleisch kaufen – sie kaufte es aber nicht für sich, sondern für ihre Töchter und Schwiegersöhne.

Die Fleischerei sah sich in bester Gesellschaft: Es gab hier eine Apotheke, eine Drogerie, einen Buchladen, einen Kiosk, eine Bäckerei und ein kleines Kleiderkaufhaus. Für die aus der gefliesten Wand hervorstechenden Haken, an denen normalerweise Wurstwaren, Speck und Schweinehälften hätten hängen müssen, waren die anderen Läden jedoch keine Konkurrenz. Denn hier tobte der Krieg der Schlachter, hier herrschte die reine Wahrheit, so schien es Bartek, hier durfte man morden, und das eigentliche Ziel des Lebens, nämlich der Tod, wurde im Fleischerladen nicht eine Sekunde verleugnet.

Hinter der Ladentheke standen weiße Kittel, die selten gewaschen wurden. In diesen blutbeschmierten Kitteln steckten entweder junge Frauen oder alte und längst dem Tod geweihte Weiber, die nur eine einzige Aufgabe zu erfüllen hatten: ihre verbliebene Arbeitszeit bis zur Rente gemütlich abzusitzen wie eine Gefängnisstrafe. Die Verkäuferinnen trugen auf ihren Köpfen weiße Mützen oder braune Haarnetze, lackierten sich während der Arbeit die Fingernägel, tranken pausenlos Kaffee nach türkischer Art oder schwarzen Tee und verschwanden für lange Zigarettenpausen im Umkleideraum. Den Kleinkindern jagten sie Angst ein: Für sie waren sie Hexen, die einen Menschen in ein Schwein verwandeln konnten. Und die hungrigen Kunden wurden von den Verkäuferinnen selbst dann nicht bedient, wenn eine neue Lieferung von Schweinehälften, schlesischen Wurstwaren und gar ganzen Schweineköpfen von einer Fleischwarenfabrik gekommen war: Die weißen Kittel ließen sich mit dem Auspacken der Köstlichkeiten Zeit; sie sahen ihre Kunden als Schmarotzer und Unruhestifter an, und sie bedienen zu müssen, war ihnen ein Grauen.

Wenn Bartek auf den Straßen von Dolina Róż unterwegs war, stellte er sich manchmal vor das Schaufenster der Fleischerei und genoss den Anblick, der sich ihm an den gefliesten Wänden und auf dem von Fliegen belagerten Ladentisch bot. Er war fasziniert von den Augen der toten Schweine. Sie schienen ihm gar nicht tierischen Ursprungs zu sein, sie hätten auch von einem Menschen stammen können, und die Frage, die dem Schusterkind keine Ruhe ließ, war folgende: Warum konnte man im Fleischerladen kein Menschenfleisch kaufen? Er fragte sich sogar, wen er am liebsten schlachten lassen würde. Er musste nie lange überlegen, die Antwort fiel ihm stets leicht ein, und Bartek war erschrocken, dass es so viele Personen waren, die er gerne der Obhut der Schlachter übergeben würde: Die weißen Kittel, vor allem die beleibten alten und hochnäsigen Verkäuferinnen, aber auch seinen Vater würde er zuallererst opfern wollen, und Herrn Michał Kronek auch, weil er andauernd auf Opa Monte Cassino herumhackte, und die Schuldirektoren und die Lehrer vom Mechanischen Technikum, vor allem den Physiklehrer, der die Schüler wie seine Leibeigenen behandelte – sie mussten alle Definitionen, Wort für Wort, auswendig lernen; es war nicht wichtig, ob die Schüler sie verstanden; jeder Schüler musste sich nach der mündlichen Befragung durch den Physiklehrer selbst beurteilen und seine Note vor der Klasse laut sagen; sie wurde anschließend in das Klassenbuch eingetragen; den Physiklehrer würde Bartek eigenhändig zur Schlachtbank führen, weil er über seine Schüler sagte, dass sie nichts weiter als aus Molekülen und Atomen zusammengeballte Klumpen seien, die niemandem einen Nutzen bringen und eher für unaufhörlichen Ärger sorgen würden.

Einmal musste Opa Monte Cassino, der schon seit vielen Jahren die Hanka-Sawicka-Gasse nicht mehr verlassen hatte – er pendelte bloß jeden Tag zwischen seinem Haus und der Werkstatt von Herrn Lupicki, fuhr aber nicht mehr mit seinem Rollstuhl durch das Kreuzrittertor zum Markplatz, um einzukaufen oder Bekannte zu treffen –, einmal musste er Bartek zum Fleischerladen begleiten, weil ihn sein Enkel um diesen Gefallen angefleht hatte. Der alte Mann mochte es nicht, wenn jemand seinen Rollstuhl schob und durch die Straßen navigierte. Also spuckte er in die Hände und strengte sich bei jedem Meter an, was für seine kräftigen Arme eine leichte Übung war. Das Schusterkind hatte ihm erzählt, im Schaufenster des Fleischerladens würde ein menschlicher Kopf liegen. Monte Cassino war über den makabren Scherz seines Enkels so verärgert, dass er Barteks abstruse Bitte erfüllte, um ihm zu beweisen, dass er wirklich verrückt sei.

»Ich werde deinen Vater, und du weißt, dass er ein bissiger Hund ist«, sagte Monte Cassino, »auf dich hetzen, damit er dir den Teufel, der von deiner Seele Besitz ergriffen hat, austreibt. Wir bei uns in Dolina Róż essen kein Menschenfleisch, nicht einmal im Krieg haben wir es getan, obwohl uns der Hunger zu wilden Tieren gemacht hat.«

»Ich weiß doch, was ich gesehen habe«, meinte Bartek. »Es war der Kopf von einem dieser Landstreicher, die selbst im Sommer ihre schwarzen Wintermäntel nicht ausziehen. Sie bewohnen an der Luna die kaputten verlassenen Bauwagen. Manchmal klingeln sie an unseren Türen im Plattenbauquartier und betteln. Und die Verkäuferinnen im Fleischerladen haben dem Geköpften nicht einmal seine dreckige Baskenmütze abgenommen!«

Es war einer jener seltenen Sommertage, an dem jederzeit ein heftiger kurzer Sturm ausbrechen und innerhalb von wenigen Minuten das Städtchen in eine einzige riesige Pfütze verwandeln konnte. Dann prasselte der stürmische Regen plötzlich vom Himmel, um sekundenschnell alle Passanten so zu durchnässen, dass sie zu Hause ihre Kleider auswringen mussten. Ein Schweinekopf, bedeckt mit einer schwarzen Baskenmütze, blickte im Schaufenster des Fleischerladens Bartek und seinen Opa keck an.

»Bring mich nach Hause!«, sagte Monte Cassino.

Es war das erste und einzige Mal gewesen, dass er sich in seinem Rollstuhl von Bartek hatte schieben lassen, obgleich nur für wenige Meter.

»Ich werde dich persönlich verprügeln, das schwöre ich, wir brauchen dazu deinen Vater nicht!«, ärgerte sich Barteks Opa, der nun seinen Rollstuhl allein durch den heftigen Regen navigierte. »Was bin ich denn überhaupt für ein Blödian, dass ich mich immer wieder auf deine Hirngespinste einlasse?!«

Drei Tage lang sprach er mit seinem Enkel nicht, der wie immer nach der Schule in der Werkstatt von Herrn Lupicki vorbeischaute und für eine ausgedehnte Hausaufgabensitzung und Diskussionsrunde blieb. Am vierten Tag sagte Monte Cassino: »Über den Tod macht man keine Scherze, Schusterkind.«

»Du hast mir solche Tändeleien mit dem Teufel beigebracht!«

In der Tat erlaubte sich Monte Cassino ab und zu so einiges an vergnüglichen Bösartigkeiten, was nicht immer auf Gegenliebe der von seinen Späßen Betroffenen stieß. Den Weihnachtsbaum bei sich zu Hause und den in der Schusterwerkstatt schmückte er mit gestohlener Damenunterwäsche und mit Würstchen, die Schuhe der weiblichen Kunden bestückte er mit fiktiven Liebesbriefen, Herrn Lupicki und Michał Kronek ließ er einmal ein Telegramm aushändigen, die eigene Todesnachricht:

Monte-STOP-Cassino-STOP-ist-STOP-heute-STOP-gestorben

Nachdem Bartek aufgewacht war, stellte er fest, dass die Eisenbahneruniform und die Halbschuhe von Opa Franzose nirgendwo zu entdecken waren. Die Mutter meinte, er hätte schon gefrühstückt und wäre in großer Eile aufgebrochen. Wahrscheinlich war er längst bei Oma Olcia und flehte sie um Vergebung und Beherbergung an. Später würde er wohl zu Herrn Tschossnek gehen, um sich die Haare schneiden zu lassen. Dieses Haareschneiden würde den ganzen Tag dauern, denn die beiden Männer würden Schach spielen, eine Partie nach der anderen, da Herr Tschossnek seine Frau wieder zurückgewinnen wollte. Er hatte sie vor vielen Jahren an den Franzosen verloren, mit dem er um Geld gespielt hatte. Barteks Opa gewann damals alle Partien, brachte es aber nicht übers Herz, einen ehrenvollen Mann finanziell zu ruinieren. Und was sollte er schon mit einem Frisiersalon anfangen? Und so nahm er sich Gosia, die verschmitzte und liebesdurstige Frau Tschossnek, zur Geliebten – und jedes Mal, wenn er in Dolina Róż weilte, musste Gosia ihm zu Diensten sein. Ihr Mann willigte in dieses Geschäft ein, das ihn schnell zum Gespött machte.

Das kurze Gespräch nach dem entscheidenden Schachmatt würde Bartek, der zufällig dabei gewesen war, nie vergessen. Der Franzose sagte: »Leih mir gelegentlich deine Frau aus, und wir lassen über die ganze Sache Gras wachsen!« – »Du bist ein Hurenbock«, heulte Herr Tschossnek.

Der Vater war nun auch wach geworden und hatte sofort einen Wutausbruch auf die Kommunisten bekommen, auf ihre Methoden, ihre Aushungerungspolitk. Seine Wut hatte er jedoch wie immer nicht an denen, die er beschuldigte, ausgelassen: »Stasia! Wann besorgt deine Mutter endlich mal ein oder zwei Kilo Krakauer oder Schlesische? Ich kann den Edamer und die *zwyczajna* nicht mehr sehen!«, schrie er seine Frau an und ging hungrig zur Arbeit.

Kurz nachdem der Vater zornig nach draußen gerannt war, schnappte sich die Mutter ihre Handtasche und Quecksilber bei der Hand und verließ, da sie sich fast jeden Morgen zur ersten Unterrichtsstunde verspätete, genauso überstürzt wie ihr hungriger Gemahl die Wohnung, eingemummt in ihren dicken Pelzmantel mit einer üppigen Kapuze. Und obwohl sie sehr in Eile war, war sie glücklich, weil sie dem Geschrei ihres Mannes für den Rest des Tages entfliehen konnte. Das Schusterkind freute sich auch jedes Mal, wenn die Überschwemmungen zum Stillstand gekommen und die Gesetze des Wassermanns nicht mehr gültig waren.

Die Grundschule, an der Barteks Mutter unterrichtete, hatte das Schusterkind bis zur achten Klasse besucht. In Polnisch, Russisch, Geschichte und Kunst war Bartek unschlagbar gewesen. Umso größer war seine Verwunderung, als er von seinen Eltern erfahren hatte, dass er sich für die Aufnahmeprüfungen für das Mechanische Technikum würde vorbereiten müssen. »Der Junge ist eine Krankheit!«, belferte damals der Vater. »Der Beruf des Technikers für landwirtschaftliche Maschinen wird ihn von seiner Neigung zum Phantasieren heilen!« Genau genommen hatte der Vater ein anderes Wort fürs Phantasieren im Visier gehabt und benutzen wollen, aber in letzter Sekunde hatte er sich auf die Zunge gebissen: Das andere Wort machte Barteks Vater Angst, denn immerhin handelte es sich um seinen eigenen Sohn, von dem er sich nicht vorzustellen vermochte, dass Bartek – sein eigen Fleisch und Blut – von kurzen Spaziergängen zum dunklen süßen Tal der Onanie besessen war. Es konnte sogar sein, dass er Mädchen gar nicht mochte.

Vor dem Kino *Zryw* traf Bartek seinen Freund Anton, dann gingen sie gemeinsam zum praktischen Unterricht, der um acht begann. Die Nachricht, es habe von der Fleischwarenfabrik eine frische Lieferung gegeben, hatte sich in Dolina Róż wieder einmal wie ein Lauffeuer verbreitet, sodass sich vor dem Fleischerladen am Marktplatz eine Schlange gebildet hatte. Dort vor *masarnia* begegneten die beiden Schüler des Mechanischen Technikums Oma Olcia, die in der Schlange einen der vordersten Plätze erobert hatte.

»Grüß Gott, Jungs! Was für Zeiten!«, stöhnte sie. »Der Franzose will doch auch mal ein frisches paniertes Schweinekotelett essen! Er hat mich schon am frühen Morgen, da habe ich noch im Nachthemd gebetet, aufgesucht. Ich dachte schon, ich falle auf der Stelle tot um, als er in meiner Tür stand und mich anlächelte. Jeden hätte ich erwartet, selbst den Erzengel Michael, doch nicht ihn, meinen Franzosen! Jetzt ist er bei Herrn Tschossnek – oder bei Tschossneks Frau, diesem Flittchen!«, ärgerte sie sich. »Bartek, wir sehen uns später – du schläfst ab heute bei mir!«

Olcia schimpfte noch, sie würden zu spät zum Unterricht kommen, sie sollten sich gefälligst beeilen. Und so rannten sie los und rutschten im Schnee aus und lachten über ihre kunstvollen Stürze auf den eisglatten Straßen und Bürgersteigen, obwohl es wehtat und sie jeden Knochen spürten. Vor den Toren der Werkstattgebäude am Ufer der Luna fragte Anton: »Könntest du nicht von Herrn Lupicki ein Weckglas mit *budapren* besorgen? Und selbst wenn du ihm das Zeug klaust, wird er es nicht merken.«

»Was willst du damit?«

»Ich möchte meine Nase testen und etwas Neues ausprobieren! Zusammen mit dir selbstverständlich!«

»Du bist doch kein Junkie! Du ein *ćpun*? Niemals! Trink lieber ein Bier oder einen Wodka! Wie bisher!«

Budapren, der Schuhleim, floss in der Werkstatt von Herrn Lupicki in Strömen wie das Bier im *Piracka*. Aber mit diesem Kleber wurden nicht nur Schuhe repariert, Herr Lupicki pries ihn als Allheilmittel an – er setzte den Leim auch beim Bauen der Stühle und

Regale für seine Werkstatt ein. Und dennoch schimpfte er über den üblen Geruch, der seinen Kleidern und vor allen Dingen seinen Händen anhaftete. »Frauen wollen mich nicht anfassen«, klagte er manchmal. »Und ich will auch nicht, dass sie mich anfassen, weil ich mich für den Dreck unter meinen Fingernägeln und den Leimgestank, der mich wie ein Doppelgänger verfolgt, schäme: *Budapren* macht uns Schuster verrückt! Wir brauchen nicht zu saufen – wir tun es dennoch! Und ich schäme mich auch dafür, dass mir meine polnische Köchin mit diesem Devisenschieber aus Olsztyn durchgebrannt ist. Das ist meine Schande!«

Herrn Lupickis Klagen nahm Bartek nicht allzu ernst, denn das Blut seiner Werkstatt war der Schuhleim, und der alte Mann und seine Angestellten waren stolz darauf, dass sie über so einen starken Kleber verfügten, auf den man sich immer verlassen konnte. Sie lebten unter ihrem eigenen Himmel und auf ihrer eigenen Erde, die so klein war wie ein Planetoid, aber dieser zwergenhafte Himmelskörper gehörte nur ihnen.

Antons Vorschlag, einen Test mit der Droge der Schuster durchzuführen, fand Bartek zu guter Letzt doch ausgezeichnet. Allerdings fiel ihm dazu noch Folgendes ein: »Anton, wir müssen nicht *budapren* schnüffeln, wir atmen das Zeug seit unserer Geburt ein, wir merken bloß nicht mehr, dass wir in einer Art Dauerrausch leben! Unsere ganze Stadt ist verseucht und beschwipst!«

Sie betraten das Gelände mit den Werkstätten des Mechanischen Technikums – dieser Gebäudekomplex kam dem Schusterkind wie ein Außenposten der ehemaligen Wehrmachtskaserne, seiner Schule aus dem Stadtwald, vor. Die Deutschen aus Rosenthal hatten die Hallen, Toiletten und Büros kurz nach dem Ersten Weltkrieg gebaut, damit Bartek und Anton ein halbes Jahrhundert später lernten, von sozialistischen Ingenieuren zum Nichtfunktionieren verurteilte und dadurch nutzlose Türschlösser zu bauen.

Die Jungen zogen sich um: Die schlichten grauen Uniformen dienten ihnen als Schutz vor den Metallspänen, Öl- und Kühlmittelspritzern. Zigaretten rauchte man bei schlechtem Wetter auf der

Toilette, deren Hockklos selten benutzbar waren, da sie andauernd absichtlich verstopft wurden. In der Mittagspause bekam jeder Schüler ein Brötchen und einen Becher heißer Milch, wie im Jugendgefängnis. Bartek schmeckte die bescheidene Mahlzeit seltsamerweise hervorragend, er freute sich den ganzen Morgen auf die Mittagspause und auf die Milch und das Brötchen. Für diese Freude gab es jedoch noch einen anderen Grund. Er konnte in den kurzen dreißig Minuten der Mittagspause seine wilden Tänze aus Neuguinea vorführen, die seine Mitschüler zum Lachen brachten, manchmal auch zum verständnislosen und verzweifelten Kopfschütteln, und zwar besonders dann, wenn sich das Schusterkind im Speisesaal auf dem Fußboden hin und her wälzte und dabei unverständliche Wörter in die Welt hinaus brüllte, Wörter, die bedrohlich und böse klingen sollten, was Bartek selten gelang. Wurde er bei seinen tobsüchtigen Tänzen von einem der Lehrer erwischt, bekam er eine harte Strafe: Am Samstag musste er erneut zum praktischen Unterricht antreten und die Drehmaschinen blitzeblank putzen. Und vielleicht waren diese Strafmaßnahmen die Ursache dafür, dass er die fertigen Türschlösser, die die Prüfung bestanden hatten und zum Verkauf freigegeben worden waren, aus dem Werkstattlager stahl, um sie in einer dunklen Ecke kaputtzumachen. Es bereitete ihm in diesem Moment großen Spaß, anderen Menschen Schaden zuzufügen. Es kam sogar vor, dass einer seiner Mitschüler für seine Arbeit schlecht benotet wurde, weil Bartek das Innere des Türschlosses mit einem einzigen Hammerschlag zerstört hatte: kurz vor der Vorlage zur Prüfung beim Ausbilder, in einem passenden Augenblick, in dem er nicht erwischt werden konnte.

»Warum tust du das?«, fragte Anton, dem er einmal von seiner Zerstörungswut erzählt hatte.

»Es ist meine verdammte Pflicht!«, wehrte sich das Schusterkind. »Hast du noch nie Liebesbriefe an deine Erzfeinde geschrieben?«

Bartek sagte nicht die Wahrheit – er wollte eine Antwort geben, die Antons Vorstellung von der Ordnung der Dinge entsprach. Andere Antworten akzeptierte sein Freund nicht, weil er an unsichtbare, von Chaos und Zerstörung geschaffene und beherrschte Welten genauso wenig glaubte wie an die Kreuzigung und Auferstehung Jesu Christi oder an UFOS. Bartek beneidete seinen Freund sogar, da in Antons Universum jedes Ding so hieß, wie es aussah: Ein Stein war ein Stein, eine Nähnadel eine Nähnadel, und der Mond schien wie der Mond und nicht wie die Sonne, deren aufgedunsenes Gesicht Sommer für Sommer in Siegerpose erstrahlte. An den Teufel, der sich seinem Opfer am liebsten als Schutzengel ausgab, glaubte Anton natürlich auch nicht, und Barteks wilde Tänze aus Neuguinea, die ihn und andere Mitschüler aus ihrer Klasse in der Mittagspause erheiterten, interpretierte er nicht als einen Akt der Verzweiflung, sondern als gute Unterhaltung – als sähe er eine lustige Fernsehsendung.

»Genosse! Die Feinde sitzen woanders, in ganz anderen Schutzgräben – du attackierst bloß unsere Leidensgefährten!«, antwortete Anton.

»Das musst du gerade sagen! Guck dir deine Eltern an! Sie sind in der Partei, sie regieren unsere Stadt, sie warten darauf, dass von den Schulen ständig neuer Nachschub kommt, damit sie ihre Fabriken am Laufen halten können. Nein, da will ich lieber ein Saboteur sein! Und du solltest mich dabei unterstützen!«

Es machte Bartek Spaß, sich als Revolutionär zu stilisieren. So sprach durch ihn der böse Schutzengel, der vom Teufel gesteuert wurde, ganz anders jedoch als Schtschurek. Der wusste nicht, was er tat und was mit ihm geschah, wenn er jemanden verprügelte oder beschimpfte, meist solche Jungen, die schwächer und dümmer waren als er selbst. Bei Bartek war das so: Es gefiel ihm, die unsichtbare Energie des bösen Schutzengels, die Dunkle Materie, für sich bewusst zu nutzen, und er musste sich bremsen, weil er nicht in die Fußstapfen irgendeiner Ratte treten wollte. Das Bewusstsein zu haben, dass man anderen Menschen Böses, nein, Grauenvolles antun konnte, fand Bartek äußerst erregend, weil ihm diese ungeheure Möglichkeit ein Machtgefühl verlieh, das genauso gewaltig war wie die Sehnsucht nach seinem Traummädchen Meryl Streep. Liebe und Hass kommen eigentlich aus der gleichen Quelle, freute er sich über seine Erkenntnis. Da er aber vor sich selbst und seinem bösen Schutzengel Angst hatte, wurde ihm schon früh klar, dass er den allerletzten Schritt, der in die Hölle auf Erden führte, nie tun würde, nein, ein Mörder wie Stalin zum Beispiel konnte er nicht werden.

Anton ließ sich vom Schusterkind nicht beirren und fällte über seinen Freund auch kein vernichtendes Urteil. Er sagte: »Du bist kein Saboteur, sondern ein liebenswerter Narr und Kauz, der sich bloß amüsieren will.«

Antons Vater war Direktor der Möbelfabrik von Dolina Róż. Die masurischen Wälder produzierten fleißig Holz für die sozialistischen Möbel, ja, sie spuckten Möbel aus wie ein Automat. Und obwohl sich Antons Vater zur marxistischen Gesellschafts- und Wirtschaftsordnung bekannte, war er in Dolina Róż ein angesehener Bürger, über den so gut wie niemand ein böses Wort verlor. Er kümmerte sich um die Sorgen und Nöte seiner Arbeiter und versuchte, zwischen der neuen Gewerkschaft und der Partei friedensstiftend zu vermitteln. Er überlebte zwei Herzinfarkte, die er nach der Einführung des Kriegsrechts bekommen hatte. »Unser Land geht vor die Hunde«, jammerte er seitdem.

Der Streit zwischen Bartek und Anton um die kaputten Türschlösser und Barteks Sabotageakte wiederholte sich später in regelmäßigen Abständen, doch am Ende warf sich das Schusterkind immer seinem Freund in die Arme und entschuldigte sich überschwänglich für sein aggressives und mieses Verhalten.

»Manchmal denke ich, du bist ein Mädchen …«, quittierte Anton mit einem Grinsen Barteks Entschuldigung.

Zum Glück passierte an diesem Dienstag kein Unfall, meistens zog sich ein Schüler an den Fingern oder Armen eine Schnittwunde zu, die vom Ausbilder auf der Krankenstation behandelt wurde. Das Schusterkind hatte es einmal sogar geschafft, einen der Ausbilder zu verletzen, und zwar mit einer halbrunden zugespitzten Feile. Zum Glück traf sie nicht das Auge, sondern die Stirn des Ausbilders, der Bartek ein paar gute Tipps zum Schärfen von Bohrern hatte erteilen wollen. Die Feile saß locker im Holzgriff, und eine heftige Gebärde im Stile eines Messerwerfers reichte, um sie zum Fliegen zu bringen – dann konnte sie zu einem gefährlichen Geschoss werden.

Das Schusterkind verbrannte an jenem verhängnisvollen Tag, an dem der Unfall mit dem Ausbilder passiert war, seine Ho-Chi-Minh-Uniform, mehr oder weniger aus Wut auf seine eigene Dummheit, obwohl der böse Schutzengel in ihm für seine Tat nur Lobesworte fand. Bartek besorgte sich damals innerhalb von vierundzwanzig Stunden neue Arbeitskleidung, weil er am Samstag wieder zur Strafarbeit antreten musste.

Und da es Bartek schien, dass seit der Rückkehr des Franzosen die Uhren und Herzen von Dolina Róż in einem unbekanntem Rhythmus schlügen, beschloss er, etwas Ungewöhnliches zu tun. Nach dem praktischen Unterricht, der um drei Uhr endete, wollte er in die St.-Johann-Kirche am Marktplatz pilgern und um Vergebung beten: Vergebung für Opa Franzose und für die bösen Schutzengel, die wie aus heiterem Himmel auf die Erde fallen und Menschen bedrängen könnten; schließlich wollte er um Vergebung für die Stalinistin Natalia Kwiatkowska beten, und für den Atheisten Anton und für Meryl Streep, die so eitel war, dass sie sich in Dolina Róż nicht materialisieren wollte, um mit dem in sie verliebten Jungen auf die Straße zu gehen, an seiner Seite voller Freude und Stolz zu spazieren, damit selbst Herr Lupicki hätte sagen können: »Schaut! Er hat uns nicht angelogen! Er ist wirklich mit der berühmten Schauspielerin zusammen!«

Anton war ein wenig verwundert und sogar ein bisschen verärgert, als er erfuhr, dass das Schusterkind der St.-Johann-Kirche einen kurzen Besuch abstatten wollte.

»Ich werde draußen auf dich warten. Ich gehe da erst gar nicht rein!«, sagte er. »Ich will nicht, dass die Pfaffen mich für ihre Sache einspannen wie ein Zugtier – angeblich im Namen von Jesus und Maria.«

»Wie du willst!«

Bartek dachte, dass man sich wenigstens einmal im Monat von aller Schlechtigkeit, die an einem klebte wie Herrn Lupickis Schuhleim *budapren*, reinwaschen sollte. Dieser Wunsch nach einer geregelten Reinigung sämtlicher Hosentaschen und Schlupfwinkel des eigenen Gewissens war ihm aus der Zeit geblieben, als er Ministrant hatte werden wollen, nachdem er den unsichtbaren Liebesbrief von Herrn Jesus Christus erhalten hatte. Und Oma Olcia betete nie nur für sich selbst, um Gesundheit oder eine bessere Zukunft, sondern immer auch um das Wohl der anderen; sie betete für ihre schwarzhaarigen Töchter und blonden Schwiegersöhne, für die Enkel und selbst für den Franzosen, Gott möge ihm gnädig sein, und für die Stalinistin Natalia Kwiatkowska betete sie. Sie habe schon oft erlebt, vor allem im Krieg, dass selbstsüchtige und eigennützige Menschen weniger Glück gehabt hätten als gottesfürchtige und selbstlose Zeitgenossen.

In der St.-Johann-Kirche blieb Bartek dennoch nicht lange: Immer wieder vergaß er, dass in der Kirche eine betrübliche Stimmung herrschte. Jesus Christus weinte zusammen mit seiner Mutter Maria über die Kreuzigung der Menschheit und des Weltalls, das, wie ihm Opa Franzose einmal erzählt hatte, genauso aussehen und funktionieren würde wie der menschliche Körper. Was der Franzose mit dieser Umschreibung meinte, war Bartek nicht klar, doch das spielte für ihn keine Rolle, ob sein Opa wirklich mehr wusste als ein Normalsterblicher, denn sobald das Schusterkind die Kirche betreten, sich bekreuzigt und den Altar erblickt hatte, musste es wieder so schnell wie möglich diesen traurigen Ort verlassen, an dem die Pfarrer von der ewigen Verdammnis selbst für kleine Vergehen predigten. Für Bartek war es schwierig zu begreifen, dass auch ihn die langen Schatten der Erbsünde erfassen und bedrohen würden. Er fühlte sich nicht krank und schuldig, und für die Streiche Adams und Evas und aller anderen Generationen wollte er nicht den Sündenbock abgeben, und schon gar nicht für die Taten der Fabrikdirektoren, der Lehrer vom Mechanischen Technikum oder der Väter, die ihre Wohnungen mit Genuss überfluteten.

Bartek musste sich ein anderes Plätzchen zum Beten suchen, was gar nicht so einfach war. In der Werkstatt von Herrn Lupicki betete er gerne in der Totenkammer, in der er manchmal ein bisschen Ruhe fand, die toten Schuhe anstarren und in Gedanken Gebete formulieren und sprechen konnte. Er mischte die Gebete, die er im katechetischen Unterricht und bei Oma Olcia auswendig gelernt hatte, mit Zeilen und Versen, die ihm wie aus dem Nichts einfielen, vor allem beim lauten Sprechen:

Vater unser, der Du bist im Himmel,
Sieh mir in die Augen!
Hier spricht Dein Arbeiter,
Der Samstag für Samstag die Drehmaschinen
Und die Schuhe seiner Mutter putzt!
Erbarme Dich meiner!

Vater unser, der Du bist im Himmel,
Sieh mir in die Augen!
Hier spricht der Lippenstift meiner Mutter!
Sei ihm gnädig,
Auch wenn er Dich beleidigt,
Dein rosa Hurenkind!

Die Bewohner des Städtchens sollten zu Herrn Lupicki kommen und beten, dachte Bartek, Dolina Róż braucht neue Kirchenhäuser, die so glücklich und gesprächig sein müssten wie die vergessenen Schuhe in der Totenkammer.

Anton war beleidigt und schaute nicht einmal bei Herrn Lupicki vorbei. Er sagte beim Abschied vor dem Kino *Zryw*, dass er die St.-Johann-Kirche eines Tages – am besten nachts und kurz vor Weihnachten – in Brand stecken würde, um zu beweisen, dass es keinen Gott gab, weil nach dem Brand mit hundertprozentiger Sicherheit kein Wunder aus der Hand des Allmächtigen geschehen würde. »Du meinst wohl nicht, dass er vom Himmel herabsteigen und die Kirche mit seinen eigenen Händen wieder aufbauen wird …«, sagte Anton und grinste. »Wir sehen uns morgen!«

Er ging nach Hause, und Bartek ging auch nach Hause, ohne die Drohung seines Freundes ernst zu nehmen. Bartek musste seinen Rucksack packen. Er brauchte ein paar frische Socken, Unterhosen und Hemden. Er war glücklich, dass er für die Zeit, vielleicht nicht für die ganze Zeit, aber immerhin für den Anfang des Aufenthaltes von Opa Franzose in Dolina Róż bei Oma Olcia wohnen würde. Bei ihr fühlte er sich so, als hätte er Schulferien, aber in einem erstklassigen Hotel – sie kochte Piroggen mit Heidelbeeren, Kohlrouladen oder schmackhafte Suppen, die besser waren als in einem angesehenen Restaurant: Gurken-, Tomaten-, Hühner-, Sauerkraut-, Steinpilze- oder Saure Mehlsuppe gab es bei Olcia zum Mittag. Sie hörte mit Bartek seine Musik und tanzte ab und zu mit ihm zusammen zu den wilden Neuguinea-Klängen. Er lachte sich kaputt, wenn sie sich mit den Moderatoren der Tagesschau oder einer anderen TV-Sendung unterhielt, als säßen jene nicht in einem Fernsehstudio, sondern bei ihr im Wohnzimmer. Oder sie stopfte Barteks Socken und sang dabei ihre Kirchenlieder. Nie zwang Olcia ihn zum abendlichen Beten, war jedoch die glücklichste Frau in ganz Polen, wenn ihr Enkel neben ihr niederkniete und rosenkranzartig die Gebete sprach, in ein und demselben Rhythmus wie Olcia. Ein Gebet würde nicht nur die Seele reinigen und ihr Flügel verleihen, meinte sie, ein Gebet sei wie ein gutes Mittagessen, das satt- und zufrieden mache. Doch das Wichtigste war, dass er sich bei Oma Olcia von den Überschwemmungen des Vaters und von den Nachbarn des orangefarbenen Hauses, ihren Blicken und spöttischen Bemerkungen, die meist Barteks betrunkenen Vater oder die Affären der Mutter betrafen, erholen konnte. Die Jungen und Mädchen, die im orangefarbenen Haus wohnten, neckten das Schusterkind, es sei von Herrn Lupicki gezeugt worden, es sei Jude. Ja, manchmal war Bartek ein Jude, und ein anderes Mal musste er ein Deutscher sein, vor allem dann, wenn Oma Hilde Besuch aus West- oder Ostdeutschland bekam.

Oma Olcia verfügte eigentlich über zwei Wohnungen – die eine befand sich in der Kopernikusstraße und die andere in der St.-Johann-Kirche, die sie, abgesehen von der Sonntagsmesse, fast jeden Abend aufsuchte, um gemeinsam mit ihren Freundinnen und dem Pfarrer zum Beispiel an den Adventsgebeten teilzunehmen. St.-Johann fungierte also mehr oder weniger als ihr zweites Wohnzimmer. Oma Hilde war gar nicht so eine fleißige Kirchengängerin wie ihre katholische Konkurrentin. Der evangelische Gottesdienst fand jeden zweiten Sonntag statt, und Bartek bekam nie eine eindeutige Antwort darauf, ob dieser in deutscher Sprache gehalten wurde. Es war ein Geheimnis, das ihm Hilde nicht verraten wollte. Sie sagte lediglich, viele alte Frauen, so auch sie, würden die frommen Lieder auf Deutsch singen; und bis jetzt seien nach jedem Gottesdienst Spitzel des SB auf sie zugekommen, um sie zu fragen, warum sie nicht auf Polnisch singen würden.

Angekommen zu Hause, machte er sich an die Arbeit. Beim Packen kam ihm urplötzlich der Gedanke, dass er diesen festlichen Augenblick des Umzugs schon einmal erlebt hatte. Außerdem dachte er auch daran, tatsächlich zusammen mit Opa Franzose zu fliehen – an seinem letzten Tag in Dolina Róż würde er mit ihm alle Einzelheiten besprechen und ihn vor vollendete Tatsachen stellen. Vielleicht könnte er sogar den Franzosen dazu überreden, seine Tochter Joanna aus Gdańsk abzuholen und nach Hause in Tschenstochau zu bringen, falls er dort in Tschenstochau überhaupt eine Wohnung oder ein Haus hatte. Bartek war so neugierig, wie das Mädchen in Wirklichkeit aussehen mochte, dass er schon am liebsten gleich am nächsten Morgen aus Dolina Róż fliehen und nach Gdańsk fahren wollte, zu Joanna.

Er war froh, dass ihn niemand beim Packen störte. Um Quecksilber kümmerte sich Oma Olcia, der Vater arbeitete noch, vielleicht hatte er sich inzwischen im Büro betrunken. Und die Mutter war mit ihrem roten Lippenstift beschäftigt und organisierte für die Schüler einen neuen Wettbewerb.

Was brauche ich noch?, überlegte er. Meine Kassetten! »The Dark Side of the Moon« und »The Wall«! Beide Kassetten hatte ihm Marcin aufgenommen. Oma Olcia mochte seltsamerweise die Musik ihres Enkels; Bartek besaß die wichtigsten Radioaufnahmen, eine Musik, von der er sich kaum trennen konnte, genauso wenig wie von dem Album »Ummagumma«. Vor dem Einschlafen hörte er oft über Kopfhörer »The Dark Side of the Moon«, leider besaß er keinen Walkman mehr – das Gerät wurde ihm in der Schule gestohlen –, und so benutzte er den Ghettoblaster seines Vaters, der sich darüber meistens ärgerte. Krzysiek war wie ein Fuchs, der ständig eine Gefahr witterte. Benutzte man seine Sachen, machte er sich Sorgen, sie würden in fremden Händen kaputtgehen.

Als Bartek auf der Toilette war, klingelte es an der Tür. Er pinkelte im Stehen, und durch das aufdringliche Klingeln schnitt er sich beim Hochziehen des Reißverschlusses in die Haut. Als er dann öffnete, erblickte er einen großgewachsenen und schlanken Mann in den Fünfzigern, der ganz in Schwarz gekleidet war und von dem er, Bartek, nachts geträumt hatte. Da sind sie wieder, dachte das Schusterkind erschrocken, die Obdachlosen, die Bettler! Der Fremde trug einen langen Wintermantel und auf dem Kopf eine Baskenmütze. Er hatte einen Dreitagebart, und seine Augen waren gläsern kalt. Sein Haar klebte zusammen, seine Kleidung roch nach Hundepisse. Der Fremde stellte Bartek eine Frage – die Frage, die das Schusterkind schon sehr gut kannte: »Nofe?« Der Bauwagenbewohner aus dem Lunatal streckte seinen rechten

Arm aus, zeigte dabei mit dem Finger auf die Wohnzimmertür, als wollte er fragen, ob die Eltern zu Hause seien. Dieses Spielchen wiederholte sich dreimal. Bartek antwortete automatisch »nofe«, was immer dieses Wort heißen mochte, in welcher Sprache auch immer, und gleich nach seiner letzten Antwort drehte sich der Fremde auf der Ferse zum Gehen und lief in Eile die Treppe hinunter.

Kapitel 8: »Ihr seid das Salz der Erde!« und »The Wall«

Kurz nachdem der schwarz gekleidete Bauwagenbewohner aus dem Lunatal – die dreckige Baskenmütze – verschwunden war, musste Bartek noch einmal auf die Toilette. Er verriegelte sogar die Tür, weil er Angst hatte, dass der Fremde plötzlich hereinkommen und ihm noch einmal die geheimnisvolle Frage stellen könnte. Barteks Magen rebellierte, und er erbrach sich sogar. Anschließend wusch er sich mit kaltem Wasser das Gesicht, um wieder zu sich zu kommen und munter zu werden. Das Schusterkind hatte schon oft davon erzählt, dass es ab und zu ungewöhnlichen, nein, beängstigenden Besuch bekäme, doch niemand in der Familie und Verwandtschaft nahm seine Berichte der seltsamen Visiten ernst, nicht einmal die Mutter Stasia, zumal Bartek sowieso als ein Schwätzer und Schwärmer galt. Die schwarzen wortkargen Wintermäntel mit den Baskenmützen lachten sich bestimmt eins ins Fäustchen, und Bartek entschied sich, die Stalinistin Natalia Kwiatkowska zu fragen, ob sie ähnliche Erfahrungen mit fremden Besuchern gemacht hätte wie er. Ja, er würde Frau Natalia um Hilfe bitten, mit Bestimmtheit wusste sie, was die merkwürdige Frage »Nofe?« zu bedeuten hatte.

Er sattelte seinen Rucksack, ein Geschenk aus Armeebeständen der Gelben Kaserne, in der Onkel Fähnrich arbeitete – übrigens nicht mehr lange, denn Berufssoldaten in seinem Rang wurden früh in Rente geschickt, und Funker gab es im Lunatal wie Sand am Fluss. Zum Glück war Frau Natalia da, sie ließ Bartek eintreten, sagte nichts, schaute ihn nicht einmal an. Auf ihrem Gesicht klebten Gurkenscheiben, eine Kur für ihre zarte weiße Haut, die an manchen Stellen so durchsichtig war, dass man die Äderchen, ein violett-blaues Netzgeflecht, bestens sehen konnte. Ihre Mutter Jadwiga saß in ihrem dunklen Zimmer auf dem Bett, ihr Oberkörper wippte hin und her, und ihre Augen tränten. Weinte sie? Draußen schneite es; die Sonne, die zwischenzeitlich für einige Minuten aufgetaucht war, versteckte sich hinter dicken düsteren Wolken. Im Lunatal hatte die Nacht wieder das Sagen.

Auf Barteks Frage, ob sie heute oder anderntags ungebetenen Besuch von einem Ausländer gehabt hätte, antwortete Frau Natalia mit »ja«. Endlich hatte das Schusterkind Erfolg: Es durfte allerdings das Wohnzimmer oder die Küche nicht betreten – die Stalinistin Natalia Kwiatkowska erklärte, dass sie mit Bartek nicht allzu lange sprechen könne und er bitte einen Abstand von mindestens einem Meter zu ihr halten möge, da sie eine ayurvedische Gesundheitskur durchführe, die absoluter Askese und Einsamkeit bedürfe.

»Man nennt sie die Blauen Vögel – das weißt du doch!«, sagte sie. »Sie finden nirgendwo Arbeit und ziehen durch das Land wie Gelegenheitsarbeiter. Aber da sie schon seit vielen Jahren unterwegs sind, haben sie vergessen, woher sie kommen und wohin sie gehen. Manche haben sogar das Sprechen verlernt. Und sie gehören zu verschiedenen Nationen. Es sind Juden und Polen aus Litauen und Galizien. Es sind Deutsche, die sich kaum noch daran erinnern, dass sie einst die Herren in unserem Lande gewesen sind. Und Zigeuner, jede Menge Zigeuner. Nächstes Mal gibst du ihnen ein Stück Brot oder etwas Kleingeld – dann kommen sie erst ein Jahr später wieder.«

»Und wenn diese Blauen Vögel keine Menschen sind?«, fragte er. »Stimmt das, was Herr Lupicki erzählt, dass manche Leute mit Engeln oder Toten in Kontakt treten können? Vielleicht bin ich auch so einer, der das kann!«

»Was für ein Quatsch!«, protestierte Natalia Kwiatkowska. »Ich muss dich enttäuschen: Wir sind die einzigen Bewohner unseres Universums. Herr Lupicki hat sich in seiner Schusterwerkstatt den Verstand weggesoffen. Seine Arbeit ist stumpfsinnig und erbärmlich, und das weiß er. Darum muss er sich eine Welt erfinden, in der er glücklich sein kann, und da er ein einfacher Mann ist, glaubt er an Götter, Engel, Teufel und Besucher aus dem Jenseits!«, sagte sie lachend und fuhr fort: »Nach dem Tod wirst du als Dünger in der Erde weiterleben. Eines fernen Tages wird sie aber verglühen und zerfallen, und dann wirst du im Weltall zusammen mit anderen Teilchen mutter- und herrenlos herumschweben wie Spinnweben des Altweibersommers, bis die Teilchen wieder von einem Himmelskörper eingefangen werden. Und wenn dieser Himmelskörper ein bisschen Glück hat, könnte es sein, dass er ein neues intelligentes Leben gebiert. Das würde ich ihm jedoch, speziell in deinem Fall, nicht wünschen. Deine Hände sind nämlich dreckig – vom Kugelschreiber eines dummen Schülers, von den Schuhen, die deine Eltern tragen, und vom Öl der Drehmaschinen, die du putzen musst. So sieht es auch in deinem Kopf aus: Er ist voller Müll, deshalb sind deine Gedanken keine richtigen Gedanken, sondern so etwas Ähnliches wie Autounfälle oder Verkehrsbehinderungen. Und nun geh!«

Bartek wollte sich auch sofort auf den Weg machen, zumal er die Bemerkungen der Stalinistin als zynisch und beleidigend empfand, doch plötzlich packte sie ihn an der Schulter und sagte: »Richte dem Franzosen aus, dass ich ihm helfen werde: Seine Tochter kann bei mir einziehen, zumindest für den Anfang …« Eine der an ihrem Gesicht klebenden Gurkenscheiben fiel plötzlich ab und landete auf Barteks Schuh. Er nickte verständnisvoll, hob das Scheibchen auf, steckte es in den Mund, kaute darauf herum und sagte: »Sie können sich auf mich verlassen, Frau Natalia, ich werd's ihm ausrichten! Auf Wiedersehen!«

Die ehemalige Physiklehrerin war so verunsichert über Barteks Benehmen, dass sie ihn offenen Mundes und ohne Kommentar gehen ließ. Auf der Straße fing Bartek an zu spucken – die Gurke hatte ihm nicht geschmeckt, sein Gaumen und seine Zunge brannten, als hätte er einen Wodka getrunken.

Was er getan hatte, war im Affekt geschehen, klar, und er bereute seine Reaktion nicht. Tja, dachte er, als er die Plattenbausiedlung verließ, vielleicht wollte ich der alten Dame zeigen, dass ich gar nicht so dumm und langweilig bin, wie sie meint – die blöde Kuh hält sich für eine ganz Ausgefeimte; weiß sie nicht, dass Götter nicht mögen, wenn man sie nachahmt?!

Der Himmel, behangen mit schneeträchtigen Wolken, verdunkelte sich von Minute zu Minute immer schneller, es war kurz vor sechzehn Uhr, die Nacht meldete sich mit ihrer ganzen Kraft zurück, und das Schusterkind wählte in der Kälte des rieselnden weißen Flockenstaubs wie gewöhnlich den kürzesten Weg zur Schusterwerkstatt. Bartek wollte Herrn Lupicki wenigstens »Guten Tag« sagen, bevor er dann weiterziehen würde: Er war schon sehr darauf gespannt, ob der Friseur Tschossnek seine Frau wieder zurückgewonnen hatte – obschon das Bartek sehr wundern würde. Immerhin hatte der Franzose in den Fünfzigern, in seinen jungen Jahren also, einige lokale Schachmeisterschaften gewonnen.

Als Bartek in der Schusterwerkstatt ankam, stellte er verwundert fest, dass Herr Lupicki ganz allein war und nicht einmal seiner Arbeit nachging. Er stand am Tresen und las die Bibel. Sein Lieblingsevangelium war das nach Matthäus, und manche Passagen der »Bergpredigt« las er sogar laut vor, besonders dann, wenn sein Sohn neben ihm saß, um mit offenem Mund geduldig zuzuhören. Zu den Schuhen, die zur Reparatur gebracht wurden, sagte er oft: »Ihr seid das Salz der Erde …«

»Schusterkind!«, freute sich Herr Lupicki und klappte die Bibel zu. »Der Franzose spielt mit Tschossnek Schach, und alle wollen den beiden Verrückten zuschauen, selbst der brave Soldat einer geschlagenen Armee, dein Opa Monte Cassino. Ich halte hier die Stellung, aber meine Kunden haben etwas Besseres zu tun: Sie sind treue Fans des Franzosen und applaudieren dem Heimkehrer, der wieder gewinnt. Norbert informiert mich alle halbe Stunde über den Spielstand.«

Bartek schwieg, und der alte Schuster seufzte und fixierte mit seinem Blick das Holzkreuz mit dem von ihm selbst geschnitzten Jesus Christus, der über den Wartebänken für die Kunden die grün gestrichene Wand schmückte. Herr Lupicki sagte nach einer Weile:

»Ich werde in meiner Werkstatt sterben, das weiß ich, im Sitzen wird es passieren, mit einer Zigarette im Mund werde ich den Löffel abgeben, nach Feierabend, vielleicht wird es sogar in der Totenkammer passieren, vielleicht. Doch warum soll ich dich langweilen! Geh lieber zu Tschossnek und sieh dir seinen Untergang an! Und deine Oma Hilde sucht dich überall! Sie muss morgen aufs Milizrevier zum Dolmetschen; die Offiziere der Miliz haben heute einen deutschen Touristen gefasst und eingebuchtet. Er hat unseren Bahnhof und die Gelbe und Schwarze Kaserne fotografiert. Ein Idiot! Weiß er nicht, dass wir Feinde sind? Hüben wie drüben! Hilde sagte, dass der Deutsche gar nicht in seiner Heimat lebe, sondern in Amerika, schon seit zig Jahren. Das macht die ganze Sache noch schlimmer. Jetzt denken unsere Dummköpfe, sie hätten einen einstigen Nazi und amerikanischen Spion zugleich gefasst. Na, jedenfalls hat Hilde den Offizieren angekündigt, dass sie ohne ihren Enkel, und das bist du, nirgendwohin gehen wird, und unsere Dummköpfe haben ihrem Vorschlag zugestimmt: Du kommst morgen zum Dolmetschen mit! Und das können viele Verhöre werden!«

Dem Schusterkind schossen die Augenbrauen in die Höhe, seine Stirn bedeckte sich mit drei fetten Runzeln – es war perplex und fragte: »Die haben tatsächlich einen Nazi und CIA-Agenten hinter Gitter gebracht? Bei uns in Dolina Róż? Unglaublich!«

Die Nachricht von einem Spion aus dem Westen versetzte Bartek in höchste Aufregung, sodass er sogar für einen Augenblick seinen Opa Franzose und die Schachpartie im Frisiersalon von Herrn Tschossnek vergaß. Für einen Moment schwebte er im Orbit wie der glückliche Außerirdische, in dessen Rolle er manchmal hineinschlüpfte und der von seiner Stippvisite im Sonnensystem in seinen Sterntagebüchern verwundert über die Bräuche der Menschheit berichtete. Und Bartek dachte auch an all die amerikanischen Filme, die er im Kino *Zryw* gesehen hatte. Er fühlte sich wie einer der ganz großen unvergesslichen Actionhelden, und an seiner Seite kämpfte Meryl Streep gegen das Gesetz und für die Freiheit der

Anarchisten. Sie fletschte die Zähne, schrie und lachte, entlud die Pistole, schoss auf einen Polizisten, und dann flohen sie mit ihrem gestohlenen Fahrzeug in die entlegene Prärie, um sich zu verstecken. Bartek sagte Herrn Lupicki nicht einmal »Auf Wiedersehen!«. Er rannte zurück auf die Straße, zurück in den Schnee, der über dem zugespitzten Dach des mittelalterlichen Tors wütete. Im abendlichen Wind flatterten chaotisch dicke Schneeflocken – wie riesige weiße Heuschreckenschwärme. Vom Marktplatz her stieg in die Höhe schwaches gelbes Licht der Einkaufsläden, die erst am Abend, um sechs oder um sieben, schlossen; ihre Schaufenster leuchteten zusammen mit den Straßenlaternen und schenkten den Passanten Hoffnung auf die Rückkehr jungfräulicher Frühlingstage, an denen der Fleischerladen, die Apotheke, die Drogerie, die Boutiquen und das kleine Kleiderkaufhaus aufblühten und zum spontanen Einkauf einluden, obwohl ihr Warenangebot bescheiden war. Das gelbe Marktplatzlicht erreichte das Spitzdach des mittelalterlichen Tors – ein Wunder, dass dieses schwache Licht zu solchen Leistungen fähig war. Doch die Nacht besaß erstaunliche Kräfte, und rings um den Marktplatz herrschte sie, die ewige Nacht des Winters, der schwarze Fluss, der das Städtchen besonders dann überflutete, wenn die Regierung wieder einmal die Stromlieferung verweigerte. Im Zentrum von Dolina Róż, in der Nähe des mittelalterlichen Tors und der Einkaufsläden, war es also selbst im Winter nicht so unangenehm stockfinster wie an den Randzonen des Städtchens. Die hiesigen Lichterquellen waren zahlreicher und stärker als diejenigen in den Plattenbausiedlungen und in den alten Vierteln mit den Einfamilienhäusern, die einst Juden oder deutsche Wehrmachtsoffiziere bewohnt hatten. Am Abend begann in den Wohnzimmern auch noch das violette Schimmern der Fernsehmonitore, das aber nicht so gefährlich war wie das Licht der Operationssäle im Johanniter-Krankenhaus, dieses Licht des Todes, das jeden Tag durch das Städtchen marschierte, jeden Tag neue Bewohner von Dolina Róż mit auf die Reise zum Friedhof an der Luna nahm, die Alten, die Kranken, die Debilen, die Unvorsichtigen, die bei Unfällen gestorben waren – wie die brennenden Kühe auf der Straße oder wie die unvorsichtigen Arbeiter in den Fabriken. Auch Kinder und Babys, wie zum Beispiel Barteks und Quecksilbers kleines Schwesterchen Stasia, verschwanden gelegentlich in diesem Todeslicht von Dolina Róż. Quecksilber war als Zwilling auf die Welt gekommen – biologisch und in seinem Sternzeichen. Sein Zwillingsschwesterchen wurde tot geboren. In einem Sarg, der für eine Spielzeugpuppe geeignet war, hatte man die Kleine beerdigt. Auf dem alten Friedhof, den Bartek zusammen mit seinem Freund Anton jeden Tag auf dem Nachhauseweg überquerte, lag sie nun seit zehn Jahren in der katholischen Stille der kalten Gräber, Kerzen und Chrysanthemen, getauft auf den Namen der Mutter, verkleidet als Spielzeugpuppe. Einmal im Jahr, meist zu Allerseelen, schenkte Bartek seinem Schwesterchen einen neuen Lippenstift, damit sie sich im Himmel für den Gottvater hübsch machen konnte. Er legte den Lippenstift auf die Grabsteinplatte, neben einen Kerzenleuchter. Oder er vergrub ihn in der Erde.

In Oma Hildes Zwei-Zimmer-Wohnung im Parterre waren die Fenster dunkel, doch das hatte nichts zu sagen. Vielleicht weilte sie bei ihren Nachbarn. Bartek entschied sich, bei ihr vorbeizuschauen, um den morgigen Termin auf dem Milizrevier zu besprechen. Er besuchte nicht allzu gerne dieses alte, mit Jugendstilornamenten geschmückte Haus, das bis 1945 einer deutschen Familie gehört hatte, wie man sich erzählt. Vielleicht wurde sie von den Sowjets liquidiert, kurz nach dem siegreichen Einmarsch der Roten Armee in Rosenthal. Und es müsse eine bei den Bürgern recht angesehene Kaufmannsfamilie gewesen sein, die hier einst residiert habe, meinte Oma Hilde, auf keinen Fall seien es Nazis gewesen, niemand war ein Nazi in Rosenthal, so Hilde. Vielleicht hatte die deutsche Sippe die Grausamkeiten des Krieges überstanden, vielleicht lebte die ostpreußische Familie weiter, irgendwo bei Düsseldorf oder in Berlin, und vermehrte sich glücklich – aber was Bartek darüber dachte, war nicht wichtig: Die Welt interessierte sich nicht allzu sehr für seine Gedanken, Spekulationen und Meinungen. Er mochte jedoch das Haus seiner Großeltern väterlicherseits aus einem anderen Grund nicht: Monte Cassino behauptete nämlich, vor allem vor Kindern, denen er Angst einjagen wollte, in den Kellern und auf dem Dachboden würden sich immer noch Juden und Deutsche verstecken und als Dämonen und arbeitslose Engel in diesem Haus herumspuken und die Mieter, wie zum Beispiel Oma Hilde, in Angst und Schrecken versetzen, besonders nachts, wenn man auf die Gemeinschaftstoilette im Treppenhaus musste. Im Keller würden Juden wohnen, und die Ostpreußen seien auf dem Dachboden untergebracht, wo es wenigstens ein bisschen gemütlicher sei als in den Katakomben, in denen nie auch nur ein Strahl Sonne zu sehen sei. Bartek hatte in seinem Leben noch keinen Juden oder Wehrmachtssoldaten gesehen, auch nicht in Opa Monte Cassinos und Oma Hildes Haus, aber er fürchtete sich, ihnen zu begegnen. Er fürchtete sich, eines fernen Tages einer von ihnen zu werden, die in Dolina Róż gelebt, geliebt, gehasst, gelitten hatten und gestorben waren: ein Verlorener, der keine Spur hinterlassen hatte.

Hilde war zwar ein geschwätziges Weib, doch mit ihrem Enkel redete sie nie länger als fünf Minuten. Im Grunde kreisten die Gespräche mit ihr um ein einziges Thema: das Schweinefleisch – entweder hatte sie vom Fleisch geträumt, was, wie sie behauptete, ein herannahendes Unglück ankündigte, oder sie musste am nächsten Tag in der Schlange vor *masarnia* anstehen und frisches Fleisch kaufen, damit sie für Monte Cassino das Mittagessen kochen konnte (Kartoffeln, ein paniertes Schnitzel, Rote-Beete-Salat und ein Glas Wodka waren für ihren Mann jeden Sonntag das Größte). Wenn sie Schweineschnitzel zubereitete, bebte die ganze Küche. Das Klopfen der Schnitzel schien für sie eine Art Sport oder Sadomaso-Ritual zu sein. Sie schlug auf die Stücke Fleisch mit einer Wucht ein, fluchend und fauchend, als würde sie ihren Mann umbringen wollen. Und sie fragte Bartek ständig, ob er Hunger habe und ob der Vater wieder betrunken von der Arbeit nach Hause gekommen sei und die Mutter beschimpft und geohrfeigt habe. Sie sprach mit ihrem Enkel ab und zu wie ein Mann, wie einer der bösen Kunden Herrn Lupickis: »Ihre Lippenstifte müsste man ihnen wegnehmen und im Tresor einschließen. Verprügeln müsste man sie – ihre geschminkten Mäuler, die den Männern den Kopf verdrehen! Pfui! Was für Satanskinder sind diese gottlosen Töchter von Oma Olcia!«

Bartek musste nicht klopfen und klingeln, die Tür war meist angelehnt, Hilde lud die Nachbarn jederzeit zum Kartenspiel, Kaffee, Eierlikör und Wodka ein. Sie saß in der Küche, die eine Art Durchgangszimmer war. Es gab in diesem Raum keine Fenster. Sie hatten sich für acht Uhr morgens vor dem Milizrevier verabredet, was für Bartek bedeutete, dass er die ersten beiden Unterrichtsstunden schwänzen musste – Sport und Mathematik; beide Fächer waren ihm ein Dorn im Auge, der sozialistische Drill auf dem Fußballplatz, in der Turnhalle und an der Kreidetafel im Klassenraum. Die Schüler trainierten den Körper und den Verstand, aber selbst die Schnecken, die den verwahrlosten Wehrmachtsswimmingpool im Stadtwald bewohnten, waren klüger und schneller als die ungehorsamen Jungen aus dem Mechanischen Technikum, die wie Bartek nichts lernen wollten, weder im Fach der Metallurgie noch in Mathematik.

»Du bist auch so ein Nichtsnutz wie dein Opa und dein Vater«, sagte Hilde. »Du wirst bestimmt zu unserem Friseur Tschossnek gehen und die Zeit bei diesem dummen Schachspiel totschlagen … Geh nur … Geh nur … Die Erde schämt sich deiner Füße …« Diesen letzten Satz wiederholte sie oft und stets mit großem Genuss – sie sah es gerne, wenn jemand unter ihren Worten litt, zumal ihr Mann mehr oder weniger gegen ihre Gifte immun geworden war.

Ihre eigenen Füße steckten an diesem frühen Abend in einer Schüssel, die fast bis an den Rand mit warmem Wasser gefüllt war. Oma Hilde klagte wie gewöhnlich über rheumatische Schmerzen und furchtbare Träume, in denen sie Berge von Leichen gesehen hätte.

Barteks Begeisterung für den deutschen Spion aus Amerika verflüchtigte sich nach dem kalten Empfang bei Oma Hilde schnell. Dann wäre ich doch lieber einem Juden aus dem finsteren Keller begegnet als meiner Großmutter, dieser nationalsozialistischen Kuh, dachte das Schusterkind, die einmal als BDM-Mädel nach Danzig gereist ist, um Hitler zu sehen.

Bartek kehrte rasch auf die Straße zurück, wo er sich immer wohl fühlte, selbst dann, wenn es schneite. Hauptsache war, dass er nicht nach Hause gehen musste. Dafür ging er schnellen Schrittes durch das mittelalterliche Tor und kam auf den Markplatz. Von weitem schon sah er, dass der Frisiersalon von Herrn Tschossnek überfüllt war und aus allen Nähten platzte. Die Fensterscheiben waren beschlagen, und die Eingangstür stand nicht still: Neue Besucher kamen, um bereits nach wenigen Sekunden den Frisiersalon zu verlassen. An Barteks Winterstiefeln klebte der Schnee und erschwerte das Schreiten. Er kam sich vor, als würde er versuchen, den Gang seiner Mutter nachzuahmen – was er eigentlich nicht mochte. Er mochte es deshalb nicht, weil es ihm im Grunde Spaß machte, eine junge Frau zu mimen, die sich in ihren besten Jahren befand und noch viele Männer verführen konnte. Bartek entdeckte in sich ein Talent: Traf er jemanden, passte er sich ihm sofort an – seinem Intellekt, seiner Sprechart, seinen Sitten und Gepflogenheiten, auch wenn sie ihm ziemlich abstoßend vorkamen. Er wusste nicht, ob er diese Fähigkeit der absoluten Anpassung an eine Person als Schwäche oder Stärke definieren sollte. Wahrscheinlich war es eine Schwäche, und das machte ihm Sorgen.

»Liebe Meryl«, sagte er zu seiner Geliebten, »ich weiß nicht, ob ich dich mitnehmen darf – zu dieser Schachpartie! Sie werden dich auslachen und dich darum bitten, auf dem Tisch zu tanzen und deine schlanken Beine zu entblößen! Oder sie schmeißen dich raus, weil Frauen ihrer Meinung nach bei einer Schachpartie kein Glück bringen ...«

Seine amerikanische Geliebte sagte: »Du bist doch nicht so dumm wie die bösen Männer aus dem Frisiersalon von Herrn Tschossnek, die er rasiert und denen er die Haare schneidet. Nimm mich unbedingt mit! Ich werde mich unter deinem Wintermantel verstecken, und in der linken Innentasche über der Brust, wo dein Herz schlägt, werde ich dem besseren Spieler die Daumen drücken!«

»Also gut – gut, gut!«

Bartek hasste es, wenn ihm Herr Tschossnek die Haare schnitt. Die geschnittenen Haare lagen auf dem Fußboden, und Herr Tschossnek und seine Auszubildenden traten auf ihnen wie auf Zigarettenstummeln auf dem Bürgersteig herum. Sie fegten die Haare zusammen und schmissen sie in die Mülltonne. Jeden Tag, von morgens bis abends, füllten sie die Mülltonne mit frischen Menschenhaaren. Sie fütterten mit ihnen den Hinterhof, wo die Mülltonnen der angrenzenden Häuser und Einkaufsläden standen, doch die geschnittenen Haare lebten weiter, sie wuchsen im Hinterhof weiter, und niemand wagte, sie zu verbrennen oder wenigstens zu vergraben. Und wenn Bartek nach dem Haareschneiden einen neugierigen Blick in den Hinterhof warf, glaubte er manchmal, die Haare seiner Mutter zu erkennen, diese langen schwarzen Schöpfe. Dann tat ihm das Herz weh, dass seine Mutter hier in den Schatten des Hinterhofs so ein jämmerliches Dasein führen musste – zwischen all den schwarzen Katzen- und Rattennestern.

Barteks Ankunft im Frisiersalon, in dem eine angespannte Stille herrschte, blieb fast unbemerkt. Er musste sich mit seinem Rucksack durch eine gewaltige Menschenmenge hindurchquetschen, weil er bis zu dem Tisch, an dem Opa Franzose mit Herrn Tschossnek spielte, vordringen wollte. Die Zuschauer ließen ihn nur widerwillig durchmarschieren – er bediente sich tatkräftig seiner Ellenbogen.

Um den Spielertisch herum standen seine Freunde: Marcin, Anton und Romek; Schtschurek hockte auf dem Fußboden und war ebenfalls mucksmäuschenstill – ausnahmsweise. Die drei blonden Schwager, Onkel Fähnrich, Onkel Versicherung und Barteks Vater und selbst der Mörder Baruch und die Hure Marzena waren auch da. In der zweiten Reihe entdeckte das Schusterkind den Fabrikdirektor Szutkowski und Schtschureks Vater, den Totengräber. Der Milizoffizier Staszek, der die evangelischen Gottesdienste bespitzelte, durfte natürlich auch nicht fehlen. Und der Bucklige Norbert saß auf einem Hocker und schaukelte im Sitzen hin und her. Da er seine Ministrantenglocken nicht rausholen durfte, hielt er in der rechten Hand ein Paar Stricknadeln seiner Stiefmutter. Herr Lupicki hatte immer die Befürchtung, sein behinderter Sohn würde sich eines Tages mit den Stricknadeln ein Auge ausstechen. Norbert hielt die Drähte so fest, dass man sie ihm nicht aus der Hand ziehen konnte, nicht einmal mit Gewalt. Und wenn Norbert geschlagen wurde, meistens von Kindern auf der Straße (»Zeig uns deinen sechsten Finger, zeig uns deinen sechsten Finger, du Trottel«, schrien sie ihn an) oder von seinem eigenen Vater, bewies er große Ausdauer und Sturheit. Sein Buckel, der sich für Faustschläge und Gürtelhiebe am besten eignete, musste aus Stein sein.

Opa Monte Cassino und Michał Kronek, die Erzfeinde, hatte man zusammen auf eine Bank verbannt, die sie sich noch mit anderen teilen mussten. Auf Opa Monte Cassinos Rollstuhl hatte ein Überraschungsgast Platz genommen: die Tochter von Herrn Lupicki. Sie ließ sich einmal im Monat von Frau Tschossnek die Haare schneiden. Hatte sie heute wieder einen Termin? Das Schusterkind liebte es, Mariola beim Haareschneiden oder Strähnenfärben zuzuschauen. Es glaubte jedes Mal, in Mariolas Augen einen großen Schmerz über die Zerbrechlichkeit der Schönheit zu erkennen.

Frau Tschossnek, die diese Schachpartie auch nicht verpassen durfte, denn schließlich ging es um ihre Zukunft, kochte für ausgewählte Gäste des Frisiersalons schwarzen Tee. Frau Tschossnek war zwar in die Jahre gekommen, aber sie hatte nach wie vor einen strammen Busen, den selbst junge Männer mit bewundernden Blicken begutachteten, und immer noch trug sie schwarze Miniröcke und Blusen mit einladendem Ausschnitt. Ihr Mann war ein hagerer knochiger Typ, der sich seine kurz geschnittenen Haare schwarz färbte. Er roch stark nach Rasiercreme und Haarwasser und erinnerte Bartek an einen Arzt aus dem Johanniter-Krankenhaus. Vielleicht lag es daran, dass Tschossnek einen weißen Kittel trug und seinen Kunden genaue Anweisungen gab, wie sie den Kopf halten mussten, damit er mit der Schere und dem Rasierapparat an schwierige Stellen herankommen konnte. Für Bartek war er ein Chirurg und das Haarwasser sein Desinfektionsmittel.

Bartek gesellte sich zu dem Buckligen Norbert und setzte sich auf den kalten gefliesten Boden, direkt vor seine Füße. Alle warteten auf den nächsten Spielzug des Franzosen, der, wie sein Gegner, völlig abwesend wirkte. Herr Tschossnek war eigentlich kein leichtes Opfer – er hatte bloß Angst vor seinem Meister, der ihm im Übrigen in jungen Jahren das Schachspielen beigebracht hatte. Tschossneks Eltern waren im Warschauer Aufstand gefallen, und als junger Mann konnte er in den Warschauer Wehrmachtsruinen und auf den stalinistischen Baustellen keine Liebe und kein Zuhause finden. Die ostpreußischen Weiten lockten ihn, und hier in der Abgeschiedenheit der Wälder, Seen und Kleinstädte des Lunatals, das einst von deutschen Astronomen und Gräfinnen und Grafen besiedelt war, konnte er endlich aufatmen und ein neues Leben anfangen. Er ließ sich zum Friseur ausbilden, pachtete im selben Haus, in dem er wohnte, eine beachtliche Ladenfläche und eröffnete in den Fünfzigern den Frisiersalon *Tschossnek*. Auf dem Dachboden seines Domizils am Marktplatz entdeckte er eines Tages ein Grammophon und alte Schallplatten: Richard Wagner fiel ihm in die Hände, und seit dieser Entdeckung war er ein treuer Anhänger und Liebhaber der Nibelungenlieder und -abenteuer, wofür er von seinen Feinden oft Spott und Häme geerntet hatte, vor allen Dingen in der Zeit des Stalinismus, als ihm seine Leidenschaft für Richard Wagner und das Rheingold fast zum Verhängnis geworden wäre. Im Prinzip musste er sich von seinen Feinden immer noch anhören, er sei ein Nazi, was ihn besonders schmerzte, denn schließlich waren seine Eltern tapfere Landesarmeesoldaten des 1. August 1944 gewesen. Für ihren Tod hatte er gebüßt und ein ganzes Jahr im Gefängnis verbracht. An heißen Sommertagen legte er in seinem Frisiersalon Wagners Schallplatten auf, sodass man die Musik auf der Straße hören konnte. Seine Frau war in die Chansons von Charles Aznavour verliebt, und wenn sie die Haare schnitt, vor allem bei jungen Frauen, hatte Richard Wagner schlechte Karten und musste dem Chansonnier weichen. Dann verwandelte sich der Frisiersalon in das Pariser *Olympia*.

Herr Tschossnek hatte schon zwei Partien verloren und beschloss deshalb, das Spiel erst am nächsten Morgen fortzusetzen.

»Ob ich dich morgen oder nächste Woche schlage, spielt für mich keine Rolle«, sagte der Franzose und lächelte. »Du bist jedoch ein guter Verlierer – du nimmst es mit Fassung!«

»Ich bin nicht so grausam und wild wie du«, verteidigte sich der Friseur. »Ich weiß, wo mein Zuhause ist und mit wem ich zusammenlebe.«

Das Publikum war enttäuscht – bis auf Bartek, der dem Schachspiel nichts abgewinnen konnte. Er fand nur einen einzigen Schachzug genial: das Gambit. Den einfachen Soldaten, den Bauern, für eine höhere Sache zu opfern, nämlich gleich zu Anfang und für den späteren Sieg, gefiel dem Schusterkind und seiner Vorstellung von Ehre und Metaphysik, denn wollte man wirklich gewinnen, ließen sich hohe Opfer nie vermeiden – und so war es auch bei seinem Opa Franzose gewesen, der für seine Freiheit den Preis der Einsamkeit bezahlen musste. Ansonsten konnte sich Bartek nicht vorstellen, stundenlang über den nächsten Zug zu grübeln, in der Beugung über das Schachbrett erstarrt. Die Lust, mit der sich die Bewohner von Dolina Róż den Gesellschaftsspielen hingaben, verriet ihm, wie kurzsichtig und töricht sie waren. Sobald sie Feierabend hatten und von ihren Fabriken, Büros und Schulen nach Hause gekommen waren, langweilten sie sich in ihrem Städtchen. Sie erfanden darum verschiedene Beschäftigungen, und die Zeit ließ sich am besten mit Spielen vertreiben. Außerdem waren sie nicht imstande, so schien es Bartek, den ewigen Winter, der im Lunatal herrschte, zu verstehen; sie begriffen nicht, warum er ihr Städtchen fest im Griff hatte und in seinen kalten Armen gefangen hielt.

Monte Cassino wechselte seinen Sitzplatz, man half ihm zurück in seinen Rollstuhl, die Anwesenheit seines Erzfeindes Michał Kronek verunsicherte ihn, er mochte mit ihm die Bank nicht mehr teilen. Mariola kaute ihren *bubblegum*, blies immer wieder riesige rote Ballons auf – sie sammelte seit ihrer Kindheit die der Verpackung beigelegten Comics – und nahm Platz vor einem der Spiegel an der Wand: Tschossneks Frau sollte ihr die Spitzen schneiden und ihrer honigfarbenen Mähne hellblonde Strähnen verpassen. Und als die Schere in Frau Tschossneks Händen zu sprechen begann – schnipp!, schnipp!, schi!, schi! –, wollten einige Männer den Frisiersalon nicht mehr verlassen. In ihnen brannte plötzlich das Feuer der wahnsinnigen Hengste, die selbst ihre eigenen Mütter bespringen würden.

Monte Cassino sagte, als er endlich bequem saß und sich mit seinem Gefährt im ganzen Raum frei bewegen konnte, zum Franzosen: »Du bist als Eisenbahner und Abtrünniger ganz schön rumgekommen, auch im Ausland. Stimmt es eigentlich, dass die Deutschen eine große Mauer gebaut haben – wie die Chinesen? Und kann man sie aus dem Flugzeug oder gar aus dem Weltall sehen, wie manche Leute behaupten?«

Der Franzose schwieg und schaute seiner Geliebten dabei zu, wie sie Mariola die Haare wusch, die Spitzen schnitt, dann die Strähnen in Alufolie wickelte; wahrscheinlich stellte er sich vor, wie es wäre, wieder jung zu sein, an Mariolas Seite durch das Leben der Zwanzigjährigen zu gehen, wie es bloß wäre, noch einmal jung zu sein. Nach diesem verträumten Schweigen antwortete er seinem ehemaligen Feind: »Ich dachte, du bist ein Patriot und ein echter Pole geworden! Aber wie es scheint, sorgst du dich nach wie vor um deine alte Heimat. Ja. Ich habe die Mauer gesehen. Sie ist viel gewaltiger als die chinesische, und niemand wird sie zerstören, keine Bulldozer oder Panzer – so gewaltig ist sie!«

Durch den Raum ging ein Raunen: Die alten Männer schüttelten staunend die Köpfe; Barteks Freunde und Schtschurek konnten ihr Staunen auch nicht verbergen; die drei blonden Schwager und Herr Tschossnek verschränkten die Arme, als wollten sie sagen, nein, das, was der Franzose da behauptet hat, sei eine glatte Lüge, solch eine Mauer könne der Mensch nicht bauen, völlig unmöglich, um West-Berlin herum habe man lediglich Betonplatten aufgestellt, die man normalerweise für den Häuserbau verwende, und vor den Russen hätten die Deutschen schon immer Angst gehabt – kein Wunder also, dass sie loyale Befehlsempfänger seien und sich in ihrem eigenen Staat einbetonieren würden; der Fabrikdirektor Szutkowski und der Spitzel Staszek warfen dem Franzosen böse Blicke zu und verteidigten das sozialistische Bollwerk der DDR mit Flüchen und Beschimpfungen, die sich gegen den verdorbenen dekadenten Westen richteten.

Bartek nutzte die Gelegenheit, da das Staunen der Männer nicht aufhörte, um dem Franzosen von seinem kurzen Besuch bei der Stalinistin Natalia Kwiatkowska zu erzählen. Er übermittelte ihm auch ihre dringende Nachricht, die das Schicksal seiner unehelichen Tochter Joanna betraf. Als der Opa Franzose die Informationen seiner alten Geliebten vollständig erfasst und sich ihre Brisanz vergegenwärtigt hatte, begann er zu lächeln und sagte: »Guter Junge! Chapeau! Du bist mein Glücksbringer!«

Krzysiek wusste nichts von Barteks Umzug zu Oma Olcia; er kommentierte auch nicht, dass sein Sohn dem Franzosen in den nächsten Tagen Gesellschaft leisten sollte – nach einem ungeschriebenen Gesetz in Dolina Róż durften die eigenen Kinder nach Lust und Laune Freunden und Verwandten für ihre Reisen, Umzüge, Besuche oder Ausflüge als treue Begleitpersonen und Helfer angeboten und verliehen werden.

Krzysiek nahm seinen Sohn beiseite und bat ihn um Verzeihung – für den gestrigen Abend und für all die Nächte, in denen er »später als gewöhnlich« und »ein wenig berauscht« nach Hause gekommen sei. Diese spontanen Entschuldigungen, diese »ein wenig berauschten Nächte« kannte das Schusterkind zur Genüge. Sie wiederholten sich wie die Überflutungen, die die ganze Wohnung – vor allem am Wochenende, wenn der Vater untätig zu Hause herumhockte und nicht einmal an die Luna angeln ging – unter Wasser setzten.

»Ich weiß, Vater, was du mir sagen willst«, meinte Bartek. »Ich liebe dich doch auch!«

Sein Liebesbekenntnis war im Großen und Ganzen nicht gelogen, denn ab und zu wurde ihm bewusst, dass er diesen unberechenbaren Wassermann tatsächlich liebte – er liebte ihn und hasste ihn zugleich. In diesem Zustand befand sich Bartek permanent.

An diesem Abend wollte er in erster Linie den Vater so schnell wie möglich loswerden. Bartek war zum Schluss froh, als er zusammen mit Marcin, Anton und Romek unter einem Vordach im Hinterhof des Frisiersalons Zigaretten rauchte: Er hatte seine Freiheit wieder zurückbekommen. Der Vater war endlich gegangen, Schtschurek auch, und Mariola genoss die Aufmerksamkeit, die ihr im Frisiersalon zuteil wurde. Sie stand gerne im Mittelpunkt, ihr Lippenstift beherrschte perfekt die Kunst der Verführung: Sie trieb die Männer zu Anfang jeder neuen Liebesbeziehung oder Affäre in den Wahnsinn, aber sie gab sich ihnen dann nicht vollständig hin. Sie führte sie an der Nase herum, schlief mit ihnen zwischen Tür und Angel, und auch wenn die Männer attraktiv und erfolgreich waren, vor allem im beruflichen Leben, war Mariola ihnen nicht gnädig: Sie warf sie nach kurzer Zeit in den Fleischwolf, zerquetschte sie wie Ameisen und suchte sich neue Lustobjekte. Bartek hatte den Eindruck, dass sie ihren Lippenstift nicht aus Leid und Liebeskummer benutzte, wie es der Fall bei seiner Mutter war. Mariola wollte sich nur ein bisschen vergnügen – mehr nicht. Das Schusterkind glaubte ihr deswegen kein Wort, wenn sie behauptete, die Männer würden sie gnadenlos ausbeuten. Und sie hatte ihre Krankenschwesterinstinkte noch nicht entdeckt. Das war insofern schade, weil Bartek sich einst erhofft hatte, sie könne ihn in seiner schwierigen Liebeslage besser verstehen als seine Eltern und Opa Monte Cassino und Herr Lupicki, die ihn alle für einen Tagträumer und Spinner hielten. Dabei war das Schusterkind wirklich verliebt: Für Meryl Streep würde es in jeden Krieg ziehen und jede Schlacht gewinnen.

Marcin sagte: »Am Samstag treffen wir uns im Yachtclub von Antons Opa. Ich habe euch etwas Wichtiges mitzuteilen.«

Die Jungen rauchten ihre billigen filterlosen Zigaretten, die *Sporty*, sie ahmten Kettenraucher nach, zündeten sich ständig eine neue Zigarette an, und der ganze Hinterhof füllte sich mit hellblauem Rauch. Es schneite nicht mehr, die Mülltonnendeckel waren mit Schnee bedeckt, die flauschige Schicht Schnee leuchtete orange. Das Licht erhellte den Hinterhof wie eine Theaterbühne, und Marcins Worte erfüllten Bartek und seine Freunde mit Hoffnung und Tatendrang. Sie waren zumindest aufgeregt und wollten nicht mehr über den Sinn oder Unsinn der abgebrochenen Schachpartie debattieren, sie fühlten sich eher wie Verbrecher, die den nächsten Bankraub planten.

Marcin wiederholte im militärischen Ton den Termin: »Wir sehen uns am Samstag im Yachtclub! Meine Soldaten! Ich habe euch etwas Wichtiges zu sagen.«

Von Zeit zu Zeit, vor allem im Sommer, gingen die Jungen zu Antons Opa, um ihm bei der Arbeit zuzuschauen, Bier zu trinken und Pläne für die Zukunft zu schmieden – ihre Träume waren ihnen heilig. Sie nannten den Yachtclub *poczekalnia*, Warteraum, wobei Romek ein seltener Gast ihres Warteraums war; der Yachtclub – die zwei Garagen, in denen Antons Opa sich mit seiner Werkstatt ausgebreitet hatte – war schon etwas Besonderes: Da versuchte ein alter Mann, seinen Lebenstraum zu verwirklichen, indem er seit Jahren an einer vollkommenen und, was Schönheit und Technik anging, unschlagbaren Yacht baute. Am städtischen Baggersee, der im Jargon von Dolina Róż der Molkereisee hieß, fühlten sich Bartek, Anton und Marcin frei, sie konnten über ihre Geheimnisse, Träume und Sorgen so reden, wie ihnen der Schnabel gewachsen war.

Marcin sagte: »Bevor ich nach Amerika gehe, müssen wir unseren Eltern einen Denkzettel verpassen! Wir werden ihre Zivilisation und Kultur vollständig vernichten – meine Idee ist bitterernst, und mein Plan sieht vor, dass wir Pyromanen werden. Wir werden zwar mit unseren Sabotageakten und Attentaten langsam anfangen, aber im Prinzip sollen die wichtigsten Gebäude unseres Städtchens in Brand gesteckt werden. Die Einkaufsläden am Markplatz, die St.-Johann-Kirche, das Parteigebäude, das Kulturhaus, das Kino *Zryw* und das Kreisamt. Also, wir könnten mit Herrn Tschossneks Frisiersalon anfangen. Oder mit der Schusterwerkstatt von Herrn Lupicki!« Nach dem letzten Satz schaute er Bartek kurz in die Augen. Er hatte bei seinem Vortrag nicht glaubwürdig geklungen, sein angeblicher Plan war der eines verwöhnten Söhnchens, dessen Vater ein Parteifunktionär und Mitläufer war; Bartek und Anton wussten, dass sich der Aristokrat des Denkens und Handelns als Revolutionär und ein Mann der Tat aufspielte, um sich wichtig zu machen. Romek schien ähnlicher Auffassung zu sein, allerdings sagte er ein paar Sätze, die niemand eindeutig interpretieren konnte: »Jungs! Ich bin dabei! Vielleicht lernen wir uns dann besser kennen …«

»Ach ja …«, meinte Marcin.

Das Schusterkind und Anton schwiegen, und dann kam der Bucklige Norbert angetrippelt, der Marcin nicht willkommen war, da er befürchte, Herrn Lupickis Sohn würde sie verraten.

»Er tut immer so, als würde er nichts verstehen«, sagte Marcin. »Dabei ist er ein schlauer Fuchs, und wenn man ihn ein bisschen ausquetscht, kann er auch plötzlich sprechen …«

Norbert lächelte freundlich und bat Bartek um eine Zigarette. Die rechte Hand des Buckligen war zu einer Faust geballt, und als er sie öffnete, rieselten Mariolas honigfarbene Löckchen auf den Schnee.

»Feuer, Feuer«, sagte er und zog an der Zigarette, die ihm Marcin gegeben hatte.

»Ja, du wirst bald die ganze Stadt in Flammen sehen«, sagte Marcin.

»Aber wenn du nach Amerika auswandern willst«, meinte Romek, »warum soll dann Dolina Róż in Schutt und Asche gelegt werden?«

Marcins Gesicht verfärbte sich blau, seine Gestik wurde auf einmal aggressiv, er fuchtelte mit den Armen und zeigte mit der rechten Hand auf den Buckligen Norbert: »Wollt ihr so werden wie er? Wollt ihr, dass euch ein Buckel wächst und dass ihr überall ausgelacht werdet? Nein, liebe Freunde, bevor ich nach Amerika gehe, werde ich mich an den Kommunisten rächen. Und ihr werdet mir dabei helfen. Unsere Aktion, denn wir sind Auserwählte, wird ›Unde malum‹ heißen!«

Das Schusterkind fragte: »Was bedeutet das?«

Aber Marcin gab ihm keine Antwort. Er sagte lediglich: »Wir treffen uns am Samstag.«

Sie rauchten ihre Zigaretten zu Ende, dann wandte sich Bartek an den Buckligen Norbert und bat ihn darum, er möge ihm zwei Weckgläser *budapren* aus der Werkstatt seines Vaters stehlen. Zwei Weckgläser würden reichen; Anton, der während des ganzen Vortrags von Marcin geschwiegen hatte, sagte zu Bartek: »So gefällst du mir, mein Junge.«

Plötzlich gab es einen Heidenlärm, eine dunkle Gestalt schnellte hinter einer Mülltonne hervor und lief geradeheraus auf sie zu. Es geschah alles so blitzschnell und hektisch, dass Bartek und die anderen zur Seite sprangen. Der fixe Sprinter hatte ihnen mächtig

Angst eingejagt, sie dachten zunächst, hinter den Mülltonnen verstecke sich eine Ratte oder eine Katze. Aber es war kein wildes Tier, sondern Schtschurek: Er stürzte zur Tür hinein und flitzte durch den Frisiersalon, erschreckte Mariola, die einen panischen Schrei ausstieß, und flüchtete nach draußen.

»Er hat alles, was wir besprochen haben, mitgehört!«, sagte Marcin. »Diese Ratte! Ich bringe ihn um!«

Kapitel 9: »Ummagumma« und »Unde malum«

Die erste Nacht bei Oma Olcia konnte eigentlich nur ein katholischer Alptraum werden: Für den Franzosen dürfte es jedenfalls gar nicht so einfach sein, dachte das Schusterkind, in einer Art Kirchenfiliale zu übernachten – gewissermaßen im Dienstmädchenzimmer eines Pfarrhauses. Bartek fand es geradezu absurd, dass sein Opa für die Zeit seiner Rückkehr ausgerechnet bei seiner Frau wohnen musste, da er doch schließlich an Gott, der in der St.-Johann-Kirche hauste und regierte, nicht glaubte und die Pfarrer hin und wieder als hochnäsige Mitglieder einer korrupten Männersekte bezeichnete, die – so der Franzose – Frauen den offiziellen Zugang zu Gott versperren würde. Seine jüngeren Töchter, Barteks Tanten Hania und Agata, wünschten ihm die Pest an den Hals und wollten ihn gar nicht erst sehen, doch spätestens am Sonntag würden sie mit ihren Ehemännern und Kindern zum Mittagessen bei Olcia kommen und dann den Franzosen wenigstens begrüßen müssen. Das Schusterkind war wütend, dass Opa Franzose bei seinen jüngeren Töchtern nicht willkommen war, letztendlich auch nicht bei Stasia, die ihn nur für eine Nacht hatte beherbergen wollen. Es war ihm schleierhaft, wie der Franzose in diesen vom Weihrauch der Heiligen Messe durchdrungenen Räumen, der schon seit einer Ewigkeit an Oma Olcias Kleidern haftete, schlafen sollte.

Nach der Schachpartie und der Besprechung im Hinterhof des Frisiersalons besuchte Bartek zusammen mit seinem Opa Franzose Herrn Lupicki auf einen Schluck schwarzen Tee. Sie hatten ein Taxi bestellt und den Buckligen Norbert und Monte Cassino in die Schusterwerkstatt zurückgefahren, in der auch Monte Cassino übernachten wollte. Seit die Miliz den deutschen Spion aus Amerika gefasst hätte, wäre seine Hilde geradezu unausstehlich geworden, meinte er, sie hätte ihm wieder damit gedroht, in den Fluss zu springen, in die Luna – meistens sagte sie: »Ich gehe in den Fluss!

Dann wirst du endlich deine Ruhe haben! Und deine Polen auch!« Sie übersetzte aus dem Deutschen am liebsten für Touristen, aber wenn sie von der Miliz oder Armee einen Auftrag bekam, wurde sie nervös und ängstlich. Sie fürchtete, man würde sie ins Gefängnis stecken und wegen ihrer deutschen, nein, ostpreußischen Vergangenheit verurteilen. »Du bist eine dumme Pute!«, beschimpfte sie Monte Cassino. Sorgen wie Hilde hatte Oma Olcia nicht. In ihrer Wohnung – zwei bescheiden möblierte Zimmer – gab es zwar keine Zentralheizung, doch dafür lebte sie in der Kopernikusstraße allein. Ihre Kinder waren schon vor langer Zeit ausgezogen, und sie überfielen ihre Mutter vor allem an Sonntagen, meist zum Mittagessen. Wie Heuschrecken leerten sie dann Olcias Kühlschrank und ihr Portemonnaie.

Oma Olcia bereitete das Abendbrot zu, während Bartek in den Keller gehen und einen Eimer Steinkohle holen musste – er bat den Franzosen, er möge ihn begleiten wie in den früheren Jahren, als Bartek ein kleiner Junge war. Der Keller des uralten zweistöckigen Hauses in der Kopernikusstraße verfügte über eine marode elektrische Beleuchtung, die oft nicht funktionierte – eine Schachtel Streichhölzer oder ein Feuerzeug zum Anzünden der Kerze musste man immer dabei haben. Und es herrschte dort im Untergrund der Kopernikusstraße eine andere Dunkelheit – eine andere Dimension und Zeit – als auf den Winterstraßen von Dolina Róż. Die Decken waren niedrig, als würden in diesem Keller Zwerge arbeiten, und die hier und da von Balken gestützten Mauern bröckelten; durch ihr hohes Alter eigneten sie sich ausgezeichnet für die Aufnahme von Feuchtigkeit, die nun aus den Wasseradern der Erde und der städtischen Kanalisation kam. Schwarze Spinnennetze hingen an den Decken, und der steinerne Fußboden war von der Steinkohle ebenfalls schwarz geworden. In jedem Keller, auch bei Oma Olcias Nachbarn, türmten sich die Steinkohlevorräte und die Holzscheite für den Kohleherd und Kachelofen deckenhoch. In dieser Straße wohnte man wie auf einem Pulverfass – ein Moment der Unaufmerksamkeit im Umgang mit den Streichhölzern und die Unberechenbarkeit der brüchigen elektrischen Leitungen konnten über das Schicksal unschuldiger Menschen schnell und brutal entscheiden. Aber das Schrecklichste war der Geruch: Der Gestank von Sauerkraut, Salzdillgurken und Benzin, aufbewahrt in Armeekanistern, und die Feuchtigkeit, abgesondert von den mittelalterlichen Mauern, vermischten sich zu einem beißenden Geruch des Todes. Und wenn man in diesen Abyssus hinunterstieg, um in Eile den Eimer mit Steinkohle zu füllen, betrat man automatisch das Reich der Toten – diesen Eindruck hatte Bartek, musste er einmal wieder seiner Oma Olcia einen Gefallen tun und ein Weckglas mit Kompott aus dem Keller holen. Furchterregender war es nur noch in den Kellerräumen der ehemaligen Wehrmachtskaserne, deren unterirdisches Labyrinth für Normalsterbliche ein Tabu war. Manche Lehrer und auch Schüler aus den höheren Semestern versuchten, die Erstklässler des Mechanischen Technikums zu veralbern, und sagten ihnen voller Ernst, in diesen Katakomben würden sich Wehrmachtssoldaten verstecken und noch immer auf das Ende des Krieges warten. In Wahrheit hielten sie selbst diese alberne Geschichte für gar nicht so abwegig: Immerhin bewohnten sie eine Stadt, die sie nicht gebaut hatten; sie hatten einen verlassenen Ort neu besiedelt, und das war so, als wollte jemand Machu Picchu zum neuen Leben erwecken, fand das Schusterkind, das gerne Bücher über untergegangene Zivilisationen las.

Opa Franzose leuchtete seinem Enkel mit der Kerze, bat ihn, sich zu beeilen, sagte, er habe nichts gegen wilde Tiere, nur Hunde, Katzen, Spinnen und vor allem Mäuse und Ratten könne er nicht ausstehen, solche Geschöpfe der Natur also, die dem Menschen zu Hause Gesellschaft leisteten. Ihre Abhängigkeit vom Homo sapiens irritiere ihn. Er sagte, er habe sich sein Leben lang darum bemüht, unabhängig zu sein. Ja, das stimmt, aber auf Kosten deiner Familie und Freunde, warf ihm das Schusterkind in Gedanken vor, während es die Kohlebrocken mit bloßen Händen in den metallenen Eimer beförderte. Als Bartek mit der Arbeit fertig war, schloss der Franzose die Kellertür von Oma Olcias Orkus ab und sagte wie aus heiterem Himmel: »Du sollst dich von diesem Teufel Marcin fernhalten ...«

»Du kennst ihn gar nicht ...«, antwortete das Schusterkind.

»Ich habe euch heute beim Zigarettenrauchen im Hinterhof des Frisiersalons von Herrn Tschossnek beobachtet. Und Tschossnek, diese Plaudertasche, hat mich aufgeklärt, was deinen Kumpel Marcin angeht. Sein Vater ist brandgefährlich, und seinen Sohn benutzt er als Informanten, denn Marcin erzählt ihm alles. Verstehst du jetzt, was ich meine?«

»Sein Vater ist doch kein Spitzel. Er ist ein langweiliger und staatstreuer Schulinspektor. Und man sieht ihn oft im Auftrag der Partei durch die Gegend fahren. Der kann mich am Arsch lecken, Opa!«

»Dann frag Marcin, wenn du ihn das nächste Mal triffst, was denn sein Vater so jeden Tag treibt.«

Sie gingen zurück zu Oma Olcia, die das Abendbrot zubereitet hatte. Der Franzose aß zwei Scheiben Brot mit von seiner Frau persönlich gepökeltem Schweinefilet und trank dazu nicht einmal ein Gläschen Wodka; er mochte den Alkohol nicht – Olcias Lebensweisheit, dass die Männer entweder dem Wodka huldigten oder den Frauen nachjagten, schien sich in seinem Fall zu bestätigen. Der Franzose liebte die Frauen, und der Wodka war ihm egal.

In Olcias Wohnung gab es für einen Gast nur zwei Möglichkeiten zum Überleben: Man gewöhnte sich rasch an die im Badezimmer und in der Küche herrschende Kälte, oder man hielt sich vor allem im Wohnzimmer auf, in dem Olcia den Kachelofen mit Steinkohle zwar nur sparsam fütterte, doch immerhin war dort die Wärme sofort zu spüren, wenn man die Küche verlassen hatte. Zwei kleine Zimmer, die aufgeräumt waren wie in einem Hotel, die großzügige saubere Küche mit einer Vitrine und mit Schränken aus den Fünfzigern, das Bad mit der Toilette und den riesigen Plastikfässern, die voller Salzdillgurken und Sauerkraut waren, reichten der eifrigen Kirchengängerin völlig. Dass hier, in diesen bescheidenen Räumen, an deren Wänden billige Bilderreproduktionen von Jesus und Maria, von Engeln und Heiligen hingen, Olcias Töchter einmal zusammen mit ihren Ehemännern und Kindern gewohnt hatten, und zwar über ganze drei Jahre, konnte sich Bartek beim besten Willen nicht mehr vorstellen – dafür war seine Phantasie nun doch nicht groß genug. Er war in jenen Anfangsjahren der drei jungen Familien, als die schwarzhaarigen Töchter frisch verheiratet waren, jede Münze zweimal umdrehten und bei ihrer Mutter auf die Zuteilung einer Wohnung in einer der neuen Plattenbausiedlungen warteten, das beliebteste Kleinkind gewesen. Hania und Agata hatten Bartek wie ihren eigenen Sohn geliebt und ihn als Kleinkind oft betreuen müssen; ihre Schwester war schon damals, als Bartek noch im Kindergarten war, mehr mit ihren Schulprojekten beschäftigt gewesen als mit der eigenen Familie. Und in den beiden Zimmern in der Kopernikusstraße wurden eines Tages Etagenbetten aus der Gelben Kaserne aufgestellt – Onkel Fähnrich hatte sie besorgt. Es hatte auch regelmäßige Händel und Raufereien zwischen den drei blonden Schwagern gegeben, die ihre Frauen der Untreue verdächtigten, auf eine Geliebte nicht verzichten konnten und einer Liebesaffäre nie abgeneigt waren. Wenn sie Mariola trafen, wie eben im Frisiersalon von Herrn Tschossnek oder in der Schusterwerkstatt, stierten sie ihren verführerischen Körper an, ihre brünstigen Augen zogen die Tochter von Herrn Lupicki aus und entführten sie in die Totenkammer, in der man sich unbeobachtet und sicher fühlte.

Das Badezimmer diente Oma Olcia immer noch als ihr privates Schlachthaus – hier schnitt sie den auf dem Wochenmarkt gekauften Gänsen und Hühnern die Köpfe bei lebendigem Leibe ab und ließ das Blut in eine Schüssel abtropfen. Sie rupfte den Tieren die Federn aus und tauchte sie kurz ins heiße Wasser. Sie sang dabei ihre Kirchenlieder, betete manchmal sogar, und jedes Mal brachte sie ihrem Gott auch ein Opfer: Die Federn, die abgeschnittenen Köpfe und die unbrauchbaren Innereien vergrub sie in ihrem kleinen Gemüsegarten im Hinterhof der Kopernikusstraße.

Nach dem Abendbrot kam die Zeit der Gebete, für die sich Olcia in ihr Schlafzimmer zurückzog. Mit ihrem Mann hatte sie nur wenige Sätze gewechselt, und Bartek staunte, dass sie beide jedweden Streit vermieden. Innerlich kochten sie, ihre von den zahlreich ausgetauschten Höflichkeiten und dem gegenseitigen Respekt schwer gewordenen Zungen waren nämlich scharf und konnten es kaum abwarten, endlich frei zu sein und aufeinander losgelassen zu werden.

»Warum bist du von uns so oft weggegangen?«, fragte Bartek den Franzosen, als sie sich vor den Fernseher setzten, um Nachrichten und den Wetterbericht zu schauen – Olcia würde sie, nachdem sie nach dem Abendbrot gebetet hatte, abfragen, der Wetterbericht für den nächsten Tag war ihr genauso heilig wie das Abendgebet.

»Das wirst du noch nicht verstehen, aber ich gebe dir dennoch eine Antwort: Ich hätte es nicht ertragen, jeden Tag dabei zusehen zu müssen, wie sich meine Töchter und meine Frau langsam, doch Schritt für Schritt, dem Tod nähern würden. Ihre Sterblichkeit hat mich von ihnen abgestoßen. Und ich habe auch nie akzeptieren wollen, warum ich ständig loyal sein musste: nicht nur meiner Familie und meinem Staat gegenüber, sondern auch mir selbst. Wenn man so will, bin ich ein verdammter Moralist. Das Angebot, das uns die Welt – beziehungsweise das Universum – macht, wird von den meisten Menschen angenommen, ich aber habe es stets abgelehnt. Des Weiteren: Unsere Argumente für oder gegen das Weiterleben nach dem Tod sind so dürftig, dass mir nichts anderes übrig blieb, als zu fliehen … Ich will nicht, dass man über mich richtet – weder auf Erden noch im Jenseits! Mit anderen Worten: Ich bin vor mir selbst abgehauen – um mich selbst zu vergessen …«

»Du unterschätzt mich – weil ich erst fünfzehn bin! Genau aus den Gründen, die du beschrieben hast, will auch ich aus dem Lunatal fliehen: am liebsten zusammen mit dir! Ich habe bloß eine Frage: Was heißt ›Unde malum‹?«

Der Franzose runzelte die Augenbrauen, die sich für einige Sekunden nachdenklich zusammenzogen. Man sah ihm an, dass er wütend und gleichzeitig traurig war: »Was lernt ihr eigentlich in der Schule?«

»Du weißt es selbst nicht, was diese Wörter bedeuten«, freute sich das Schusterkind über seinen Sieg.

Sie hatten die Fernsehnachrichten verpasst und mussten ihr Gespräch abbrechen: Oma Olcia kam vom Beten zurück und schimpfte sogleich: »Wenn man ohne Gebete schlafen geht, und das Abend für Abend, wird man krank: an Leib und Seele.«

Olcia stellte den Fernseher lauter, setzte sich auf das Sofa und verschränkte wie üblich die Arme – das tat sie immer dann, wenn sie einmal nicht Socken von ihren Enkeln zu stopfen hatte. Sie konnte keine zwei Minuten lang untätig sitzen bleiben, und Bartek war gespannt, wann ihre bösartige Zunge den Mann, der sie so viele Male allein gelassen hatte, endlich angreifen würde. Sie alle in Dolina Róż hatten bösartige Zungen und Ohren, die nur Böses und Schadenfrohes hören wollten, sodass sich Bartek manchmal fragte, ob auch er schon so verdorben und bösartig war wie all die anderen. Schließlich war er aus ihrem Blut entstanden, in diesem ewigen Winter von Dolina Róż, im violetten Krankenhaus war er auf die Welt gekommen, mit der Erbsünde im Gepäck, zum Tode verurteilt, dem Jüngsten Gericht ausgeliefert, ohne Chance auf Besserung bei der nächsten Reinkarnation. Nein, er musste genauso gebaut und misstrauisch sein wie sie. Aber ich bin es nicht, ich bin anders, protestierte er.

Olcia jedoch war still. Stattdessen hörte man den Franzosen Worte sagen, die sich zwar an seine Frau richteten, doch er sprach sie mit einem flüchtenden, das Gegenüber scheuenden Blick, als hielte er vor einem großen Publikum eine Rede: »Am meisten schmerzt es mich, dass du mich nie gesucht hast. Du bist nicht einmal zu einem Anwalt gegangen, um die Scheidung einzureichen …«

»Ich musste unsere Töchter ernähren, ankleiden und ihre Hausaufgaben kontrollieren – ich hatte keine Zeit zum Bücherlesen oder fürs Kino, schon gar nicht dafür, nach deinem Versteck zu suchen. Und den Ort, an dem du dich verkrochen hast, möchte ich gar nicht erst wissen.«

Für einen kurzen Moment verbarg der Franzose sein Gesicht in den Händen und meinte: »Ich habe gesündigt, ja, willst du mir die ganze Zeit durch die Blume sagen, Olcia, und ich gebe dir Recht. Nun, mir steht das Wasser wirklich bis zum Hals, und ich kann kaum noch atmen.« Er machte eine kurze Verschnaufpause, dann fuhr er fort: »Ich muss dir gestehen, dass ich mit einer anderen Frau eine Tochter habe …«

Bartek kam aus dem Staunen nicht heraus – wie kann einer bloß so mutig sein und seiner Frau ohne Umschweife sagen, wo ihn der Schuh drückt?

Olcia stand auf und stellte sich direkt vor ihren Mann, der sich im Sessel versteckte. Sie beugte sich vor, offensichtlich hatte sie dem Franzosen etwas Wichtiges zu sagen – sie sprach leise auf ihn ein, flüsterte ihm etwas ins Ohr, wobei ihre Nase im rechten Ohr ihres Mannes verschwand. Bartek kannte dieses eindringliche Sprechen von Olcia: Sie kroch in das Ohr ihres Gegenübers hinein und sprach und sprach, wie wohl einst Johannes der Täufer zu seinem Volk gesprochen haben musste und wie es der Fabrikdirektor Szutkowski immer noch tat, wenn er vor seiner Belegschaft auftrat und eine Fünfjahresplanrede hielt: »Möge Gott deine Tochter beschützen«, sprach Olcia von Sekunde zu Sekunde lauter, sodass Bartek alles verstehen konnte. »Wag es aber nicht, sie mir vor die Augen zu bringen! Ich würde sie sonst noch erschlagen, wie ich es mit meinen Gänsen und Hühnern vom Wochenmarkt tue!«

Das Schusterkind hatte von den Streitereien seiner Nächsten die Nase gestrichen voll, und um die Großeltern abzulenken und wieder zur Vernunft zu bringen, holte es aus der Küche seinen Rucksack und daraus die Kassette mit seiner Lieblingsradioaufnahme: »Ummagumma«.

Marcin verbrachte fleißig viele Stunden am Radio und nahm Schallplatten auf, die in kompletter Länge gesendet wurden – dafür hatte Bartek keine Geduld, doch er war seinem Freund dankbar für diesen Radiodienst. Dank Marcins Hilfe hatte er entdeckt, wie sehr er die wilden Kopfjägertänze zu der Musik von »Ummagumma« liebte. Sie waren heilsam, und sie würden auch seine Großeltern vor dem Groll, den sie in ihren müden Herzen gegeneinander hegten, bewahren – da war er sich sicher.

»Bevor ihr einander umbringt«, sagte das Schusterkind, »werde ich euch meinen Lieblingstanz vorführen – leider habe ich keinen Lippenstift dabei, und den von dir, Olcia, mag ich erst gar nicht ausprobieren, ich will auch nicht heimlich in deinen Kosmetika herumwühlen … Wenn ich mich jedoch geschminkt habe, sehe ich beim Tanzen glaubwürdiger – erwachsener – aus. Deswegen will ich euch jetzt meinen einzigartigen psychedelischen Meistertanz vorführen – meine Eltern, vor allem Krzysiek, würden mich nämlich für diesen Exhibitionismus am liebsten in ein Jugendheim stecken, und das wäre mein Tod! Glaubt mir! Meine Mutter wirft mir vor, dass ich hysterisch und exaltiert bin.«

Der Franzose und Olcia waren sprachlos. Sie nahmen auf dem Sofa Platz, klatschten auf einmal in die Hände und sagten dann, sie seien bereit, er solle ganz einfach beginnen und keine Angst haben.

Bartek legte die Kassette mit »Ummagumma« ein. Olcia hatte von Krzysiek zu ihrem Sechzigsten einen japanischen Radiorecorder geschenkt bekommen – was jeden verwundert hatte, dass Barteks Vater zu solch einer Geste fähig gewesen war. Krzysiek konnte seiner Schwiegermutter nicht verzeihen, dass sie ihn öffentlich, meist bei Familientreffen oder in seinem Büro in der Wirkwarenfabrik, in der sie bis zur Rente dreißig Jahre lang eine Nähmaschine bedient hatte, wie einen Fremden behandelte. Aber nachdem er zweimal für einen ganzen Monat in die BRD gereist war, als Maler auf einer Baustelle schwarz gearbeitet und Devisen nach Hause gebracht hatte, schikanierte sie ihn immer seltener. Für seine Trunksucht hatte sie allerdings nach wie vor kein Verständnis, ja, sie gehörte einer riesigen Frauenarmee an, die nur einen Feind hatte: den Alkohol. Diese weibliche Armee hatte ihr Herz an die Heilige Jungfrau verkauft und ihre Libido den Pfarrern geopfert, und sie betrachtete die Männer nur als ein notwendiges Übel. Doch wie auch immer: Für die im Westen verdienten Devisen konnte Barteks Vater immerhin Schulden bei der Bank und bei Freunden zurückzahlen und die Wohnung mit neuesten Möbeln aus sozialistischer Produktion ausstatten.

Das Schusterkind zog sich bis auf die Unterhose aus, was von seinen Großeltern nicht einmal mit einem Lächeln kommentiert wurde, nein, der Franzose und seine Frau sanken immer tiefer ins Sofa, und der von Olcia lauter gedrehte Fernseher wurde seltsamerweise leiser, und zwar genau in dem Moment, als Bartek auf die Playtaste des Radiorecorders drückte: Er hatte vor seinem Auftritt Lampenfieber, jedes unnötige Geräusch störte ihn, in seinen Ohren hörte er schon die wilden Klänge aus Neuguinea.

Das Stück »Astronomy Domine« begann zaghaft und leise, um schon bald den astronomischen Himmel in Barteks Kopf zum Bersten zu bringen.

Im Kulturhaus von Dolina Róż hatte Bartek zusammen mit Anton und Marcin einige Rockkonzerte gesehen, doch sie gefielen ihm immer nur dann, wenn er ganz nah an der Bühne stehen konnte – in diesen ersten Reihen musste man sich seinen Platz zum Tanzen erkämpfen: zum Tanzen und Schreien. Aber hier in der Wohnung von Oma Olcia waren die Bedingungen exzellent, er war allein, und niemand konnte ihm verbieten, zu Beginn des Tanzes seine Lieblingsfiguren vorzustellen: den gekreuzigten Mann und den Embryo. Er legte sich auf dem Fußboden auf den Bauch, dann streckte er seine Arme aus, zog die Beine zusammen und sagte: »Ich bin das Schusterkind! Und ich muss auch mein Kreuz tragen. Jeder muss sein Kreuz tragen!« Und da seine Großeltern schwiegen – er schaute nicht einmal in ihre Gesichter –, wechselte er die Position und zeigte dem Franzosen und seiner Olcia den Embryo: Seine Knie berührten das Kinn, seine Arme waren verschränkt, die Handflächen ruhten auf dem Rücken, und seine Augen waren geschlossen – schmerzhaft zusammengekniffen. Dann sprang er auf und ließ seine jetzt senkrecht nach oben ausgestreckten Arme und den Kopf kreisen. Er begann, in der von ihm erfundenen, dem Englischen nachempfundenen Sprache zu singen: »If ju schol mi ju ar sing maj dwil toln end pis maj tschus ewri sin den baj o je kut mi du wi sen maj o je ken di wow si ba o je ba ma duuu …«

Bartek schloss nochmals die Augen, sang weiter, da ihm immer wieder neue phantastische Wörter einfielen, und seine Arme bewegten sich so wild und schnell, dass er das Gefühl hatte, sie müssten sich jederzeit selbstständig machen und davonfliegen – er hatte sie nicht mehr unter Kontrolle.

Barteks psychedelischer Song:
»Der geborstene Himmel in meinem Kopf«

Lajp li grin li ssotschia min defti ssan
Ewri maj di dastinaschon su
Bek tu ssotscha lu if ju get de mun
Lajk e stronger bonger fonger mu
Faron so maj etki pletki wu
Aj em de bower troger gu

Aj dink sink sseja ssa
Plike plike paw
Edga wi we sse

Lajm fin mi
Ssind min grin ssan
Ran aj ssi woter on gran.

Sobald das erste Musikstück auf der Kassette zu Ende war, verneigte sich Bartek vor seinem Publikum und sank erschöpft auf die Knie: In dieser Haltung verharrte er nicht lange, er war lediglich froh, dass er endlich aufatmen und ein wenig entspannen konnte. Er hatte gedacht, der erste Song würde wesentlich kürzer sein, aber während des Tanzens wollte das Lied ganz einfach nicht enden. Er sammelte seine Kleider ein und zog sich in Eile an, weil er fürchtete, dass ihn seine Großeltern auslachen und womöglich sogar einen Rettungswagen des Johanniter-Krankenhauses anrufen würden – aus Sorge um den seelischen Zustand ihres Enkels. Er sah schon im Geiste die Sanitäter in weißen Kitteln, wie sie die Treppe zu Olcias Wohnung hochliefen, mit den Fäusten gegen die Tür ballerten, ihn anschrien und aus der Wohnung zerrten, dann trotz seines hartnäckigen Widerstandes den langen Weg zum Rettungswagen schleiften …

Seine Befürchtungen entpuppten sich rasch als falsch, denn der Franzose und Oma Olcia waren begeistert. Der erste Gedanke, der ihm vor dem psychedelischen Tanz in den Kopf gekommen war, nämlich dass er sich vor den Großeltern wegen seiner Kopfjägertänze aus Neuguinea nicht zu schämen brauchte, war richtig gewesen: Nach zwei, drei Lobeshymnen und nachdem er sich vollständig angezogen hatte, umarmten sie ihren Enkel. Die Umarmungen interpretierte das Schusterkind als Ausdruck der Anerkennung für seine künstlerische Vorführung. Er dachte: Siehst du, Krzysiek, so dumm und krank, wie du es darstellst, bin ich nun doch nicht!

»Wo hast du das Tanzen gelernt, in der Schule oder im Kulturhaus?«, fragte ihn der Franzose.

»Ich hab's mir selbst beigebracht!«

»Unfassbar! Mein Sohn!«, sagte Olcia voller Freude. »Deine Musik mag ich auch – obwohl ich kein Wort Englisch verstehe!«

Opa Franzose guckte grinsend Bartek an, da ihm scheinbar klar geworden war, dass sein Enkel ein begabter Imitator und Clown war: »Mit so einem Talent geht man zum Theater«, meinte er.

Olcia machte es sich auf dem Sofa bequem. Sie legte die Beine hoch, sodass man im Schritt ihre weiße Unterhose sehen konnte. Der Bluthochdruck, der sie mit Kopfschmerzen und Schweißausbrüchen quälte, war auch dafür zuständig, dass sie unter extremen Hitzeattacken litt. Zu Hause, sobald sie von der Kirche oder den

Einkäufen auf dem Wochenmarkt zurückgekommen war, zog Olcia sich sofort um: Ihre Kostüme hängte sie in den Kleiderschrank – zu Hause trug sie alte, an den Nähten hier und da geflickte Sommerkleider, egal, wie kalt es draußen sein mochte; in geschlossenen Räumen war es ihr immer zu warm.

»Was glotzt ihr mich so an?!«, erboste sie sich. »Habt ihr noch nie schöne Frauenbeine gesehen?«

Sie hatte Krampfadern, war pummelig-klein, krummbeinig und musste auf gesunde Ernährung achten; das Essen aus der Großküche von Bergen-Belsen war ihr nicht bekommen – seit ihrem Aufenthalt in dem niedersächsischen KZ hatte sie einen empfindlichen Magen und ab und zu Verdauungsprobleme, ihre Magenflora, erzählte sie immer wieder, sei von den Nazis beschädigt worden – dafür verlange sie nicht einmal eine Entschädigung. Ihre strengen Fastenkuren zu allen katholischen Festen waren im ganzen Städtchen berüchtigt, ihre Freundinnen und Töchter fürchteten, dass Olcia sich noch zu Tode hungerte.

Bartek war über Olcias Wutausbruch verblüfft. Wie kommt sie auf die Idee, fragte er sich, ich würde sie und andere Frauen wie ein Spanner heimlich beobachten? Okay, andere Frauen, vor allen Dingen wenn sie jung sind, gefallen mir schon. Aber du, Olcia, du bist die Mutter meiner Mutter! Du hast in deinem ganzen Leben wahrscheinlich nur dreimal Sex gehabt, wobei du nach jedem Geschlechtsverkehr mit dieser französischen Briefmarke schwanger geworden bist! Du wagst es dennoch, mich zu verdächtigen, es würde mich erregen, wenn ich dein nacktes Fleisch zu sehen kriege? Ich liebe doch nur meine Meryl, und sie ist jung und hübsch, wie Mariola und deine Töchter ... Nein, ich bin *Judasz*, das Guckloch in der Tür, ich liebe es, euch nachzustellen und zu beobachten, als wäret ihr Tiere in der Wildnis ... Olcia hat mich erkannt, ja!, sie weiß nun über mich Bescheid, dachte das Schusterkind.

Bartek würde es nie vergessen, wie er einmal nach einer deftigen Tracht Prügel von seinem Vater, der ihn eines Gelddiebstahls beschuldigt hatte, zu Tante Agata und Onkel Versicherung geflohen war. Sie waren zwar nicht zu Hause, er besaß aber einen Schlüssel zu ihrer Wohnung, da er dort öfters übernachtete, jedoch nur dann, wenn Onkel Versicherung als Hochzeitsklezmer verreist war. Aus Langeweile und Wut auf den Vater schminkte und verkleidete sich Bartek als eine Filmdiva. Er zog Tante Agatas schönstes Abendkleid an, das ihm sogar passte, obwohl er damals erst dreizehn war. Plötzlich aber hörte er, dass jemand die durch drei Schlösser gesicherte Wohnungstür öffnete, und er bekam Angst, dass sein Vater ihn entdecken könnte. Er versteckte sich im Wohnzimmer, und zwar in einer Ecke, in der Onkel Versicherung das Schlagzeug und die elektronische Orgel Vermona (das DDR-Produkt war sein ganzer Stolz!) aufgestellt hatte. Hier übte er für seine Klezmerauftritte auf den Hochzeitsfesten. Das Schusterkind hockte in Embryostellung hinter einem Sofa – geduckt, mit eingezogenen Beinen und dem Kinn auf dem Teppich – und stellte bald erleichtert fest, dass es sich mit seiner Vermutung geirrt hatte. Tante Agata und ihr Mann waren nach Hause zurückgekommen, allerdings ohne ihre beiden kleinen Söhne. Doch als Bartek gerade sein Versteck verlassen wollte, hörte er ein lautes wonniges Schmatzen und Jauchzen, Geräusche, die ihm bekannt waren. Das junge Ehepaar liebte sich auf dem Teppich; ohne viel Worte zu verlieren, war es gleich zur Sache gekommen, und Bartek sah zum ersten Mal in seinem Leben etwas, was es nicht einmal im Kino *Zryw* zu sehen gab, obwohl er das Filmprogramm seit Jahren verfolgte und insbesondere die Empfehlungen von Marcin beachtete. Er sah, wie der Lippenstift von Tante Agata in Onkel Versicherung eindrang und ihn um seinen Verstand brachte.

Seit dieser zufälligen Begegnung mit dem Unbekannten und Unfassbaren auf dem Teppich bei Tante Agata war das Schusterkind auf den Geschmack gekommen – in der Tat –, und es suchte sich oft ein Versteck, von dem aus es heimlich irgendwelche Liebespaare beobachten konnte: im Sommer die unverheirateten Ausflügler im Stadtwald, im Winter seine Tanten und die blonden Schwager; einmal war ihm sogar ein Supercoup gelungen – es hatte

Mariola mit einem Fremden in der Totenkammer der Schusterwerkstatt erwischt.

Leider musste Bartek sein Versteck aufgeben – seine Blase drückte. Leider tauchte er ausgerechnet im intimsten Augenblick des Liebesaktes hinterm Sofa auf, als Onkel Versicherung, der ganz klein geworden war, mit piepsiger Stimme seiner Frau davon zu erzählen begann, dass er wieder den Großen Bären sehen könne, am helllichten Tage – ja, er sei der Große Bär, der beste Schlagzeuger und Orgelspieler und Versicherungsvertreter am Himmel von Dolina Róż.

Den Großen Bären und sein Piepsen würde Bartek auch nie vergessen.

»Du Schwein!«, schrie Onkel Versicherung das Schusterkind an, während er seine Hose hochzog. »Du verdorbenes Miststück – ich bringe dich um! Dieser Bengel ist krank – Krzysiek hat Recht!«

Bartek hatte aber viele Leben, und so geschah es, dass er auch die Prügel von Onkel Versicherung unbeschadet überstand, und er musste wieder einmal das Weite suchen.

Das Dasein eines Voyeurs führte Bartek bis heute, und Meryl hatte ihn wegen seiner Leidenschaft nie getadelt. Sie verließ ihn später, aber aus ganz anderen Gründen.

Oma Olcia ging immer früh schlafen, meistens kurz nach zehn, nach dem Ende des Fernsehfilms, so auch an diesem Abend, und nichts konnte sie von ihrem Ritual abhalten, nicht einmal die Tatsache, dass ihr verschollener Mann nach Hause zurückgekehrt war.

»Wirst du nicht zu ihr ins Bett kriechen? Hast du keine Sehnsucht nach deinem eigenen Fleisch?«, fragte er Opa Franzose, als sie beide auf dem zum Schlafen hergerichteten Sofa lagen, mit offenen Augen und unterm Kopf verschränkten Armen. Ihre Blicke bahnten sich in der Dunkelheit den Weg zum Fenster hin: Vor ihm hingen Olcias Gardinen, und das Fenster spendete ausreichend Helligkeit, damit sie in der Nacht die Umrisse ihrer Schlafstätte und Gesichter und sogar den bewölkten Himmel sehen konnten. Von der Straße her gelangte zu ihnen nach oben in die Wohnung von Olcia das violette Licht der Fernsehmonitore und der Operationssäle des Johanniter-Krankenhauses. In den Plattenbausiedlungen, die in erster Linie von Arbeitern, Angestellten und Beamten bewohnt wurden, hatte die Regierung das Sagen; es war ihr Herrschaftsgebiet, und dennoch war sie machtlos gegen die Ausstrahlung der katholischen Priesterkleider und gegen die Todeslichter der Operationssäle. Bartek hatte vor den Technokraten der Regierung, die jeden Bürger überwachen wollten, keine Angst. Früher oder später würden auch die Machthaber und ihre Diener vom violetten Licht des Todes verschluckt werden, und das freute Bartek. Ihre Überwachungstechnik war primitiv, fand das Schusterkind, das auch der Meinung war, dass es der Regierung nie gelingen würde, ein Paradies auf Erden zu schaffen und dem Menschen das ewige Leben zu garantieren. Ihre Versprechungen waren Lügen, da hatte Anton Recht. Sie brauchte bloß Sklaven – für ihre Fabriken, Kasernen, Ämter und Götzen.

»Warum gehst du nicht zu Olcia?«, fragte das Schusterkind.

»Vielleicht später. Jetzt will ich dir erklären, was ›Unde malum‹ heißt, doch dafür muss ich weit ausholen, obwohl ich keine Kraft mehr für lange Ausführungen habe. Tschossneks Frau ist ein Torpedo, sie hat mir heute Vormittag meine Haut komplett abgezogen und wieder überstülpt – so fühle ich mich –, und ich bin auch nicht mehr der Jüngste! Du magst mir also verzeihen, wenn ich mal den Faden verliere …«

»Das Lied von der Perle«

»Mein Vater war kein Tyrann, und dennoch musste ich mich als Jüngling oft vor ihm in Acht nehmen. Er war ein ungeduldiger, leicht reizbarer Mensch, der seinen Beruf nicht allzu sehr mochte und der außerdem einen Hang zum Größenwahn hatte. Als Gelehrter und Postdirektor war er zwar eine angesehene Persönlichkeit in unserem westukrainischen Nest, aber im Grunde genommen wäre er am liebsten ein russisch-orthodoxer Mönch und Einsiedler geworden, ein *Starez* also seltsamerweise, denn er war katholisch, richtig katholisch, sprich: Er hatte in Polen eine Geliebte und reiste viel durch die Lande. Er verprügelte mich stattlich, wenn ich meine Hausaufgaben nicht ordentlich gemacht hatte – die heutigen Gymnasien kann man mit denen, die es zwischen den beiden Weltkriegen gegeben hat, gar nicht vergleichen. Die strenge Disziplin brachte hervorragende Früchte, auch bei solchen Faulpelzen und Anarchisten wie mir. Ohne gute Lateinkenntnisse hattest du zumindest keine Chance gehabt, unsere Schule mit einem Reifezeugnis zu verlassen. Mein Vater unterrichtete mich jedenfalls zusätzlich in Philosophie, Politik und Theologie und hoffte, dass ich eines fernen Tages seinen Traum, den er für mich träumte, erfüllen würde: Professor an einer berühmten Universität zu sein. Und eine Sache war äußerst erstaunlich: Er sprach dauernd davon, ich solle viel reisen und gar nicht erst damit anfangen, nach einem Zuhause und nach Familienglück zu suchen. Er schickte mich auf Reisen, und so lernte ich unsere Verwandten und Freunde auf dem Lande und in polnischen Großstädten kennen. Eine Geschichte, die ›Das Lied von der Perle‹ heißt, habe ich mir aus seinem Munde einige Male angehört, und diese will ich dir nun erzählen. Da war also ein Kind, das in einem wohlhabenden Haus seines königlichen Vaters im Osten glücklich aufwuchs und keine Sehnsucht nach fremden Ländern hatte. Seine Eltern waren aber nicht nur reich, sondern auch klug. Sie beschlossen, ihr einziges Kind mit einem schwierigen Auftrag zu betrauen und auf eine Abenteuerreise zu schicken: Es sollte ihnen aus Ägypten eine Perle stehlen und mitbringen, die von einer Schlange bewacht wurde. Nichts leichter als das, dachte sich der Junge und nahm die Herausforderung leichten Herzens an. Da er ein prachtvolles Kleid trug und der Reiseweg voller Gefahren war, wurde er von zwei ergebenen Dienern seiner Eltern bis an die Grenze ihres östlichen Königreichs begleitet. Von dort aus musste der Junge allein weiterreisen, und er passierte die Grenze von Maišân, dann durchquerte er das Land der Babylonier und gelangte später in die Stadt Sarbûg, bevor er ins Nildelta aufbrach. Angekommen in Ägypten, machte er sich sogleich daran, seinen Auftrag zu erfüllen. Um nicht als Fremder erkannt zu werden, legte er sich die Kleider der Einheimischen zu, obwohl sie ihm nicht gefielen: Sie waren aus einem groben, unangenehm riechenden Stoff geschneidert. Leider half seine Verkleidung herzlich wenig, jeder wusste sofort, dass er ein Ausländer war. Und während er in einer Gaststätte darauf wartete, dass die Schlange einschlief, damit er ihr die kostbare Perle stehlen konnte, entdeckte er in der feiernden Menschenmenge einen hübschen und in teure Stoffe gekleideten Jüngling, der durch seine Anmut hervorstach. Er konnte sich ihm anvertrauen, und der junge Mann warnte ihn vor den Ägyptern, sie seien böse und hinterlistig. Plötzlich bot man dem Fremden aus dem Osten Speise und Trank an, was er nach kurzem Überlegen dankbar annahm. Aber die schwere Speise und den unreinen Trank war der Junge nicht gewohnt, und so geschah es, dass er seinen Auftrag vergaß und in einen trüben Traum fiel. In diesem Zustand des Vergessens und der Schwere lebte er viele Jahre, und er wusste nicht einmal mehr, dass er ein Sohn eines mächtigen Königs aus dem Osten war. Seine Eltern waren sehr betrübt, als sie von den traurigen Geschehnissen in Ägypten hörten. Ihre königliche Liebe erlaubte ihnen nicht, ihr Kind seinem schrecklichen Schicksal zu überlassen. Sie schrieben ihm einen versiegelten Brief, indem sie ihn zum Erwachen aus dem betrüblichen Traum aufriefen. Sie erinnerten ihn auch an seinen Auftrag, er möge ihnen endlich die kostbare Perle bringen. So geschah es auch: Der Junge aus dem Osten wurde wach, erschrak über die Täuschung, der er erlegen war, und erfüllte die Bitte seiner königlichen Eltern. Er schläferte die Schlange ein und stahl ihr die Perle. Dann schmiss er seine unreinen Kleider weg und zog wieder die Stola an, die er im Königreich seines Vaters getragen hatte und die ihm für die Rückreise geschickt worden war. Seine prächtige Stola, bestickt mit unendlich vielen Gesichtern seines Vaters, wies ihm dann den Weg nach Hause, wo er voller Freude über seinen Sieg empfangen wurde. Die Geschichte endet hier, und jetzt kannst du dir vielleicht schon denken, was ›Unde malum‹ heißen mag, oder muss ich es dir wirklich übersetzen? Es ist eine Frage, und es geht um die Herkunft des Bösen, lieber Freund. Und nun lass mich meine Augenlider schließen – ich bin hundemüde!«

Bartek hatte noch viele Fragen an seinen Opa, doch der Franzose drehte sich auf die andere Seite und fing an zu schnarchen, zunächst ganz leise, dann immer lauter, sodass sich das Schusterkind die Finger in die Ohren stecken musste. Diese Maßnahme war keine große Abhilfe, aber das Blatt wendete sich plötzlich, und zwar nicht unbedingt zum Positiven: Sein Opa wurde still, man hörte ihn nicht einmal mehr atmen. Bartek war es augenblicklich kalt ums Herz geworden. Plötzlich kam ihm der fürchterliche Gedanke, Olcias Mann habe soeben den Löffel abgegeben – einfach so, mir nichts dir nichts. Von solchen Todesfällen bei alten Menschen hatte Bartek schon gehört, deshalb war er so beunruhigt, dass er dem Franzosen einen kräftigen Ellenbogenstoß in die Rippen versetzte. Die Wirkung des Schlags ließ nicht lange auf sich warten. Opa Franzose wachte auf, schnappte nach Atem und fragte erschrocken: »Was ist denn los?«

»Entschuldigung«, sagte das Schusterkind. »Ich dachte, du seist tot …«

»Schlaf lieber, mein Junge! Wir haben in den nächsten Tagen alle Hände voll zu tun, und eine Spritzfahrt ins Jenseits steht bei mir noch nicht an!«

Kapitel 10: »Die unheimliche Begegnung der dritten Art«

Bartek stand am nächsten Morgen früh auf. Zum einen hatte er beim gestrigen Rucksackpacken seine Schulbücher und -hefte vergessen, die er nun von Zuhause holen musste, zum anderen wollte er Anton wie gewöhnlich vor dem Kino *Zryw* treffen, um ihn zu fragen, was er von Marcins Aktion »Unde malum« hielte. Seine Meinung war ihm wichtig, zumal Anton immer einen kühlen Kopf bewahrte. Und er, Bartek, würde seinem Freund sagen, dass er Marcin nicht unterstützen könne; seine Idee sei albern und nicht der Rede wert – es handle sich hier um nichts weiter als um dumme Phantasmagorien eines aufgeblasenen Möchtegern-Propheten; das würde er Anton sagen.

Die bevorstehende Verabredung auf dem Milizrevier mit Oma Hilde und dem deutschen Spion aus Amerika hatte Bartek eine schlaflose Nacht bereitet. Immer wieder musste er Entschuldigungen für sein Fehlen in der Schule fälschen, und schon mehrmals wurde er von den Lehrern bei einer Urkundenfälschung erwischt. Es nützte dem Schusterkind nichts, dass es die Handschrift seiner Mutter perfekt imitieren konnte: Die Gefahr, dass es die Versetzung in die nächste Klasse nicht schaffen würde, wuchs beständig.

Die Milizoffiziere behandelten Oma Hilde wie eine Großstadtdame, sie erwiesen ihr Respekt und waren höflich und zuvorkommend zu ihr – das mussten sie auch sein, ohne Oma Hildes Deutschkenntnisse waren sie machtlos. Die Milizoffiziere fragten sie manchmal sogar danach, ob sie ihnen nicht ein Kilo Kaffee oder eine Tafel Schokolade aus der BRD verkaufen möge, da sie wussten, dass sie zu Ostern und Weihnachten Pakete von ihren Verwandten und ehemaligen Schulfreundinnen bekam. Aber die Miliz würde Bartek bestimmt nicht eine Entschuldigung zur Vorlage bei seiner Klassenlehrerin ausstellen, und Oma Hilde würde es auch nicht tun, da sie Polnisch nicht schreiben konnte. Und nach dreißig Jahren Schwerarbeit in einer Großküche, in der sie von morgens bis abends Kartoffeln geschält und Tausende von Schweineschnitzeln geklopft, paniert und gebraten hatte, versagten ihr die Finger mittlerweile den Dienst, sodass sie nur mit Mühe ihre Unterschrift unter ein Dokument setzte. Im Polnischen hieß sie Hilda, was das einzige Wort war, das sie in dieser für sie fremden Sprache korrekt schrieb. Die verkrümmten Finger von Oma Hilde, die man normalerweise für die bösen Früchte des Rheumatismus halten müsste, erinnerten Bartek an Hakenkreuze, die Schtschurek ab und zu an die Außenwände des Parteigebäudes oder des Mechanischen Technikums malte: in Hast und Angst, weil man ja von einem Passanten bei der Miliz oder dem Schuldirektor verpfiffen werden konnte.

Trost fand Hilde bei ihrem Mann nur selten, dafür war Monte Cassino, der auf seine polnisch-galizische Herkunft und Wehrmachtsvergangenheit überhaupt nicht stolz war und dessen Schusterherz für Polen schlug, zu desillusioniert, um auf rosa Wolken zu schweben und seiner Frau die Wahrheit vorzuenthalten; er erklärte Hilde ruhig und nüchtern die Sachlage, die ihr eigentlich bekannt war: »Freu dich, dass du überhaupt ein neues Zuhause und eine Arbeit von den Polen bekommen hast, dass du nicht betteln musstest. Ihr habt den Krieg verloren, die Polen hätten dich neunzehnhundertfünfundvierzig auch steinigen können – ich weiß doch, was wir im September neununddreißig mit meinen Landsleuten angestellt haben, ich bin ja dabei gewesen …« – »Das musst du gerade sagen, du der Soldat einer geschlagenen Armee«, wiederholte Hilde Herrn Lupickis Worte. Aber Monte Cassino hatte darauf stets diese eine Antwort: »Man hat mich gezwungen mitzumarschieren – sonst hätten sie mich erschossen. Und ich hab's bis zum Schluss nicht ausgehalten – es will mir bloß keiner glauben, dass ich aus dem Lazarett abgehauen bin, zudem noch ohne Beine! Ja, auf meinen Händen bin ich davongelaufen!« – »Du lügst wie gedruckt«, empörte sich seine Frau. »Die Amerikaner haben dich befreit und gerettet!«

Opa Franzose war wach, wälzte sich aber unruhig unter seiner Bettdecke, offenbar konnte er keine bequeme Liegeposition finden. Bartek zog sich in Eile an, er wusch sich nicht einmal, er musste eigentlich längst auf der Straße sein, auf dem Weg ins Plattenbauquartier. In Olcias Schlafzimmer war es noch totenstill, vor acht würde sie nicht aufstehen. Draußen dämmerte es bereits, es war ein zäher Kampf zwischen der Sonne und der Nacht. Ein kalter milchiger Nebel hing über dem Städtchen, senkte sich tief herab, berührte fast den Straßendreck, der von der Erde nur dann verschwand, wenn frischer Schnee gefallenen war. Die Nacht hielt den Morgen noch immer in ihren Greifzangen fest. Die Sehnsucht nach der Sonne wuchs im Dezember ins Unermessliche, nicht nur bei Bartek und seinen Freunden. Selbst Herr Lupicki beklagte sich ab und zu über die schläfrige Dunkelheit, über die ewige Nacht des Winters, über den gnadenlos trunkenen Schneetanz von Dolina Róż: »Sie ist unser Untergang – diese Schneeplage, schlecht fürs Geschäft und Gemüt«, sprach er resigniert, wenn er die schmutzige, von Nikotin angefressene Gardine drei Fingerbreit zur Seite geschoben hatte, um durch das Fenster seiner Werkstatt einen Blick nach draußen zu wagen, obgleich er oft kaum etwas erkennen konnte, da es wieder schneite.

»Ich habe dir noch etwas Wichtiges mitzuteilen«, sagte der Franzose; er richtete sich auf, setzte seine Füße auf den Fußboden. Seine Zehennägel waren erschreckend weiß, wie bei einem Säufer, violette Punkte und Äderchen bedeckten seine Schienbeine. Es war der lebendige Menschentod, der da auf dem Rand des Schlafsofas saß und der zu Bartek aus der großen weiten Welt gekommen war – so empfand es das Schusterkind: Der Franzose, ein toter Mann, der bei seinen Freunden aus der Schusterwerkstatt im Laufe der Jahre mehr und mehr in Vergessenheit geraten war und dessen Name seinen eigenen Töchtern nicht einmal auf wichtigen Familienfesten über die Lippen huschen wollte, war wieder auferstanden. In ihrer Erinnerung war er unter dicken Schichten des Hasses begraben, da sie sich alle von ihm verraten fühlten. Der Einzige, der dem Heimkehrer wohlgesinnt zu sein schien, war Herr Lupicki, und Bartek hatte sich noch nicht entschieden bezüglich seiner Gefühle: Hassen oder lieben? – das war für ihn die Frage; die Schachpartie hatte für Bartek erst gerade begonnen. Sollte er eine Briefmarke dem Lippenstift seiner Mutter vorziehen? Nee, eigentlich nicht, dachte er sich.

Barteks Opa sagte, er habe nach seiner gestrigen Erzählung über die Perle und den verlorenen Sohn kurz vor dem Einschlafen noch ein paar Sätze sagen wollen, vor Müdigkeit sei er dann doch in jähen und tiefen Schlaf gefallen. Das Schusterkind meinte jedoch, es müsse sich beeilen, es habe heute so viel zu tun wie schon lange nicht mehr. Es redete wirres Zeug: »Meine Schulbücher, ich habe sie vergessen – weißt du; und Oma Hilde und der deutsche Spion aus Amerika warten auf mich – weißt du; und der Sportunterricht – der hässliche Sportunterricht, zu dem ich immer zu spät komme. Und meine Klassenkameraden – die schauen mich im Umkleideraum unserer Turnhalle immer so komisch an, als wäre ich ein Mädchen. Die Lippenstifte ihrer Mütter sind klein und böse und stinken! Meine Klassenkameraden lachen mich beim Sport aus, sie lachen über meine schmalen Schultern und darüber, dass ich das Bockspringen mit gegrätschten Beinen nicht kann!«

»Ist schon gut! Beruhige dich! Ich werde dich in spätestens zwei Minuten in die Freiheit entlassen«, sagte der Franzose. »Ich unterscheide drei Kategorien von Menschen, und ich will sie dir eben jetzt zu dieser frühen Stunde ganz kurz beschreiben und erklären, damit du dann den ganzen Tag darüber nachdenken kannst ... In aller Ruhe ... Und was ich dir zu sagen habe, wirst du in der Schule nicht zu hören kriegen ...«

Und der Franzose erklärte die drei Kategorien: »Die erste Gruppe bilden sogenannte Fleischmenschen, die nicht wissen, dass sie Sklaven der Materie und des Todes sind – die Hauptmerkmale ihrer Existenz sind das Chaos und die Zerstörung. Die zweite Gruppe sind die Psychiker – dieser Typus ist meistens unglücklich und verzweifelt, aber wenigstens wissen die Psychiker, dass in der vom Tod beherrschten Welt die Liebe zwischen Mann und Frau Balsam für ihre Herzen ist; allerdings verwickeln sie sich in unendliche Spekulationen über Sinn und Zweck ihres Daseins und ihrer Beziehungen untereinander, was wiederum dazu führt, dass die Psychiker sehr rechthaberische und stolze Wesen sind; ihre Überheblichkeit macht sie blind, und somit halten sie sich samt ihren Taten und Werken für die Krone der Schöpfung. Zu der dritten Gruppe gehören die Seelenmenschen. Sie sind unsterblich, denn in ihrer Welt gibt es weder das Gute noch das Böse, sondern nur das Gesetz der Notwendigkeit, weil sich jedes Schicksal erfüllen, jede Seele nach ihrem eigenen Gutdünken leben und sich entfalten muss. Die Seelenmenschen sind aber jederzeit zu Opfern bereit und kümmern sich nur um das Wohl ihrer Nächsten.«

»Und wer bist du?«, fragte Bartek.

»Leider ein Psychiker … Ich finde keinen Halt in meinem Kreis, in dem ich lebe. Mir fällt es schwer, an Notwendigkeiten und an die Erfüllung einer Bestimmung zu glauben. Und Gott gibt es nicht – nicht für mich und nicht so, wie es die Kirche uns vormacht.«

»Dann will ich zu den Fleischmenschen gehören, zu der ersten Kategorie«, ärgerte sich Bartek.

»Du willst doch aus Dolina Róż weggehen …«

»Ja, das will ich, aber ich kann nicht sagen, wann genau! Heute bin ich ein glücklicher Bewohner von Dolina Róż. Ich liebe meine Meryl Streep, die mich braucht, und ich kann mich jederzeit mit ihr unterhalten, wenn ich sie mal brauche. Aber was weißt du schon von Glück, von Sehnsucht und Liebe und Freiheit? Nächsten Sommer werde ich zum Beispiel mit meinen Freunden wieder auf eine Segeltour durch die großen masurischen Seen gehen. Wir werden wie üblich Äpfel und Kartoffeln von den Bauern stehlen, am Abend Bier trinken und am Lagefeuer unsere Musik hören – das ist für mich Freiheit! Nur, wozu erkläre ich dir das – du wirst sowieso nicht kapieren, was ich meine …«

Bartek war auf seinen Opa richtig wütend: Er hatte das mulmige Gefühl, dass es sich bei den Ausführungen des Franzosen lediglich um einen üblen Missionsauftrag handelte, und dieses Phänomen der Gedankenbeeinflussung kannte Bartek zur Genüge von seiner Schule. Die Philosophie des Franzosen gefiel Bartek jedenfalls überhaupt nicht. Er wusste zum Beispiel, was er in Dolina Róż, seinem Geburtsstädtchen, gerne ändern würde, und Anton und vielleicht sogar Marcin und Romek könnte er als Soldaten gut gebrauchen. Doch ihm waren die Hände gebunden, er musste die Überschwemmungen, die sein Vater tagtäglich verursachte, ertragen; er musste bei seinen Eltern wohnen und das Mechanische Technikum besuchen, an dem er nutzloses Wissen über die verschiedenen metallurgischen Techniken erwerben sollte. Der Metallurgie-Unterricht schien dem Schusterkind genauso unsinnig zu sein wie der Katechismus oder der Sport, der den sozialistischen Geist stärken sollte. Und die Pfarrer und die Katechetinnen trainierten die Schüler einzig für die Befriedigung ihrer pädagogischen Gelüste, aber bestimmt nicht – so kam es zumindest Bartek vor –, um die jungen Seelen zu erlösen; diesbezüglich dachte er auch noch Folgendes: Aus Eisen, aus verzweifelten Gebeten und aus strammen Muskeln wollen sie uns formen, in ihre Gussformen füllen und später wie Skulpturen in ihren Kirchen, Ämtern und Fabriken aufstellen – aber nicht mit mir, nicht mit uns, so nicht! Plötzlich bekam er Zweifel, was seine Kritik an Marcins »Unde malum«-Aktion anging. Vielleicht hat dieser Hundsfott, *skurwysyn*, doch Recht, vielleicht müssen wir sie wenigstens einmal – ein einziges Mal – erschrecken, nur so ein bisschen erschrecken; wir können doch nicht alle abhauen wie der Franzose, zumal der Schnee bald wieder schmelzen wird; der Sommer kommt zurück, er wird am Firmament erstrahlen, und wir werden von ihm für unsere Geduld fürstlich belohnt – wie jedes Mal, wenn wir an einem See zelten, um am folgenden Morgen die Segeltour fortzusetzen: auf den nackten Rücken unserer Mädchen wird die Sonne brennen!

Bartek bedankte sich bei dem Franzosen nicht einmal für dessen Vortrag, er schnappte sich die Brote, die ihm Oma Olcia am Abend zuvor geschmiert hatte, schnappte sich seinen Wintermantel und eilte auf die Straße.

Anstatt mich danach zu fragen, dachte er, wie es mir in der Schule geht, welche Noten ich habe, bombardiert er mich mit seinen eigenbrötlerischen Weisheiten, dieser Feigling, der von uns abgehauen ist!

Als Bartek zu Hause ankam, wurde er von seinen Eltern begrüßt: Er möge noch schnell zum Lebensmittelladen laufen und Milch und Brötchen kaufen. Nachdem er ihre Bitte im Eiltempo erfüllt hatte, verloren die Eltern das Interesse an ihrem Sohn, sie ächzten nur – wie jeden Morgen –, sie hätten es im Leben so schwer – so schwer …

Bartek machte sich schleunigst ans Packen, und da er am nächsten Morgen wieder Sport hatte, musste er auch seine Turnsachen mitnehmen, die Boxershorts und die Turnschuhe, die ihm Oma Hilde geschenkt hatte – aus einem BRD-Paket – und deren Spitzen er mit Watte vollstopfte, weil sie ihm zwei Nummern zu groß waren. Fast alle Männer von Dolina Róż kauften sich ihre Schuhe eine Nummer größer, auch die drei blonden Schwager taten es. Sie wollten ihren Frauen und vor allen Dingen ihren Arbeitskollegen beweisen, dass sie keine Schwuchteln und Schwächlinge waren. Dabei hatten die Lippenstifte ihrer Mütter und Frauen das Sagen. Sie drangen Tag für Tag in ihre Hirne und Herzen ein und befruchteten sie. Doch die Früchte, die die Männer später gebaren, waren lebensuntauglich, da ihre Erzeuger keinen starken Willen hatten und eine Erlösung und ein Vorankommen in ihrer Imagination nicht in Sicht waren, weder für ihre Familien noch für den sozialistischen Staat, für den sie keine Verantwortung tragen wollten. Sie waren allzu sehr mit ihren Liebschaften und Affären, mit den Streiks im Namen der neuen unabhängigen Gewerkschaft und mit den verschiedenen Feiern in ihren Betrieben und Kasernen beschäftigt, als dass sie andere Himmelszeichen hätten sehen und erkennen können; sie begriffen nicht die Liebesbotschaft der kalten süßen Lippenstifte, die selbst von der Heiligen Maria in der Kirche benutzt wurden und auch von ihrem gekreuzigten Sohn: Seine Lippen bluteten doch von morgens bis abends, vor allen Dingen dann, wenn sie bei der Mundkommunion ein Kind küssten. »Leib Christi!«, sagte der Pfarrer Jędrusik im Namen dieser verletzten heiligen Lippen, wenn er dem Schusterkind und anderen Kindern die Hostie auf die Zunge legte.

Barteks Vater verhörte in der Küche gerade seine Frau. Er fragte sie, wo sie sich denn gestern am späten Nachmittag herumgetrieben habe, und Quecksilber – Quecksilber sei, behauptete er, bis siebzehn Uhr im Schulhort gewesen, das sei unmöglich, unverantwortlich, dass sie den Kleinen so spät abgeholt habe. Die Mutter wehrte sich; aber nicht immer hatte sie eine gute Ausrede parat. Ihre Schulprojekte nahmen kein Ende, die Theatervorstellungen, die Rezitationsabende, die Konzerte, die Schulfeste und so weiter. Wo und wann traf sie ihre Liebhaber?

Barteks Eltern mussten ihren Streit beilegen, da die Uhrzeit drängte, die Schule und das Büro erwarteten sie. Beide wussten nicht einmal, dass ihr Sohn Oma Hilde zu einem Termin auf dem Milizrevier begleiten musste, und nachdem Bartek ihnen davon in wenigen Worten erzählt hatte, guckten sie ihn ein wenig verstört und ungläubig an. Und Stasia sagte: »Bartuś! Ich schreibe dir eine Entschuldigung für die Schule!«

»Aber du weißt, dass das wenig nützen wird«, flüsterte ihr Bartek ins Ohr, da er vor Krzysiek Angst hatte. »Die halten mich doch für einen Betrüger.«

»Nein, mein Liebster«, antwortete Stasia. »Du bist kein Betrüger.«

Bartek mochte es, wenn sie so mit ihm sprach – als wäre er ihr Liebhaber. Und er wusste auch, dass er eines Tages, womöglich schon in naher Zukunft, wenn er endlich ein Mann geworden war, seiner Mutter noch einmal begegnen würde – sie würde bloß anders heißen und etwa in seinem Alter sein. Er musste nur noch auf den Segen von seiner geliebten Meryl warten, den sie ihm mit Bestimmtheit irgendwann erteilen würde.

Der Vater schwieg. Er tat so, als hätte er dem Gespräch zwischen Stasia und Bartek nicht zugehört. Auf seinen Sohn konnte er nicht eifersüchtig sein – er hatte nicht einmal den leisesten Verdacht, dass seine Frau ihren älteren Sohn besser behandeln könnte als ihn. Und das gefiel dem Schusterkind, dass der Vater in seiner Wahrnehmung so blind und dumm und krummbeinig war. Krzysiek war eigentlich mit seiner Mutter Hilde verheiratet, die ihm als Einzige ins Gewissen reden konnte, was sie aber viel zu selten tat – sie hatte mit ihren eingebildeten Krankheiten und ihrem eigenen Mann ausreichend viel zu tun.

Sie verließen alle zusammen ihre Wohnung in dem orangefarbenen Haus. Krzysiek, der ständig Hunger hatte, nahm die Zigarette auch beim Sprechen nicht aus dem Mund. Er hatte den längsten Arbeitsweg, und Stasia kam mit Quecksilber bis zum Kino *Zryw* mit, dort mussten sie sich trennen.

»Du sollst dir nicht denken, dass ich ihn hasse«, sagte Barteks Mutter.

»Wen meinst du? Krzysiek etwa? Er ist ein Tierquäler, er ertränkt mich, er hat keine Geheimnisse, er ist ein Sargnagel, und jeder hat vor seinen Wutausbrüchen Angst, sodass er nie scharf zurechtgewiesen wird – von niemandem!«

»Er liebt dich … Er kann es nur nicht besser ausdrücken, dass er dich liebt …«

Vor dem Kino *Zryw* war es menschenleer. Anton war wohl längst zur Schule aufgebrochen, und Bartek beeilte sich, da Hilde ein ungeduldiger Mensch war. Musste sie verreisen, stand sie mindestens eine Stunde vor der Abfahrt des Zuges am Bahnsteig.

Bartek hatte keine Angst vor dem Verhör des deutschen Spions aus Amerika. Er dachte sich: Ich werde für ihn antworten, ich werde in seine Haut schlüpfen und er in meine; er und ich – das sind wir; er, der unbekannte Gast und Schnüffler, soll sich fühlen wie das Schusterkind, und ich werde ihnen alle Fragen in seinem Namen gewissenhaft beantworten, dachte er, und meinetwegen auch auf die Bibel schwören, auf die darin enthaltene und offenbarte Wahrheit, dachte er noch. Bartek konnte über seine Visite auf dem Milizrevier nur deswegen so ruhig und gelassen sinnieren, da er dort mehr oder weniger ein Dauergast war – Oma Hilde ging nur selten allein zum Dolmetschen für die Milizoffiziere, und wenn Bartek nicht zur Verfügung stand, nahm sie ihren Sohn mit, der den Milizionären ebenfalls bestens bekannt war. Krzysiek war Reservist der polnischen Volksarmee. Der Staat behielt ihn deshalb im Auge: Nach seinen beiden Besuchen in Westdeutschland, wo er auf einer Baustelle schwarz gearbeitet hatte, musste er jedes Mal zu mehreren Verhören auf dem Revier antreten.

Der deutsche Spion aus Amerika hieß Gunter Watzlaw, gab sich als Unternehmer aus und war wohl nicht älter als sechzig. Er war so erschrocken, dass er zu Beginn des Verhörs gleich in die Hose gepinkelt hatte. Er zog sich um, und als er wieder zurückgekommen war, bemühten sich die zwei zuständigen Milizoffiziere in Zivil, einen sanfteren Ton anzuschlagen, was ihnen bei jedem Satz misslang: »Für wen arbeiten sie? Los! Sagen Sie es uns endlich!«, attackierten sie ihre Beute. »Warum haben sie die Gelbe Kaserne fotografiert? Und warum nicht die Schwarze in der benachbarten Straße?«

Oma Hilde sagte: »Nun lassen Sie den armen Wicht in Ruhe! Sie sehen doch, dass er ein armes Würstchen ist – er beteuert die ganze Zeit, er hätte nur ein paar Fotos fürs Familienalbum schießen wollen … Er kommt von hier, wurde in Dolina Róż geboren! Genossen! Habt Erbarmen! Und was soll bloß der Junge von uns Erwachsenen denken, he? Unser dümmliches Schusterkind! Hehe! Sie sollten ihm ein Vorbild sein! Sie repräsentieren unseren Staat! Oder haben Sie keine Söhne?«

Das Verhör wurde nach Oma Hildes Intervention abgebrochen und auf nächste Woche vertagt. Die Beamten entschuldigten sich bei ihr, und nachdem Hilde zusammen mit ihrem Enkel das Gebäude der Miliz verlassen hatte, sagte sie: »Der Arme! Der kommt nicht mehr raus! Den werden Sie schon für ein paar Jährchen einbuchten!«

Sie sprach dem Fremden ihr Mitleid aus, Bartek konnte jedoch Hildes Schadenfreude spüren, denn innerlich freute sie sich über die Dummheit und Naivität des Deutschen aus Amerika. Das war eben das Böse, das in ihnen, den meisten Bewohnern von Dolina Róż, straflos wütete. Und sie wussten sehr wohl, *wie* sie dachten und *was* sie taten. Nach außen hin verhielten sie sich wie Heilige, Märtyrer und Leidensgefährten, in ihren Kellern garte jedoch das Gift der Wut und Schadenfreude.

In der Schule war der Unfall mit den brennenden Kühen immer noch das wichtigste Thema. In den Pausen war es laut wie in einem Bienenstock, jeder glaubte, die Wahrheit zu kennen, jeder präsentierte seine eigene Version des Unfalls.

Bartek und Anton durften während des Unterrichts immer seltener zusammensitzen, die Lehrer hatten von ihrem Geflüster die Nase gestrichen voll. Deswegen schrieben sich die beiden Freunde kurze Nachrichten, die von Hand zu Hand an den jeweiligen Adressaten gereicht wurden. Sie nannten ihre Kurzbriefe Depeschen.

Im Polnischunterricht, der letzten Stunde am Mittwoch, hatte die Lehrerin eine Depesche abgefangen und las sie laut vor. Auf einem Zettel stand geschrieben: »Anton! Ich habe Zweifel bekommen! Vielleicht sollten wir M. nun doch unterstützen? Die Institutionen müssen brennen! Es lebe ›Unde malum‹! PS: Wie wär's denn heute Abend mit Kino?«

Die Polnischlehrerin war – im Schuljargon gesprochen – eine klassische Sense: Gute Noten vergab sie nur selten, und sie wählte sich immer zwei oder drei Lieblinge aus, die sie protegierte. Sie war blond, groß, hatte kräftige lange Beine und trug jeden Tag Röcke, die ihr nur bis zu den Knien reichten. Die Strumpfhosen erzeugten, wenn sie ihre Beine übereinanderschlug, ein Geräusch, das im ganzen Klassenraum zu hören war, ein elektrisches Knistern – vorausgesetzt, dass die Schüler mucksmäuschenstill waren, was in diesem Fall für die Jungen kein Problem war: Sie gaben sich bei ihr so brav wie die Schäfchen, da sie das Reiben der in Strumpfhosen gehüllten Beine nicht verpassen wollten. Die Dame war schon ein bisschen in die Jahre gekommen, aber versuchte, ihre einstmalige Attraktivität mit Schminke wiederzubeleben. Die Schüler nannten sie »Frau Aquarell« oder »Frau Kolibri«, weil sie sich stark schminkte und eine dünne Stimme hatte.

»Bartek, wenn du gerne so widerliche Briefchen schreibst, gebe ich dir eine besondere Hausaufgabe! Du wirst in die Stadtbibliothek gehen und recherchieren! Am Montag will ich einen Aufsatz von dir lesen. Dein Thema lautet: ›Heimatbilder in der Lyrik von Natalia Kwiatkowska‹!«

Anton verschonte sie aus irgendeinem Grunde. Und dass Natalia Kwiatkowska, immerhin ihre Kollegin, einst Gedichte geschrieben und publiziert hatte, war am Mechanischen Technikum nicht unbekannt, ja, es hieß sogar, sie hätte einige berühmte Lobeshymnen auf Stalin verfasst, die damals im ganzen Land auf besonderen Festen zu Ehren des sowjetischen Diktators rezitiert worden wären.

Nach beendetem Schulunterricht rauchten Bartek und Anton vor der Mauer der ehemaligen Wehrmachtskaserne wie gewöhnlich eine Zigarette. Als sie dann auf dem Nachhauseweg das Gelände des alten katholischen Friedhofs betraten, sagte Bartek: »Immer muss ich alles vermasseln! Warum ist das so? Jetzt weiß die ganze Klasse von unserem geheimen Projekt! Marcin wird mich umbringen!«

»Unsere Klassenkameraden sind strohdumm«, antwortete Anton, »die merken doch nichts! Du musst dir keine Vorwürfe machen, außerdem wissen sie, dass du nicht alle Tassen im Schrank hast!«

Sie konnten sich nicht weiter unterhalten: Der Friedhof füllte sich mit Menschen, ein Trauerzug kam ihnen entgegen, bog in eine der Alleen mit frischen Gräbern ab, blieb stehen, und vier Männer ließen den Sarg sanft in das Grab sinken. Die schwarzen Wintermäntel der Trauergäste und die Krähen, die sich in den Kronen der ehrwürdigen Eichen und Kastanien eine Art Urlaubsarchipel eingerichtet hatten, mussten miteinander befreundet oder verwandt sein. Jedenfalls waren die schwarzen Wintermäntel und die Vögel Verbündete des Todes, die kein einziges Begräbnis versäumten. Und die Taxifahrer und die Verkäuferinnen im Fleischerladen und selbst die älteren, ausgetrockneten, spindeldürren Damen in der Apotheke jammerten, dass das Sterben in Dolina Róż eine schlimme Seuche sei, ständig werde jemand beerdigt. »Wie die Fliegen krepieren die Leute«, sagten sie zu ihren Kunden, wenn sie einen freien Augenblick zum Plaudern fanden.

Das ausgehobene Grab für den neuen Leichnam war das Werk des Vaters von Schtschurek: Zwei Spaten steckten in dem vom Schnee bedeckten Haufen Erde, und der Totengräber Biurkowski stand mit leicht gesenktem Kopf hinter dem jungen Pfarrer Jędrusik, um wieder einmal zu beweisen, dass er seines Amtes würdig war. Hätte der Pfarrer Jędrusik bei ihm Alkohol gerochen – und ein einziges Glas Wodka hätte ausgereicht, denn der junge Pfarrer hatte einen ausgeprägten Geruchssinn –, wäre Biurkowski noch am selben Tag seine Stelle los gewesen. »Wenn du schon saufen musst und dir nicht einmal der Allmächtige helfen kann, was bei den Bergen von Leichen auf deinem Friedhof selbst für mich – Seinen treuen Diener – nachvollziehbar ist, tue es bitte nach Feierabend«, hatte ihn der Pfarrer Jędrusik bei einem anderen Begräbnis gewarnt, bei dem auch das Schusterkind zufällig zugegen gewesen war. »Und trinke nie in einem Raum mit Devotionalien, damit du beim Sündigen Seine Augen nicht beleidigst!«

Anton ließ sich von dem Trauerzug nicht beeindrucken. Nach kurzem Schweigen sagte er: »Wir hören uns am Samstag erst einmal an, was unser Chefideologe uns zu sagen hat. Dann sehen wir weiter. Und ich bin froh, dass er mich überhaupt eingeladen hat!«

Bartek antwortete ihm nicht, denn er musste plötzlich an sein Schwesterchen Stasia denken, das tot auf die Welt kam, ja, bereits im Mutterleib tot gewesen war. Allzu oft passierte es nicht, dass er sich an den Tag erinnerte, an dem ihre Leiche in einem spielzeugpuppengroßen und mit silbernem Stoff bezogenen Sarg in der Friedhofskapelle aufgebahrt worden war. Er war damals erst fünf Jahre alt, und folgendes war geschehen: Bevor Stasia unter dem Sargdeckel für immer verschwinden sollte, entschlossen sich die Lebenden, der Kleinen »Auf Wiedersehen« zu sagen, einen letzten Blick auf sie zu werfen. Die Mutter hatte die ganze Zeit leise geweint und versucht, ihre Trauer und Tränen hinter einer Sonnenbrille zu verstecken – daran konnte sich das Schusterkind am intensivsten erinnern –, und Krzysiek und sein guter Freund und Arbeitskollege Marek, der im Übrigen nicht mehr lebte, hatten sich über das Aussehen des toten Babys lustig gemacht: »Eine Spielzeugpuppe! Unglaublich – die sieht aus wie eine Spielzeugpuppe!« Ihr albernes Kichern und Witzeln hätte eigentlich die Mutter ein wenig beruhigen sollen; die Männer bewirkten aber mit ihrem hysterischen Gekicher nur das Gegenteil, und an jenem Wintertag, an dem die Sonne für sein Schwesterchen zum letzten Mal geschienen hatte, schwor das Schusterkind dem gekreuzigten Christus in der Friedhofskapelle, in seinem nächsten Leben als Tante Hania oder Mutter Stasia oder sogar Oma Hilde auf die Erde zurückzukommen – niemals aber als ein Mann namens Krzysiek oder Marek.

Oma Olcia erklärte, dass ein Verstorbener, unsichtbar für die Diesseitigen, noch ganze vierzig Tage auf der Erde – meist in der Nähe seines Wohnortes – herumlungern würde, um unerledigte Aufgaben abzuschließen, was natürlich gar nicht mehr möglich wäre. Und so hatte sich das Schusterkind oft gefragt, was mit der Seele seines Schwesterchens in diesen vierzig Tagen der Quarantäne geschehen sein mochte: Die Kleine hatte nichts begonnen und somit auch nichts zu beenden. Konnte sie denn sprechen? Laufen? Lachen? Oder wollte sie lediglich ihren Zwillingsbruder bis zu dem mittelalterlichen Tor von Dolina Róż begleiten – dorthin, wo der Eingang ins Lunatal war –, damit er frei von Angst die Grenze zwischen den Träumen im Mutterleib und den Schreien der kalten irdischen Welt überqueren konnte?

Als die beiden Jungen den Friedhof und die Beerdigung hinter sich gelassen hatten und an dem Yachtclub, ihrem Warteraum, vorbeikamen, musste sich Bartek von seinem Freund etwas schier Unglaubliches anhören. Anton sagte, er habe sich in die sommersprossige rothaarige hochnäsige und unnahbare Tochter des Fabrikdirektors Szutkowski verliebt.

»Na dann! Viel Spaß wünsche ich *dir* mit diesem wilden *Tier*! Und somit bleibt ihr auch unter euch, ihr Privilegierten!«, meinte Bartek und bereute sogleich sein hartes Urteil, seinen Zynismus; er entschuldigte sich.

Szutkowskis Tochter, eine Gymnasiastin, war zwei Jahre älter als Anton, und Bartek hatte hier und da gehört, dass der Aristokrat des Denkens und Handelns ihr angeblich obsessiv nachliefe, doch vielleicht war das nur ein dummes Gerücht.

»Ich bin nicht auf ihre Kohle aus!«, verteidigte sich Anton und wurde mit jedem folgenden Satz immer lauter. »Spinnst du? Außerdem gibt es mein Mädchen wirklich – sie ist kein Traum, keine Einbildung! Deine Meryl Streep kann ja nicht einmal mit einer Vogelscheuche konkurrieren! Sie existiert nur in deinem kranken Hirn!«

»Aha! Und die Tochter von Szutkowski ist natürlich ganz verrückt nach dir? Wenn mich nicht alles täuscht, bemüht sich Marcin um ihre Gunst. Wie wirst du damit fertig?«

»Das lass mal meine Sorge sein, Bartek«, schrie ihn Anton an. »Marcin ist wie dein Opa Franzose: Jede Frau, die diesem Weiberhelden gefällt, will er gleich ins *Wenecja* einladen, oder in den Stadtpark …«

Bartek fühlte sich von der heftigen Reaktion seines Schulfreundes überrumpelt, ja, er ballte sogar die linke Faust, ganz automatisch, da er spürte, wie ihn der böse Schutzengel, diese Furie der Selbstgefälligkeit, wieder packte und ihm – fuchsteufelswild geworden – ins Ohr flüsterte: »Hau ihm, diesem Drecksack, auf die Fresse! Er belügt dich, er will dich hintergehen! Er glaubt dir kein Wort! Ein Freund muss dich als Erstes immer verraten – dann erst wird er zu deinem wahren Amigo!« Bartek ließ sich jedoch nicht provozieren und sagte durch zusammengebissene Zähne: »Meine Meryl wird mir bestimmt nicht im Wege stehen, wenn ich mich so wie du in die Tochter eines Fabrik- oder Schuldirektors verliebe! Und mein Opa Franzose ist sowieso verloren – ihn kannst du nicht mehr retten! Misch dich also in unsere Familienangelegenheiten nicht ein!«

»Bartek, du liebst ein Gespenst! Kein Wunder, dass dich alle Mädchen meiden wie die Pest. Und weißt du, was sie über dich sagen?«, grinste Anton. »Sie sagen, dass dich Herr Lupicki gezeugt hätte, weil du genauso dämlich wärest wie der Bucklige Norbert! Herr Lupicki hätte mit seinen dreckigen Händen deine Mutter in der Totenkammer beschmutzt! Das sagen sie! Und sie haben Recht!«

Eigentlich hatten die beiden Freunde geplant, am Abend ins Kino *Zryw* zu gehen, um sich den Film »Am Anfang war das Feuer« anzusehen, aber sie trennten sich im Streit vor Antons Haus in der Karol-Marks-Straße. Solche hämischen Hahnenkämpfe wiederholten sich bei ihnen regelmäßig – nur diesmal schien es Bartek, als hätte ihre Freundschaft einen tiefen Riss, einen schweren Rückschlag erlitten. Es war noch nie vorgekommen, dass sie sich wegen Barteks Liebe zu Meryl Streep oder Antons ständigen Verliebtseins gestritten hatten. Und es war auch noch nie vorgekommen, dass sie sich bereits auf der Hälfte des gemeinsamen Nachhauseweges getrennt hatten. Das Ziel war stets das Kino *Zryw* gewesen, der wichtigste Flughafen des Städtchens.

Bartek fluchte über seinen Schulfreund und ging dann zu Oma Olcia. Seine Wut verflüchtigte sich nicht einmal am nächsten Tag, zumal ihn Anton in jeder Pause zwischen den einzelnen Unterrichtsstunden derb beschimpfte: »Schusterkind ist der falsche Spitzname! Kuckuckskind müsstest du eigentlich heißen! Auch deshalb, weil du einen Vogel hast!«

Nach der Schule prügelten sie sich vor der Mauer, die die ehemalige Wehrmachtskaserne umgab. Der Schnee schenkte ihnen eine willkommene Abkühlung, da ihre Gesichter von den Schlägen brannten. Und als sie beide völlig entkräftet und schwer atmend und schnaufend nebeneinander im Schnee lagen, sagte Anton: »Mir reicht's! Ich kann nicht mehr! Würdest du mich immer noch mit in den Krieg nehmen? Wenn ich dein Soldat wäre?« – »Mit Vergnügen! Mein Lieber!« Sie gaben sich die Hand und unterschrieben einen neuen Nichtangriffspakt, den Romek eine halbe Stunde später in seinem Eremitenreich auf dem Dachboden als ihr Zeuge und zukünftiger Rechtsanwalt mit einer Unterschrift und einem Kerzenwachssiegel beglaubigte; für den Abend verabredeten sich Bartek und Anton fürs Kino.

Opa Franzose verbrachte die meiste Zeit im Frisiersalon des Herrn Tschossnek. Entweder spielte er Schach, oder er ging mit Tschossneks Frau ein Stockwerk höher, wo sich die Wohnung des Friseurehepaars befand. Das Quietschen der Matratze und die Stimme von Charles Aznavour hörte man im ganzen Treppenhaus. »Der arme Tschossnek!«, klagten alte Weiber, die an seinem Laden vorbeigingen.

Bartek war bester Laune, in seinem Schusterkindherzen herrschte Frieden – er hatte sich mit Anton versöhnt, und am Abend würde er mit ihm zusammen wieder einmal ins Kino gehen. Und wenn man im Kinosaal saß, die Vorhänge nach den Seiten gezogen wurden und der Film endlich startete, war das so, als hätte man mit einer Schere im Himmel von Dolina Róż ein Loch ausgeschnitten: ein Guckloch. Und durch dieses Guckloch gab es auf der anderen Seite unbekannte Welten zu sehen – Städte, Menschen, Flugapparate, Wälder und Flüsse, Ungeheuer und Mörder, Propheten und Götter, die man im Lunatal nicht kannte, noch nie gesehen hatte.

Betrübt war Bartek nur aus einem Grunde: Quecksilber hatte sich in der Schule wieder einen grippalen Infekt geholt und lag mit hohem Fieber zu Hause im Bett. Am späten Nachmittag, als Bartek von der Schusterwerkstatt, in der er seine Hausaufgaben gemacht hatte, in Richtung des Frisiersalons von Herrn Tschossnek aufbrach, um Opa Franzose die Daumen zu drücken und die nächste Schachpartie zu sehen, erspähte er hinterm Schaufenster der Apotheke seine Mutter, die am Tresen stand und ein Rezept einlöste. In ihrem Gesicht stand wieder dieser quälende traurige Anblick der Machtlosigkeit, das blanke Entsetzen des Ausgeliefertseins – und diesen Anblick hasste Bartek abgrundtief. In der Apotheke hausten und arbeiteten mordlustige Erzengel, denen während ihrer pharmazeutischen und von der Regierung abgesegneten Ausbildung die Flügel abgeschnitten worden waren. Sie rochen ähnlich wie die Ärzte aus dem Johanniter-Krankenhaus, und diese Erzengel entschieden genauso schnell und kaltblütig über Leben und Tod der Patienten wie ihre Kollegen, die im violetten Licht die chirurgischen Operationen durchführten. Der Unterschied war bloß, dass der Tod in der Apotheke ein gutes Versteck gefunden hatte. Die mordlustigen Erzengel hatten weiße Haut, lackierte Fingernägel und Zähne aus Gold im Mund. Sie stopften die Patienten mit Medikamenten voll, bis sie so vergiftetet waren, dass keiner sie mehr heilen konnte. Tante Ágata war tablettenabhängig, wie auch Quecksilber, an dem die Ärzte, vor allem der Kinderarzt Żukowski, verschiedene medizinische Experimente durchführten – angeblich für das Wohl der Menschheit. Und manchmal, wenn die Erzengel aus der Apotheke von Dolina Róż versagten, weil sie ein bestimmtes Heilmittel weder selbst herstellen noch irgendwo besorgen konnten, musste man die Medikamente im Ausland kaufen. Barteks Eltern gaben für diese kostspieligen Arzneimittel und Bestellungen viel Geld aus – in D-Mark oder Dollar zahlte man die teuren Pillen, Tropfen, Impfstoffe in Ampullen und Säfte, die Oma Hilde von ihren Freundinnen aus Westdeutschland nach Rosenthal schicken ließ. Das Erstaunliche aber war, dass diese Medikamente, die angeblich besser sein sollten als alle einheimischen Heilmittel, Quecksilber auch nicht halfen, obwohl sie für die furchtbarsten und tödlichsten Krankheiten entwickelt worden waren. Diese Gegengifte und Wundermittel aus den westlichen Laboratorien kamen normalerweise in Afrika zum Einsatz – gegen Cholera und Malaria, doch bei Quecksilber hatten sie Pech. Die mordlustigen Erzengel aus der Apotheke freuten sich dann über solche Misserfolge. Und Krzysiek weinte und klagte: »In Afrika – da sollen sie doch krepieren wie die Fliegen! Wie die Fliegen! Aber mein Quecksilber! Mein kleiner Sohn! Er darf nicht sterben!«

Bartek vermutete, dass das Gift der Wut, die sein Vater, dieser Wassermann, Tag für Tag mit sich herumschleppte, auch in Quecksilbers Blutbahnen floss und ihn krank machte. Es musste aber auch das Blut in den Herzkammern seines kleinen Bruders pochen, das im Johanniter-Krankenhaus produziert wurde. Quecksilber war einmal am Bauch operiert worden, und man hatte bei ihm eine Transfusion durchgeführt. Dieses gespendete Blut sollte Leben retten, und die Erzengel aus der Apotheke hatten die Aufgabe, die geretteten Leben zu beschützen. In Wahrheit aber wollten sie alle nur töten: Der Staat, weil er für seine Ideologie Sklaven brauchte; die Kirche, weil die Kirche die Bevölkerung ihrer irdischen und himmlischen Friedhöfe ernähren musste; das Johanniter-Krankenhaus und die Apotheke, weil sie immer wieder neue unheilbare Krankheiten erfinden mussten; und auch die Schule in der ehemaligen Wehrmachtskaserne und selbst der Flughafen »Kino *Zryw*« wollten töten, um die angeblich von Demiurgen und Terroristen bedrohte menschliche Zivilisation zu verteidigen. Das Kino *Zryw* tötete erstaunlicherweise am effektivsten, weil sich nach jedem Besuch im Lichttheater Wünsche und Begierden in den Bewohnern von Dolina Róż einnisteten. Darum ging Herr Lupicki nie ins Kino. Er sagte zur Erklärung: »Der Mensch braucht ein gutes Paar Schuhe, die nicht nass werden und mit denen man jeden Morgen zur Arbeit gehen kann. Warum soll er sich vergnügen und sein Herz mit Sehnsüchten, die nicht befriedigt werden können, vergiften?«

Doch Bartek ging gerne ins Kino. Er hatte ja im *Zryw* Meryl Streep kennen gelernt. Und er besorgte sich in der Wirkwarenfabrik, die für ihre Arbeiter einen mit Sportartikeln hervorragend ausgestatteten Verleih besaß, einen Tennisball, den er fast täglich bei sich trug wie der Underdog-Boxer Rocky Balboa: Von ihm hatte sich das Schusterkind so einiges abgeguckt – das Liebesspiel mit dem Tennisball, der sein Handschmeichler wurde, die lässige Gangart und den melancholischen Blick. Und nachdem Bartek den Science-Fiction-Film »Unheimliche Begegnung der dritten Art« gesehen hatte, bereitete er sich auf die Landung der Außerirdischen in seinem Städtchen vor. Er schlüpfte in die Rolle des berühmten französischen Sprachwissenschaftlers Claude Lacombe und flog in die USA, um den Amerikanern bei der Vorbereitung des ersten Kontakts der Menschheit mit Außerirdischen zu helfen. Das geheime Treffen sollte auf dem Devil's Tower in Wyoming stattfinden – den Devil's Tower gab es ja auch in Dolina Róż. Der Teufelsberg im Stadtwald war zwar nichts weiter als eine billige Attrappe oder ein billiges Modell im Vergleich zu seinem amerikanischen Vorbild, aber das störte Bartek nicht. Im Sommer ging er immer wieder in den Stadtwald, meistens zusammen mit dem Buckligen Norbert, und er erklomm den Teufelsberg, um auf der Spitze die letzte Szene aus »Unheimliche Begegnung der dritten Art« nachzuspielen. Der Bucklige Norbert musste einen Außerirdischen mimen, und das Goethe-Denkmal war das gelandete Raumschiff.

Im Frisiersalon von Herr Tschossnek hatte sich Bartek wieder unter die Zuschauer gemischt, obwohl ihn die Meditationen am Schachbrett zur Musik von Wagner mächtig langweilten und schläfrig machten: Opa Franzose gewann außerdem jede Schachpartie, und das Schusterkind konnte es kaum abwarten, endlich ins Kino zu gehen.

»In deinem Alter habe ich im Kino gewohnt«, verabschiedete ihn der Franzose.

Vor dem Kino *Zryw* begegneten Bartek und Anton ihrem Freund Marcin, sozusagen dem Chef ihrer Bande und ihres Yachtclubs *poczekalnia*. Überraschend war es nicht, dass er sich auch den Film ansehen wollte; er wohnte hier im Zentrum von Dolina Róż, nur einen Steinwurf vom *Zryw* entfernt, außerdem war er ein fanatischer Kinogänger.

»Wisst ihr, dass der Film altersbegrenzt ist?«, fragte er und saugte an seiner Zigarette. »Ihr seid noch nicht sechzehn. Und ich habe ihn gestern schon gesehen. Manche Szenen sind wirklich brutal. Selbst ich musste in blutigsten Momenten kurz die Augen schließen …«

Der Kartenabreißer hatte Bartek und andere noch nie vor die Tür geschickt, noch nie nach ihren Schülerausweisen gefragt – warum sollte es also diesmal mit dem Einlass nicht klappen? Bartek hatte einige Techniken entwickelt, um älter zu wirken. Er machte vor dem langjährigen Kartenabreißer Antek ein ernstes Gesicht, schaute ihm direkt in die Augen, hypnotisierte ihn. Nikotingeruch, mit der Wimperntusche der Mutter geschwärzte Schnurrbarthärchen, Schuhe mit hohen Absätzen – von Herrn Lupicki persönlich präpariert – und dieser freche selbstbewusste Blick: Das waren die Attribute, die man brauchte, wenn man Einlass ins Kino begehrte.

»Am Anfang war das Feuer« handelte von der Liebe zwischen Ika und Noah – einem Homo sapiens und einem Neandertaler. Das hübsche Mädchen beherrschte die Kunst des Feuerbohrens, und ihr Glück war, dass sich der Stamm von Noah auf die Feuersuche begeben hatte. Sonst hätte ihr ein grausamer Tod geblüht – am Lagerfeuer debiler Kannibalen. Sie wurde von den Neandertalern gerettet, obwohl diese Menschenrasse für sich selbst nichts mehr tun konnte. Ihr baldiges Aussterben war von höheren Mächten besiegelt worden.

Ika gefiel dem Schusterkind – sie war zwar für Meryl keine ernstzunehmende Konkurrenz, aber dafür hatte sie eine wunderschöne Körperbemalung, sonnengebräunte Haut der jungen Erde und urwüchsige Schminke im Gesicht, die Bartek sehr mochte. Ika wurde von Noah schwanger.

Sie hat uns Sterblichen Feuer und Liebe gebracht, diese Mutter der Menschheit, dachte er, als er nach dem Film durch das mittelalterlichen Tor eilte, da es schon spät geworden war.

Er hatte Angst. Plötzlich war die ihm altbekannte Angst wieder da – vor Schtschurek und vor den Außerirdischen vom Devil's Tower und vor dem Boxer Rocky Balboa. Vor der Geliebten des französischen Leutnants und Colonel Walter E. Kurtz aus »Apocalypse Now«. All diese Filmfiguren hatte Bartek nach Dolina Róż eingeladen – sie lebten wirklich. Er hatte Angst vor dem Sprachwissenschaftler Claude Lacombe und dem Schnee, der die Straßen mit vom nächtlichen Himmel frisch gepressten Flocken bedeckte, Millimeter für Millimeter. Das Unsichtbare und Verschleierte machte ihm Angst. Die eigenen unvollkommenen und törichten Schöpfungen erschreckten ihn. Wer bin ich?, musste er sich schließlich fragen. Und was mache ich nur mit meinen lebensuntauglichen Kindern, die ich selbst gezeugt und geboren habe? Irgendjemand rief hinter seinem Rücken: »Ich schlage dich tot! Im Schnee wirst du brennen und krepieren!« Bartek drehte sich nicht um, er fing an zu laufen und schrie: »Schtschurek! Bist du das? Los, antworte mir! Gibt es dich wirklich?!«

Kapitel 11: »Autobiografia«

Noch in derselben Nacht, Bartek konnte nicht einschlafen, kam Meryl zu ihm ins Bett. Sie legte sich auf die Schlafsofakante und sagte: »Ich werde ganz leise sein! Wir dürfen deinen Opa Franzose nicht wecken!« Ihre Haut duftete nach Altweibersommer, ihr rotes Schamhaar war feucht und kalt. Am liebsten versteckte sie sich in Barteks Hemdtasche, in der Nähe seines Herzens, um den ganzen Tag bei ihm zu sein; sie war eine Verwandlungskünstlerin, und wenn es nötig war, schaffte sie es, sich so zu verkleinern, dass sie selbst auf einer Mohnkapsel oder gar auf der Nadelspitze ausreichend viel Platz zum Sitzen und Ausruhen für sich fand. Jetzt musste sie sich mit dem Rand eines Schlafsofas begnügen.

»Du sorgst dich unnötig«, beruhigte ihn seine Geliebte. »Du wirst eines Tages einer Frau begegnen, die aus Fleisch und Blut sein wird wie die Tochter von Herrn Lupicki! Ich werde dich dann für immer verlassen! Und diese Frau wird dich lieben und verehren!«

»Aber wie wird sie aussehen? Wie? Und wie lange muss ich noch warten?«

Bartek verbrachte schon viele Nächte mit schlaflosen Stunden, in denen er versuchte, sich das Gesicht seiner zukünftigen Frau vorzustellen. Wunderbare Segeltouren waren es, diese nächtlichen Träumereien von dem unbekannten Mädchen, das irgendwann zu ihm kommen würde, vielleicht schon bald. Und mochte er sich noch so sehr bemühen, dieses unbekannte Gesicht seiner Zukünftigen aus dem Nichts herbeizuzaubern, gelang es ihm nie, eine Wahl zu treffen. Würde seine Auserwählte rothaarig sein wie Meryl? Oder eher kastanienfarbenes Haar tragen? Er kniff die Augen zusammen, wälzte sich im Bett, stöhnte leise und beschimpfte seine rechte steife Hand, die auf dem Bettlaken schändliche Flecken machte, wegen derer die Heilige Maria in der St.-Johann-Kirche Tränen vergoss.

Bartek wurde von seinem Opa Franzose geweckt – beinah hätte er verschlafen, es war schon halb acht. Der Mond torkelte immer noch am verschneiten Himmel von Dolina Róż herum und wollte seinen Schützengraben nicht aufgeben, seinen hart umkämpften Platz für die Sonne räumen.

Es war Freitag, der wichtigste Tag der Woche, der in Dolina Róż der Leuchtturm aller Tage war. Das Wochenende begann, die Treffs mit Anton und Marcin in ihrem geheimen Warteraum des Yachtclubs begannen, die groovigen Feste, wenn sie den Radiorecorder laut aufdrehten, Bier tranken, Zigaretten rauchten, die Lehrer beschimpften, den Kommunismus in einem Atompilz explodieren ließen und sich überlegten, wie man die Tochter von Herrn Lupicki in eine Falle locken könnte, um ihr zu zeigen, dass sie auch begehrenswerte Männer waren und auch geliebt werden wollten.

Sport war die erste Unterrichtsstunde im Mechanischen Technikum an jedem Leuchtturmfreitag. Danach war noch mehr Langeweile angesagt: nämlich bei Professor Kozioł, der das Fach Metallurgie unterrichtete; in seinem Kurs ging es um die Galvanotechnik, um die chemische Zusammensetzung der Eisenerze und um den Aufbau der großen Hochöfen in den Eisenhütten. Professor Kozioł war ein Meister der Monologe, die er stets im Ton eines erleuchteten Yogis hielt. Man schlief bei ihm ein, man musste sich zwingen, wach zu bleiben, Notizen zu machen, wenn Kozioł seine langen, von kurzen Atempausen unterbrochenen Monologe zum Besten gab. Sein Unterricht glich der Heiligen Messe in der St.-Johann-Kirche – es war wohlgemerkt eine Metallurgische Messe, ein Triumph der Technik und des menschlichen Verstandes, ein glatter Sieg der Ratio, und Koziołs Gott hieß Luigi Galvani und seine Religion der Galvanismus (eine Art moderne Alchemie). Gemeiner und unredlicher, was das Quälen der Schüler anging, war es nur noch bei Professor Baran, dem Lehrer für Technisches Zeichnen. Seine Vorträge waren noch monotoner als die des metallenen Kollegen. Aber das Besondere war, dass Professor Baran den Schülern nie direkt in die Augen oder ins Gesicht guckte. Sein Blick haftete während seines Vortrags an der Klassenraumdecke, und wenn man ihm eine Zeichnung zur Prüfung vorlegte, starrte er sie kritisch und Nase rümpfend an, redete eine Weile mit sich selbst und erteilte dem Schüler anschließend Schelte oder Lob – den Autor der Zeichnung schaute er dabei jedoch nie an. Er war für ihn wie Luft.

Die höchsten Platzierungen der Hitliste von *Radio 3*, die jeden Samstag gesendet wurde, belagerte seit Jahren *Perfect*, Barteks und Antons Lieblingsband, zumindest seit ihrem Song »Autobiografia«, der schnell zu einer ketzerischen Version der polnischen Nationalhymne wurde. Und auch darauf freute sich das Schusterkind, auf diesen Kampf der Platzierungen auf der Hitliste: Es würde morgen Abend mit seinen Freunden im Warteraum des Yachtclubs am Radio sitzen und als weltbekannter Musikkritiker die Songs mit dem nach oben oder nach unten gerichteten Daumen beurteilen. Der einzige Tag, der Bartek ein wenig Sorgen bereitete, war der Sonntag. Oma Olcia würde ihn um zehn Uhr morgens mit in die Kirche zur Heiligen Messe zerren, wahrscheinlich zusammen mit dem Franzosen, und das folgende Mittagessen bei ihr zu Hause könnte sich zu einer Gerichtsverhandlung entwickeln, zumindest was die unerwartete Rückkehr des Franzosen betraf. Seine jüngeren Töchter, die erbarmungslosen Staatsanwältinnen in Olcias Familie, bereiteten bestimmt schon ihre Waffen, ihre scharfen Zungen, vor. Barteks Onkel würden sich köstlich amüsieren, und der Wassermann Krzysiek, dem jede Schandtat zuzutrauen war, würde wieder einmal den beleidigten und leidenden Edelmann spielen. Davor, vor diesem Sonntagmittagessen, graute es dem Schusterkind.

Bartek putzte sich in Eile die Zähne. Er war der einzige Schüler des Mechanischen Technikums, der auch am Leuchtturmfreitag ein weißes Hemd, eine Krawatte und ein Sakko anzog. Seine Mutter wusch und bügelte ihm die Hemden, die Stoffhosen und selbst die Unterhosen und Socken. Als Bartek in die erste Klasse der Grundschule gekommen war, hatte sie ihm von der Schneiderin

Sadowska zwei blaue Anzüge anfertigen lassen. Die Mutter achtete darauf, dass ihre Kinder immer saubere Kleidung trugen, und sie schickte Bartek und Quecksilber einmal im Monat zum Friseur, zu Herrn Tschossnek, und einmal im Jahr zur Schneiderin Sadowska, um neue Anzüge für die Schule zu bestellen. Dreckige Hände und Fingernägel, an den Knien durchgescheuerte Jeanshosen und fettige Haare oder nicht geputzte Schuhe waren Stasia ein Graus, ein Dorn im Auge. Aber die größte Beglückung empfand die Mutter erst dann, wenn ihre Kinder, vor allem Bartek, im blauen Anzug und im weißen Hemd mit einer Fliege oder einer samtenen Schleife unterm Kinn von ihren ehemaligen Schülern, die kurz vor dem Abitur standen oder bereits studierten, bewundert, fotografiert und in die Stadt für einen Spaziergang ausgeführt wurden wie prominente Gäste. Das Schusterkind fühlte sich bei diesen Spaziergängen, die meistens mit süßen Gaumenfreuden im Café *Wenecja* endeten, wie eine Schaufensterpuppe. Und das weiße Hemd, das Bartek eben nicht nur an den Schulappellmontagen trug, war die Nationalfahne seiner Mutter: In ihrem Staat sollte ein Kind sauber, brav, gebildet, höflich und hübsch sein. Insgeheim hatte sich die Mutter wahrscheinlich gewünscht, Bartek wäre kein Junge, sondern ein Mädchen geworden, weil man ein Mädchen wie eine Puppe ankleiden und im Städtchen auf den Laufsteg schicken konnte – auf die Straßen, auf denen jeden Tag eine Modenschau präsentiert wurde. Die jungen Frauen wetteiferten miteinander um die Blicke der Männer, und jedes Mädchen dachte: »Mein Kleid ist das schönste und meine Frisur ebenso! Spürt ihr schon meinen Lippenstift brennen?«

Oma Olcia war auch schon auf den Beinen, da sie auf dem Wochenmarkt einkaufen musste. An Freitagen, selbst wenn es regnete oder schneite, schleppte sie in beiden Händen vollgepackte Einkaufstaschen und legte lange Strecken zu Fuß zurück. Der Wochenmarkt fand auf einem Brachfeld statt, das man in Dolina Róż auch als Grenzland zu bezeichnen pflegte, denn es lag am Rande des Städtchens, wo man die neuen Plattenbauquartiere gebaut hatte. Dort auf dem Brachfeld boten Kleinbauern Karotten, Kartoffeln, Eier und Lebendtiere wie Hühner, Gänse, Enten und sogar Schweine feil. Die Tiere wussten, was ihnen blühte, wozu Oma Olcia und andere alte Weiber fähig waren. Ihre Todesangst, ihr nervöses Augenzucken, das verzweifelte Halsrenken und Zittern ihrer Gliedmaßen verrieten dem Schusterkind, wie blind und kaltblütig die Kleinbauern und ihre Kunden waren. Sie hatten ein nüchternes Geschäft abzuwickeln; Mitleid mit ihrer Ware zu haben, war nicht angesagt. Ihre gierigen Menschenmäuler und -bäuche, die möglichst gut genährt und gestärkt durch den ewigen Winter des Lunatals gebracht werden wollten, fürchteten den Hunger mehr als die Predigten in der St.-Johann-Kirche oder das Jüngste Gericht.

Bartek fragte sich, warum Katholiken Fleisch essen und ihre Zuchttiere schlachten durften, warum das kein Verstoß gegen das fünfte Gebot war. Am Freitag flüchteten sie sich in die Frömmigkeit und fasteten, verspeisten Sprotten aus dem Baltischen Meer oder Mehl- oder Kartoffelklöße. Fische, die Barteks Vater und Onkel in der Luna oder in den masurischen Seen gelegentlich angelten, waren ein exquisiter Leckerbissen, der zum Wodka gegessen wurde. Hecht in Aspik liebte Stasia, es war das einzige Gericht, das ihr Mann für sie persönlich zubereitete. Ab und zu nahm Krzysiek seinen Sohn auf eine Angeltour an der Luna mit, dann fing Bartek für seine Mutter einen Hecht.

Olcia schmierte Bartek ein Brot für die Schule und schimpfte über ihren Franzosen, dem es an diesem Morgen schwer fiel, das warme Bett zu verlassen. Olcias Vorwürfe waren für das Schusterkind nichts Neues, es kannte die Gifte und Arzneien ihrer Hausapotheke sehr gut. Sie sagte: »Die Frau von Tschossnek ist sein Sargnagel, diese Hexe! Sie wird auch früher oder später ihren Mann unter die Erde bringen! Und der Franzose denkt immer noch, er wäre ein junger Bursche von dreißig Jahren!«

Das Schusterkind gab seiner Oma Olcia einen Abschiedskuss auf die Wange und sagte: »Lass ihn heute nicht aus dem Haus gehen –

schließ ihn in der Wohnung ein, und ich komme nach der Schule zum Mittagessen: Dann sehen wir weiter!«

Er lief nach draußen, Anton konnte er vor dem Kino *Zryw* nicht mehr abholen, dafür war es zu spät, und sein Freund war bestimmt schon längst zur Schule losgegangen. Der Himmel hatte sich von dem mächtigen Einfluss der Nacht und des Mondes noch nicht lösen können, das Sonnenlicht schwächelte, der Morgen war neblig, und graue Schwaden schwebten überall dort, wo sich die warme Luft mit der kalten vermischte.

Im Marschschritt hatte Bartek den Schulweg zurückgelegt, verschwitzt und abgekämpft kam er zum Sport, zur ersten Unterrichtsstunde. Er musste sich noch umziehen, was ihn jedes Mal viel Zeit kostete, sodass er wieder einmal zum morgendlichen Begrüßungsappell in der Turnhalle nicht pünktlich käme.

In der Turnhalle des Mechanischen Technikums war die Luft nicht nur im Sommer stickig und muffig – auch im Winter roch es dort nach alten Wischlappen und Schimmelpilzen. Schweißdünste und abgetragene Turnschuhe und Unterhemden wohnten in den Umkleideräumen, in denen sich schon viele kleine und große Tragödien abgespielt hatten. Draufgänger, Kampfhähne und Schlagetote verspotteten und drangsalierten die Schwächeren, lachten über ihre Schmalbrüstigkeit, bespritzen ihre nackten Körper mit kaltem Wasser und brüllten vor Lachen, wenn ihre Opfer die Zähne zusammenbissen oder heulten. Bartek und Anton hatten bis jetzt Glück gehabt – die Schlagetote ließen sie beide in Ruhe und zwangen sie nicht dazu, ihre Hosen runterzulassen: Jeder Penis war ihnen zu klein und des Spottes wert.

Nach dem Sportunterricht gab es nicht einmal Zeit zum Duschen. Verschwitzt rannten Bartek und seine Mitschüler über den Fußballplatz zu einem der zweistöckigen Hauptgebäude, in deren Klassenräumen einst Soldaten des Zweiten Weltkrieges wie zum Beispiel Opa Monte Cassino geschlafen und Gott um Verschonung im Bomben- und Granatenhagel an der Front angefleht hatten. Mickiewicz' oder Baczyńskis Gedichte, vor welchen die sozialistischen Schulbücher nach 1945 überquollen, dürften den Wehrmachtssoldaten unbekannt gewesen sein. Nun aber mussten sich die Seelen der gefallenen Deutschen in ihrer ehemaligen Kaserne mit polnischer Dichtung befassen – Bartek war sich sicher, dass das für diese Untoten eine grausige Strafe war.

Die Polnischlehrerin erinnerte Bartek an seinen Aufsatz, den er über die Gedichte von Natalia Kwiatkowska schreiben sollte. Die ganze Klasse lachte herzlich über ihn, aber er streckte ihnen, den Spöttern, seine Zunge raus und sagte: »Ich werde mit Frau Kwiatkowska persönlich ein Interview führen! Sie ist meine Nachbarin, außerdem ist sie eine großartige Physikerin, die in einem botanischen Garten wohnt – doch von solchen Dingen versteht ihr nichts, ihr Primaten! Ihr Hundesöhne!«

Für seine Beschimpfungen wurde Bartek kurz vor der Pausenklingel vor die Tür geschickt. Er versteckte sich auf der Toilette, obwohl es in wenigen Minuten zur Pause läuten würde. Wenn der Schuldirektor einem Aussätzigen und Rebellen vor der Klassenraumtür zufällig begegnete, konnte es passieren, dass man auch noch von ihm, dem strengsten Lehrer, Professor und Hohepriester der Schule, eine Strafe erhielt.

Bartek und Anton waren heilfroh, als der Unterricht zu Ende und überstanden war, dieses buntscheckige terroristische Bildungsprogramm: Sport bei einem pensionierten Offizier der Volksarmee, im Übrigen einem Giftzwerg; Polnisch bei einer gealterten Blondine, die ihre Partner so oft wechselte, wie es nur ging, und die jungen Männern gegenüber feindlich eingestellt war; Technisches Zeichnen und Metallurgie, gelehrt von zwei erdabgewandten und weltfremden Philosophen – das waren alles in allem harte Prüfungen, fand das Schusterkind.

Vor den Toren der Schule wartete der Bucklige Norbert. Er war durchgefroren, seine Nase lief und blinzelte rosafarben, er musste schon mindestens seit einer Stunde auf Bartek und Anton gelauert haben. Aus seinem Wintermantel zog er freudestrahlend ein Weckglas mit dem Schuhleim *budapren* hervor, als das Schusterkind auf ihn zukam, um ihn zu fragen, warum er diesen weiten Weg auf sich genommen hatte, ob er wieder eine Nachricht mit wichtigen Neuigkeiten zu übermitteln hätte.

Norbert lachte, und wenn er lachte, schnellte seine Oberlippe nach oben und berührte fast die Spitze seiner langen Nase – man konnte dann Norberts riesigen pferdeartigen Vorderzähne und sein üppiges Zahnfleisch bewundern: Der Sohn von Herrn Lupicki kratzte sich auch noch am Hals und bewegte den Kopf hin und her. Immer wenn Bartek besonders gut gelaunt war und dem Buckligen ein Kompliment machen und seinen Dank aussprechen wollte, sagte er zu ihm: »Stevie Wonder! Gute Arbeit! Stevie! Danke dir!«

Bartek nahm dem Buckligen das Weckglas mit *budapren* ab und reichte es sogleich weiter an Anton: »Siehst du! Auf Stevie Wonder ist Verlass!«, sagte er. »Morgen werden wir das Zeug in unserem Warteraum testen – und ich werde schon vom bloßen Anschauen dieser karamellfarbenen Flüssigkeit high!«

Am Broadway

Die Kętrzyńska war die längste und geschäftigste Straße des Städtchens. Bartek und auch Marcin und Anton nannten sie *Broadway*, was in ihren Augen gar nicht übertrieben war. Ein paar Filme, die in New York spielten (»Die Klapperschlange«, »Saturday Night Fever« und »Die drei Tage des Condor«), hatten sie zu dieser Umbenennung inspiriert, und diese wichtigste Hauptverkehrsader und Einkaufsmeile von Dolina Róż verband die Altstadt mit dem gefürchtetsten Bezirk ihres Wohnortes: nämlich mit dem katholischen Friedhof, in dessen Gräbern die Toten bis zu ihrer theologischen Schuld- oder Freisprechung am Tag des Jüngsten Gerichts ein Gefangenendasein fristen mussten – ohne Licht und Dunkelheit im Niemandsland.

Die Kętrzyńska führte bis an die äußersten Stadtgrenzen und mündete in eine Bundesstraße. Dort, an dieser Mündung, stand eine namenlose und geheimnisumwobene Fabrik, und in dieser Fabrik verbrachten die Arbeiter ihr ganzes Leben, als wären sie zum Tode verurteilte Häftlinge. Es war ein streng gehütetes Staatsgeheimnis, welche Produkte die Arbeiter in ihrem Betrieb herstellten. Bartek vermutete, dass die Arbeiter selbst nicht wussten, was genau hier produziert wurde: Maschinen, komplizierte Gerätschaften, Waffen oder unbrauchbare Türschlösser? Die Menschen mussten nur gehorchen, schweigen und schuften – die Pläne der Partei erfüllen. Ab und zu traten die Arbeiter in den Streik, obwohl ihnen klar war, dass sie gegen den Tod und die Partei nie gewinnen würden. Ihre übertriebenen Forderungen nahm niemand ernst, zumal ihre Streikführer unbedeutende Witzfiguren waren, die sich Papiermützen aus alten Zeitungen falteten, um den großen Genärälen ihrer Nation nachzueifern.

Am *Broadway* gab es eine Geistertankstelle, die wegen der häufigen Lieferengpässe selten geöffnet war, und die öffentliche Regionalbusgesellschaft PKS hatte hier am *Broadway* auch ihren Firmensitz. Bartek konnte leider nur wenige Male mit einem Bus zu einem anderen Ort reisen, zu einem anderen Planeten und Stern des Lunatals. Er musste auf den Sommer und auf die Schulferien warten, dann fuhr er mit den Eltern an einen See. Doch der Winter war so übermächtig und teuflisch, dass Jahr für Jahr niemand genau zu sagen wusste, ob der Sommer wirklich je wieder zurückkommen würde, was den Kalender und seine heilige astronomische Ordnung in Frage stellte, und die sehnsuchtsvolle Erinnerung an die heißen Juli- und Augusttage glich mehr einem Traum von einer untergegangenen Welt. Diese winterliche Gedächtnistrübung war die schlimmste Krankheit in Barteks Geburtsstädtchen, und man konnte schon ruhig von einer uralten und gefährlichen Pandemie sprechen, die in Rosenthal ebenso erfolgreich gewütet hatte.

An dieser Straße stand auch das Gebäude der Stadtbibliothek, die das Schusterkind nach dem Mittagessen bei Oma Olcia aufsuchen würde. Und das einzige Kaufhaus von Rosenthal, das seltsamerweise genauso hieß wie Barteks Mutter, ein Hotel, Boutiquen,

Eisdielen und Bäckereien, ein Buch- und Blumenladen und sogar ein Spielzeuggeschäft hatten am *Broadway* ebenfalls einen würdevollen Platz gefunden.

Bartek musste sich auf dem Nachhauseweg vorzeitig von dem Buckligen Norbert und Anton trennen, was seinem Freund nicht besonders gefiel. »Seit der Rückkehr deines Opas Franzose bist du wie ausgewechselt«, sagte er. »Wir gehen nicht mehr gemeinsam zu unserem Flughafen und Treffpunkt, zum *Zryw*, das ist gegen unsere Abmachung!«

»Freu dich lieber darüber, dass uns Norbert *budapren* besorgt hat!«

Der Bucklige Norbert hinkte hinter ihnen her, er machte ein trauriges Gesicht, seine Freude über den Freundschaftsdienst – und immerhin hatte er einen riskanten Diebstahl begangen – war ungestüm verflogen. Bartek beschloss deshalb, den Buckligen mit zum Mittagessen bei Oma Olcia zu Hause zu nehmen.

Sie sagten Anton ein herzliches »*Cześć!*« und ließen ihn vor dem inoffiziellen Eingang des Friedhofs stehen – sie mussten sich beeilen, da es Oma Olcia hasste, wenn das Essen kalt wurde.

»Ich möchte Deine Lilja Brik sein«

Opa Franzose war tatsächlich zu Hause geblieben, Olcia hatte ihn für einen Tag beurlaubt – die Schachpartien mit Herrn Tschossnek und die Tändeleien mit seiner Frau sollte er erst morgen fortsetzen. Der Fernseher war eingeschaltet, der Franzose lag auf dem Sofa und las ein Buch, dessen Umschlag schmutzig war. Das Papier verbreitete penetranten Kellergestank, die feuchte und faulige Luft des Steinkohlebergwerks hatte Olcias Wohnung erobert und durchdrungen. Daran war sie selbst schuld: Nachdem der Franzose vor fünf Jahren zum wiederholten Male von ihr abgehauen war, hatte sie seine Bibliothek in den Keller verbannt. Verpackt in Kartons lagerten nun die Bücher ihres Mannes in den vom Steinkohlestaub geschwärzten Regalen; Olcia hatte sie wie die Flaschen mit selbst gebranntem Schnaps oder die Weckgläser zur Aufbewahrung weggelegt, und die Spinnen und eingelegten Gurken sowie Kirschkompotte waren vor Freude über die gebildeten Nachbarn ganz außer sich geraten. Die eingemachten Sachen schmeckten noch besser, musste Olcia eingestehen, wenn sie die Weckgläser für ihre Töchter, Schwiegersöhne und Enkel öffnete und die Köstlichkeiten probierte. Sie hätte dennoch am liebsten die Bücher ihres Franzosen in ihrem Kachelofen verbrannt. Doch ihre katholische Seele erlaubte ihr keinen solch bestialischen Mord. Sie sagte lediglich: »Möge Frankreich, die Heimat meines Mannes, untergehen und von Europas Karte einst für ewig verschwinden! Die Bücher sind die gefährlichste Waffe des Teufels! Pfui! Sie verdrehen selbst einem intelligenten Mann den Kopf und machen ihn zum Diener der Hölle, die erfinderischer sein will als unser Gottvater!«

Ihr Mann lag also den ganzen Vormittag schon auf dem Sofa und las ein Buch, als wäre er gar nicht für fünf lange Jahre weg gewesen, ja, als wäre er überhaupt nie von zu Hause geflohen; zwischendurch warf er einen Blick auf den Fernseher, der ihn beim Lesen nicht störte. Der Franzose hatte die Zeit außer Gefecht gesetzt, und in einer anderen Epoche, in einer fernen Zukunft, würde er fremden Besuchern und Zeitreisenden mit Bestimmtheit exotisch erscheinen: hier auf dem Sofa mit dem Buch in den Händen und in der Ecke der laufende Fernseher, als wäre er gar nicht dazu fähig, Frau und Kinder aufzugeben und vor ihnen zu fliehen. Vielleicht war er auch tatsächlich nie aus Rosenthal geflohen. Es gab scheinbar solche Universen und Wirklichkeiten, in denen sich nie etwas änderte. Opa Franzose stand am PKP-Fahrkartenschalter und zeigte seinen Eisenbahnerausweis und fragte nach der nächstbesten Zugverbindung in den Süden, nach Krakau oder Tschenstochau zum Beispiel – das tat er jeden Tag, an dem er wieder einmal seine Flucht von Dolina Róż und seiner Familie beschlossen hatte. Alles geschah in einer eingefrorenen Zeit, in einer Endlosschleife.

Der König von Sparta, Leonidas I., kämpfte immer noch in der Schlucht bei den Thermopylen, und sein aussichtsloser Kampf würde nie enden. Herr Lupicki saß in der Totenkammer seiner Werkstatt und wischte sich die tränenfeuchten Augen mit einem Stofftaschentuch. Er würde nie aufhören, daran zu denken, dass seine Kunden in ihrer Unzuverlässigkeit genauso geheimnisvoll waren wie die mit den Schuhen prallgefüllte Totenkammer. Nutzlose beziehungsweise vergessene Schuhe durfte es, dachte Herr Lupicki, gar nicht geben. Genauso würde Oma Olcia nie aufhören, jeden Freitag zum Wochenmarkt zu gehen.

Barteks Oma war nicht davon begeistert, dass ihr Enkel einen Gast zum Mittagessen mitgebracht hatte. Sie mochte den Buckligen Norbert nicht. Nur Gottvater könne wissen, meinte sie, warum Herrn Lupickis Sohn so hart bestraft worden sei – mit Dummheit, für die Norbert nicht einmal zur Verantwortung gezogen werden dürfe. Allerdings sagte sie auch, dass vielleicht die Ursache für diese schwere Krankheit, denn für sie war es eine Krankheit, an der Norbert litt, ganz woanders gesucht werden müsse. Herr Lupicki sei jüdischer Herkunft, ein Chassid aus der Ukraine. Sie erklärte deshalb ihrem Enkel, als sie ihm den Teller mit Gurkensuppe fast bis an den Rand gefüllt hatte, Herr Lupicki habe diese Strafe vielleicht verdient. Schließlich habe es lange gedauert, bis der alte Schuster umsichtig geworden sei und Jesu Christi Botschaft angenommen habe. Der Franzose stellte seine Frau für ihre ihm allzu oft geradlinigen und leicht durchschaubaren Ansichten gewöhnlich an den Pranger, und so geschah es auch diesmal. »Ihr neutestamentlichen Gläubigen und eure Kleriker und Häresiarchen – ihr seid alle Antisemiten! Ja, das seid ihr schon immer gewesen! Weil ihr die Schöpfung als euer Eigentum betrachtet!«, schrie er Olcia beim Mittagessen an. »Weil ihr aus euren heidnischen Götzen Schöpfer der Welt gemacht habt, was euch allerdings gar nicht klar ist!«

Norbert, der mit am Küchentisch sitzen durfte und von Olcia nicht an den schäbigen Arbeitsplatz der Vitrine aus den Fünfzigern vertrieben wurde, senkte den Kopf, als hätte ihm die Schelte des Franzosen gegolten.

»Die Bücher haben dir deinen Verstand gestohlen«, sagte Olcia. »Sie sind schlimmer als der Wodka! Und jetzt beruhige dich endlich. Iss lieber die Gurkensuppe, solange sie heiß ist, und ich schneide dir noch eine Scheibe Brot dazu!«

Olcias größte Sorge war, dass die Gurkensuppe kalt werden würde. Sie ignorierte gänzlich die Tiraden des Franzosen. Sie sagte zu Norbert: »Du bist ein Hungerleider – sollst aber mein gütiges Herz kennen lernen! Greif tüchtig zu, Junge, und iss dich satt! Freitags gibt's zwar bei mir kein Fleisch, aber dafür zwei Gänge! Greif tüchtig zu!«

Barteks Großeltern setzten ihren Streit fort, und er hatte Mühe, ihnen zu erklären, dass er bloß auf dem Sprung sei und gleich in die Stadtbibliothek gehen wolle, um den Aufsatz über Natalia Kwiatkowskas Gedichte zu schreiben.

Der Franzose verstummte plötzlich, die Glocken seiner eifrigen Tiraden gegen die Engstirnigkeit läuteten aber immer noch in Barteks Kopf. Opa Franzose schlürfte die Gurkensuppe und stierte den Buckligen Norbert an, dem niemand beigebracht hatte, wie man eine Suppe essen musste: Sein Hemd war nass, geschnippelte Gurkenstreifen klebten an seinem Hals und Hemd, und er leckte nach jedem Schluck den Löffel lautstark und schmatzend ab.

Der Franzose sagte schließlich: »Der Bucklige hat mir heute Morgen eine Nachricht von Natalia Kwiatkowska überbracht. Gegen Abend werde ich zu ihr gehen, und du kommst mit – Bartek. Wir treffen uns vorher in der Schusterwerkstatt!«

Das Schusterkind nickte bestätigend und aß in Windeseile die Piroggen mit Käse und Zwiebeln, den zweiten Gang, auf und machte sich dann auf den Weg. Es konnte am *Broadway* endlich durchatmen und zu seiner alten, ihm eigenen Ordnung der Dinge zurückfinden: Bartek genoss es, allein zu sein. Jetzt würde er nur noch dafür beten, der winterliche Himmel möge endlich seine Pforten öffnen, die Wolken vertreiben und über dem Lunatal erleuchten – Bartek vermisste die Sterne und ihre für ihn aberwitzig erscheinenden Konstellationen und Figuren, die angeblich in jedem Land der Erde bekannt waren; das Schusterkind dachte sich seine eigenen Sternbilder aus.

Der Schnee hatte den Himmel besiegt und in seinem trübsinnigen Kerker eingeschlossen. Ja, es schneite wieder. Und die Rückkehr der Sonne und der glasklaren Nächte mit den Sternen zog sich in die Länge, Woche für Woche. Es musste noch kälter werden, dann würde man bei hohen Minustemperaturen endlich den nackten Himmel beobachten können, mit seinen Ungeheuern und Jungfrauen, Liebhabern und Räubern. In solchen Nächten verwandelte sich Dolina Róż in ein Planetarium. Herr Tschossnek und Opa Franzose spielten Schach, Monte Cassino und Herr Lupicki reparierten die Schuhe ihrer undankbaren Kunden, Mariola zog ihren Rock aus und spreizte die Beine für die Piepmaus eines neuen Geliebten, der deutsche Spion aus Amerika schaute aus dem kleinen Fenster seiner Gefängniszelle nach draußen in die eingebüßte Freiheit – und all das spielte sich am nächtlichen Firmament ab, hier über dem Lunatal.

In der Stadtbibliothek waren die für den Leihbestand zuständigen Damen Bartek gegenüber zuvorkommend und freundlich; sie kannten schließlich seine Mutter, die sie für ihre pädagogische Arbeit schätzten. Sie halfen ihm bei der Suche nach Natalia Kwiatkowskas Gedichten. Er setzte sich an einen stillen Tisch im Lesesaal und ließ sich die Zeitschriften und Bändchen mit dem verbotenen Werk der Stalinistin bringen. Diese pompösen Früchte durfte man normalerweise nicht so einfach bestellen, man brauchte schon einen speziellen Grund, aber die Damen drückten bei Bartek ein Auge zu. Es fiel ihm schwer, sich zu konzentrieren, er kam sogar auf die Idee, das Schreiben des Aufsatzes seiner Mutter zu überlassen, die es bestimmt gerne tun würde. Aber er fand diesen Einfall albern und seines Intellektes nicht würdig. Und somit, als man ihm die angeforderten Materialien aus einem Magazin brachte, stürzte er sich in die Arbeit.

Er las dann die ersten Zeilen eines Gedichts der einstigen Physiklehrerin und fragte sich, was für einen Lippenstift sie besaß, ob dieser ihr zur Verführung und Besänftigung oder eher zur Beherrschung und gar Tötung der Männer diente – dieses mächtige Instrument der Frauen, mit dem sie komplizierte Operationen an den männlichen Versuchstieren durchführten. Und es waren mehr oder weniger waghalsige Experimente, die angeblich die Entwicklung der Liebe zwischen Frau und Mann vorantreiben sollten – zum Positiven hin. Bartek jedenfalls würde seiner Mutter niemals unterstellen, sie wolle nicht lieben, sondern morden. Seine Mutter war keine Mörderin, obwohl sie töten durfte.

Er wurde bei der Lektüre schläfrig. In der Stadtbibliothek galten eigene physikalische Gesetze: Man verfiel schnell in einen schwebelosen Zustand und musste sich gegen die Angriffe der Schläfrigkeit und Ermattung mit allen vorhandenen Körperkräften wehren. Und die Bücher, zusammengepfercht in den endlosen Regalreihen, schliefen so fest wie Säufer, die nach einer durchzechten Nacht halbtot ins Bett gekrochen waren und das erlösende Reich des Nirwanas betreten hatten.

Jedenfalls war es nicht so einfach, die Bücher aus ihrer Apathie zu wecken. Und selbst wenn man mehrere Seiten gelesen hatte, wollten die Bücher ihre intimsten Geheimnisse nicht preisgeben. Bartek musste sich jedes Mal, wenn er in der Stadtbibliothek seine Hausaufgaben erledigte, zwingen, wachen Geistes zu bleiben: Es war Knochenarbeit.

Nur prominente Büchereibesucher genossen so erlesenen Service: Bartek wurde ein Glas schwarzer Tee gebracht – mit zwei Zuckerwürfeln, die den Rand einer Untertasse schmückten. Er war der Sohn von Stasia, das Schusterkind der bekannten Lehrerin und Aktivistin, der Träger ihrer Nationalfahne, des weißen Hemdes, das er nicht nur an den Schulappellmontagen anziehen musste; die Launen der Mutter hatte er gefälligst zu respektieren.

Er las die Gedichte von Natalia Kwiatkowska und konnte nichts Anstößiges oder gar Verbotenes entdecken. Über ihren Gott Stalin schrieb sie in einer kurzen Liebeserklärung Folgendes:

ich möchte
Deine Lilja Brik sein
Deine tochter
und genossin –
Dein werk
Du gütiger morgen=stern
der neuen welt
Du maul=korb unserer peiniger

Du hast uns geheilt
aus Deinen worten
ist
unser täglich=brot
und der himmel über uns
kein sarg mehr ---

Bartek merkte nicht, wie schnell die Stunden vergingen. Er machte sich Notizen und las auch solche Gedichte, die Natalia Kwiatkowska über das Lunatal und ihr Städtchen geschrieben hatte, das sie »den Fingerhut der Milchstraße« nannte. Sie schrieb auch über ihre Mutter Jadwiga, über das Leben einer einfachen Bäuerin, und sie verteidigte die Frauen und Genossinnen, die keine Familie gegründet und ihre ganze Kraft und Energie dem Wohl der Allgemeinheit und der Partei geopfert hatten. »Im geistigen Uterus dieser Frauen«, schrieb sie, würde dafür »der Neue Mensch« heranwachsen, der eines Tages den ganzen Planeten Erde bevölkern und zu einem von »Ausbeutern und Sklaventreibern« freien »Fabrik-, Feld- und Gedankenarbeiter« werden würde.

Das Schusterkind musste seine Arbeit unterbrechen – die Bücherei schloss pünktlich; die Damen, die Bartek die Materialien und den Tee gebracht hatten, waren aus ihrem Bücherschlaf aufgewacht – ihr Tag konnte nun endlich beginnen. Immerhin war es ihm gelungen, zwei A4-Blätter zu schreiben, die Seiten lagen auf dem Tisch vor seiner Nase und lächelten ihm zu: »Junge, du hast es geschafft!« Er konnte zwar seine eigene Schrift kaum entziffern, aber er war stolz auf sich. Morgen würde er den Aufsatz korrigieren, lesbar abschreiben und Marcin zur Kontrolle geben – der Aristokrat des Denkens und Handelns war auch ein ausgezeichneter Kritiker und Lektor.

Am *Broadway* war die Nacht in ihrer ganzen Intensität schon ausgebrochen. Der Abend hatte erst gar keine Chance gehabt, sich auf den Straßen von Dolina Róż auszubreiten. Im Prinzip existierten bestimmte Zeiten, Tagesphasen und Stimmungen in Barteks Städtchen nicht mehr. Der Winter war so sehr in die Nacht vernarrt, dass er am Tage dem Licht – seinem Widersacher, auf den er eifersüchtig war – nur für wenige Stunden die Herrschaft über das Lunatal überließ. Und selbst in dieser kurzen Phase der Erhellung und des Erwachens, wenn die Sonne spärlich zwischen den Wolken auftauchte, war es überall grau und düster.

Kurz nach achtzehn Uhr kam das Schusterkind in der Werkstatt von Herrn Lupicki an, in der wie üblich ein reger Betrieb herrschte. Die Hure Marzena und der Mörder Baruch genossen wie im Tran die Wärme des Kanonenofens, und Norbert schlief auf einem Hocker, sein Kopf ruhte auf dem Tresen. Die Mannschaft Herrn Lupickis war vollzählig und spielte wieder ihre Schustermusik. Opa Franzose war auch da, er hatte sich scheinbar von Barteks Mutter zu diesem Besuch bei seinem alten Freund überreden lassen, denn er probierte in der Totenkammer, deren Tür weit aufgerissen war, ein Paar Winterstiefel an, die ein Kunde vor vielen Jahren zur Reparatur abgegeben hatte. Die Halbschuhe des Franzosen, vollkommen durchnässt, ausgebeult und löchrig, standen auf dem Tresen

– zur Begutachtung. Die Absätze und Sohlen waren schon mehrmals gründlich erneuert worden, und Herr Lupicki kam aus dem Staunen nicht heraus: »Diese Schuhe sind wie dein Leben, Franzose!«, rief er in Richtung der Totenkammer. »Man kann sie noch tragen und sogar immer wieder neu besohlen und ihre Löcher zunähen und -kleben, doch sie sind eigentlich kaputt, nicht mehr zu gebrauchen. Deine Treter würde ich nicht einmal in der Totenkammer abstellen. Und weißt du was? Ich werde sie nach Feierabend in unserem Kanonenofen verbrennen!«

Herr Lupicki verbrannte liebend gern kaputte und abgenutzte Schuhe: Er tat es selten, da der Kanonenofen als Schuhkrematorium wenig taugte. Außerdem gab es nach jeder Verbrennung – er nannte sie »Einäscherung« – von abgetragenen und aussortierten Kundenschuhen einen heftigen Streit mit Monte Cassino und Michał Kronek – wegen des entsetzlichen Gestanks, denn das Gummi und der Kautschuk waren von einer so schlechten Qualität, dass während der Verbrennung ein beißender Rauch entstand: für Monte Cassino, der an den Augen und der Nase sehr empfindlich war, hatte dieser giftige Rauch meist schlimme Konsequenzen. Seine Augen juckten erbarmungslos, und er musste für zwei, drei Tage zu Hause bleiben.

Herr Lupicki begutachtete fachmännisch die Halbschuhe des Franzosen und sagte: »Am liebsten würde ich jedes Paar Schuhe, die ausgedient haben, auf unserem Friedhof gegenüber der Molkerei bestatten. Meinetwegen in einem Massengrab! Die Leute haben keinen Respekt mehr vor der Erde, die sie trägt. Ihre eigenen Füße sind ihnen nicht heilig, und ihre Schuhe behandeln sie stiefmütterlich. Sie kaufen sich ständig neue!«

»Wahre Worte«, pflichtete ihm Monte Cassino bei. »Ich bin froh, dass ich keine mehr brauche. Die Räder meines Rollstuhls sind zuverlässiger!«

Jeder wusste, dass er log: Unter seinem Bett standen nämlich schwarze Sonntagslackschuhe aus feinstem Leder in einem Karton. Er putzte sie einmal in der Woche, stellte sie auf den Küchentisch, schaute sie von allen Seiten an, sprach mit ihnen und ließ sie wieder im Schuhkarton verschwinden. Seiner Frau Hilde erzählte er, entweder würde er das schicke Paar Größe dreiundvierzig mit ins Grab nehmen oder kurz vor seinem Tod Bartek schenken. Und hatte es sich in Dolina Róż herumgesprochen, dass der Schuhladen eine Warenlieferung erwartete, wurde das Geschäft von einer ungeduldigen Meute gestürmt, und es war ein Wunder, dass kein einziges Mal das Schaufenster zu Bruch gegangen war.

»In meiner Kindheit«, fuhr Herr Lupicki fort, »habe ich die Treter meines älteren Bruders seligen Angedenkens tragen müssen. Allerdings konnte ich nur dann ausgehen, wenn er zu Hause blieb. Unsere Eltern waren emsige Leute, die aber nie Geld hatten, obwohl sie sich zu Tode schufteten, und ich schämte mich, dass ich im Sommer barfuß zur Schule gehen musste. Aus Wut auf die wohlhabenden Kinder habe ich oft die Schule geschwänzt! Und dennoch kann ich mich nicht beschweren. Mein Vater ist auch Schuster gewesen – ich habe den Beruf von ihm erlernt. Ich verdanke ihm sehr viel!«

»Wahre Worte«, meinte Michał Kronek, der seinen Gegner Monte Cassino oft nachäffte, um ihn zu provozieren. Man hatte den Eindruck, Monte Cassino sei für ihn eine Strohpuppe in Wehrmachtsuniform.

Opa Franzose kam in den ihm geschenkten Winterstiefeln und mit einem breiten Lächeln im Gesicht aus der Totenkammer gestapft und wandte sich an Herrn Lupicki: »Bei der Eisenbahn wirst du nicht reich – sie schenken dir nicht einmal vernünftige Winterstiefel! Ich danke dir, mein Freund! Sie passen mir ausgezeichnet! Als wären sie für mich persönlich gemacht worden!«

»Bedanke dich bei meinem Kunden, einem bekannten Juristen – er war Alkoholiker, doch das sollte dir kein Kopfzerbrechen bereiten. Er ist letzten Winter bei einem Autounfall umgekommen – allerdings vor den Einfahrtstoren unseres Friedhofs. Phi! Sachen gibt's!«

»Ich trage Stiefel eines Toten?«, wunderte er sich. »Das ist ja so, als müsste ich sein Leben auf Erden fortsetzen und für seine Taten Verantwortung übernehmen!«

»Du hast keine andere Wahl«, antwortete Herr Lupicki. »Es sind die besten, die meine Totenkammer hergibt.«

Draußen, als das Schusterkind und der Franzose dann zu der Verabredung mit Natalia Kwiatkowska gingen, sagte Barteks Opa: »Ich habe endlich warme Füße! Und ich bin endlich wieder zu Hause! War es falsch von mir, vor euch zu fliehen? Eine zweite Familie zu gründen? Was denkst du?«

Bartek reagierte nicht, da er sich mit seiner Geliebten Meryl unterhielt.

»Wusstest du schon, dass Dolina Róż«, meinte Meryl, »ein intelligentes umtriebiges Lebewesen ist und sogar unsere Sprache beherrscht?«

»Was?«, staunte Bartek. »Meine Stadt? Sie gleicht uns Menschen?«

»Nein – eher einem Chor. Sie ist wie das Stimmengewirr eines Kartoffelrosenbuschs!«

»Warum kann ich dann diesen Chor nicht singen hören?«, fragte das Schusterkind. »Meryl – ich bin dir für alles, was du für mich tust und was du mir sagst, dankbar. Aber irgendwann werde ich dich verlassen müssen. Du hast einen besseren Liebhaber als mich verdient. Ich habe dich zwar erschaffen, doch meine Schöpfung ist primitiv. Mein Herz weint, wenn ich dich angucke … Heute fehlen dir die Beine und Hände, dein Mund ist schief … Deine Augen blinzeln schmerzvoll … Und manchmal hast du zwei Nasen und vier Ohren, wenn ich mich mal wieder nicht entscheiden kann, wie du aussehen sollst – wie eine Diva oder wie die Geliebte des französischen Leutnants. Oder vielleicht wie eine Dorfpomeranze?«

»Sei nicht traurig, mein Liebster! Andere Kreaturen sind noch hässlicher. Soll ich dir zeigen, wen dein Opa Franzose liebt? Schau genau hin!«

Bartek blieb abrupt stehen. Was er zu sehen bekam, war ungeheuerlich: Der Franzose liebte nur sich selbst – er liebte seinen Doppelgänger, der aber so missraten und deformiert war, dass er ohne fremde Hilfe gar nicht überleben, keinen einzigen Schritt allein machen konnte. Monte Cassino hätte seine Freude gehabt: Dagegen war er ein Hochleistungssportler. Die Eisenbahneruniform, das Hemd und die Krawatte dieses zwielichtigen Wesens schienen zwar fabrikneu zu sein, aber sein Körper, obzwar festlich gekleidet, bestand aus zusammengeschraubten, auf einem Schrottplatz gefundenen Gliedmaßen. Der Kopf hing schlaf zur Seite wie bei einer Marionette, und den Brustkorb hatte man mit einer Metallplatte verschlossen und verschraubt – das Herz schrie um Hilfe und Luft.

»Meryl, du hast mir die Augen geöffnet! Ich danke dir! Du musst jetzt aber gehen. Der Franzose will mit mir reden!«

Das Schusterkind ging weiter und sagte im nächsten Moment zu seinem Opa: »Du liebst nur dich! Das ist die Wahrheit! Du liebst den gebrochenen, in die Jahre gekommenen Mann in dir! Dein Herz ist aus Eisen, du Eisenbahner!«

»Und du bist manchmal so gedankenverloren, dass man dich normalerweise an den Schultern packen und ordentlich durchschütteln müsste«, meinte der Franzose, der sich bei seinem Enkel einhakte und ihn anschließend zur Eile anhielt. »Ich schmiede neue Pläne: Ich habe beschlossen, in Dolina Róż zu bleiben«, fuhr er fort. »Das Haus meiner verstorbenen Geliebten ist so heruntergekommen, dass es sich nicht lohnt, diese Ruine zu renovieren. Und ich möchte meine Reisen ein wenig reduzieren – ich bin alt geworden. Ich wünsche mir nichts weiter als Ruhe. Meine Eisenbahneruniform erdrückt mich! Sie ist mir so schwer geworden! Ich ersticke in meinem Anzug!«

Das Schusterkind nahm die Bekenntnisse und holden Pläne seines Opas gar nicht ernst. Solche Beschlüsse fasste der Franzose nach jeder Rückkehr. Er trank keinen Wodka, doch er hatte die Seele eines Säufers, den Willen eines durch Alkohol zermürbten

Mannes. Dieser Wille war auf die Größe eines Kirschkerns zusammengeschrumpft.

»Wer's glaubt, wird selig«, sagte das Schusterkind. »Du wirst nichts mehr ändern, und ich will auch nicht, dass du etwas änderst!«

»Du bist, Bartek, ein strenger Richter, wie meine Töchter! Mit der Zeit wird dir deine Überheblichkeit vergehen.«

Vor dem Eingang des orangefarbenen Wohnblocks trafen sie zufällig Krzysiek, er war aber nicht allein. Einmal im Jahr kam es vor, dass Barteks Vater den Pfarrer Jędrusik zu sich nach Hause einlud, um mit ihm Schach zu spielen. Die Einladung zum Schachspiel war bloß ein Vorwand, in Wahrheit wollte Krzysiek dem Pfarrer beweisen, dass er sich von niemandem, nicht einmal von der Kirche, einschüchtern lassen würde. Krzysiek bombardierte den jungen Pfarrer mit Fragen, unterbrach ihn ständig, hörte ihm nicht zu, verfing sich in Widersprüchen und stellte abstruse Theorien auf. Die Bibel sei von Menschenhand geschrieben worden, nicht von einem Gott namens Jahwe oder Jesus Christus, und ein Priester dürfe gar nicht in Gottes Namen predigen, ein Pfaffe sei doch genauso sterblich wie alle anderen Menschen. Jędrusik, ein begabter junger Mann, ließ sich nicht aus der Fassung bringen und sagte lediglich, dass er niemanden zwingen wolle, jeden Sonntag in die Kirche zu gehen. Er sei eben ein schlechter Fischer, das müsse er, Krzysiek, akzeptieren. Nach diesen Treffs – einmal jährlich – fühlte sich Barteks Vater darin bestärkt, dass er klüger wäre als die Diener der Kirche und dass jeder das Recht hätte, die Bibel auf seine Art und Weise zu lesen. »Diese Pfaffen! Sie werden mir nicht diktieren, was ich zu denken und zu glauben habe«, prahlte er vor seiner Frau.

Krzysiek und der Pfarrer Jędrusik wunderten sich, als sie von Bartek erfuhren, dass der Franzose Natalia Kwiatkowska besuchen wolle. »Mein Sohn, ich hoffe, du weißt, was du tust!«, sagte Jędrusik zu Opa Franzose. »Ich habe viel von dir gehört! Du bist mir nicht unbekannt!« Und Barteks Vater, dem diese zufällige Begegnung unangenehm zu sein schien, erklärte, dass sein Sprössling bei der Stalinistin, die einmal eine angesehene Lehrerin gewesen sei, seit kurzem Nachhilfe in Physik nähme, was bereits Früchte trüge. »Franzose! Wir sehen uns am Sonntag – in der Kirche und bei Olcia«, sagte er grinsend zum Abschied.

Barteks Opa hatte die ganze Zeit geschwiegen, er war auch dann stumm geblieben, als er mit seinem Enkel die Wohnung von *Pani* Natalia betreten und im Wohnzimmer Stasia und Quecksilber erblickt hatte. Natalias Mutter war bei ihnen, sie bewirtete die Gäste mit Tee und Marmorkuchen, den Quecksilber liebte, und auf dieses überraschende Zusammentreffen war nicht einmal das Schusterkind gefasst.

»Warum hast du mir nicht gesagt, dass du eine Tochter hast?«, fragte Stasia, nachdem der Franzose und Bartek am runden Tisch mit der herabhängenden Kugellampe, dem künstlichen Mond Natalias, Platz genommen hatten.

»Ich dachte, ihr wüsstet es schon. Ihr wisst doch sonst immer alles«, entgegnete der Franzose.

Stasia sagte: »Frau Natalia hat sich bereiterklärt, deine Tochter bei sich aufzunehmen. Ich bin selbstverständlich dagegen: Immerhin sprechen wir hier von meiner Halbschwester … Sie muss bei uns leben: bei mir und bei Olcia.«

»Du träumst …«, sagte der Franzose. »Kennst du deine Mutter nicht?«

Natalia Kwiatkowska trank einen Schluck Tee und bat um Ruhe: »Franzose – du magst es mir verzeihen, dass ich dieses Treffen veranlasst habe. Aber ich bin die einzige Person in der Stadt, die euch helfen kann. Joanna wird bei mir wohnen. Das ist beschlossen! Ihr werdet sie sonst verderben!«

Bartek war derweil mit anderen Dingen beschäftigt. In dem botanischen Garten, den Natalia Kwiatkowska in mühseliger Arbeit auf wenigen Quadratmetern geschaffen hatte und an dem sich das Schusterkind nicht satt sehen konnte, gab es nirgendwo eine Uhr oder einen Kalender zu entdecken; niemand wusste, wie spät es in diesem Dschungel war, niemand kannte das aktuelle Datum – jedes Jahr, jede Epoche kam als eine Zeitangabe in Frage, und man fragte sich, ob Natalias Mutter wirklich noch zu den Lebenden gezählt werden konnte. Jadwiga ähnelte vielmehr den Kakteen, die auf den Fensterbänken wucherten und selbst die kühnen Agaven und Palmen bedrohten. Und wenn die Unsterblichkeit wirklich existierte, in welchem Jenseitsquadranten auch immer, so war sie hier überall zu spüren: als fremde, außerirdische Formlosigkeit. Darin war Jadwiga vollkommen aufgegangen, in der Welt des künstlichen Urwalds ihrer Tochter, der Stalinistin, hatte sie sich auf ewig verkrochen.

Barteks Mutter musste Quecksilber, der noch leicht fieberte, ins Bett bringen. Er hatte einen Wollpullover an und schwitzte nicht einmal. »Wir reden am Sonntag weiter«, drohte sie dem Franzosen, ohne zu ahnen, dass sie ihres Mannes Worte zitiert hatte. An ihrem Glas, aus dem sie Tee getrunken hatte, schillerte der Abdruck ihrer rosa geschminkten Lippen.

Pewex ***und Natalia Kwiatkowskas Rede über den Neuen Menschen***

Nachdem Barteks Mutter zusammen mit Quecksilber weggegangen war, trat im botanischen Garten Natalia Kwiatkowskas eine Stille ein, die so kalt war, dass das Schusterkind der Täuschung erlag, jemand hätte die Balkontür sperrangelweit geöffnet, und es würde ins Wohnzimmer hereinschneien. Bartek wurde von diesem Wetterumschwung geweckt, die Ermattung aus der Bücherei war endgültig von ihm gewichen, und er bekam Lust auf eine Zigarette und ein Bier; außerdem hatte er Hunger. Er stopfte den zuckersüßen, von der Jadwiga gebackenen Marmorkuchen in sich hinein und musste sich anstatt eines Bieres mit dem schwarzen Tee begnügen.

Wenn Antons Portemonnaie besonders gut gefüllt war, besorgte er auf dem Schwarzmarkt Devisen – Dollar oder D-Mark. Dann ging er zusammen mit Bartek ins *Pewex*, in das Geschäft der verbotenen Marken, die man nur aus dem Kino, dem Fernseher oder von einer Auslandsreise in den Westen kannte. Bei *Pewex* gab es keine Schlangen, und man bekam, was das Herz begehrte: Schweizer Schokolade, französischen Cognac oder eine Saturn-Rakete der NASA, spottete Marcin.

Anton und Bartek kauften bei *Pewex* meistens Zigaretten der Marke Camel oder Marlboro und Dosenbier aus Westdeutschland. Marcin musste zu jedem Einkauf mitkommen, da ihn die Verkäuferinnen für volljährig hielten. Wie gern hätte jetzt das Schusterkind ein verbotenes Bier getrunken und eine verbotene Zigarette geraucht! Oft ging er nach der Schule mit Anton ins *Pewex*, bloß um sich die ausländischen Produkte anzuschauen und die verschiedenen Marken zu studieren. Sie standen so lange am Tresen, bis sie von den Verkäuferinnen, die am liebsten schwarze Miniröcke oder amerikanische Jeanshosen zu ihren weißen Kitteln anzogen, aufgefordert wurden, nach Hause zu gehen, zurück zu Geschwistern und Eltern. Die Verkäuferinnen schminkten sich ähnlich ausgefallen und aufreizend wie Stasia und ihre Schwestern, wobei die Pastellfarben eindeutig dominierten. Der Einkaufsladen *Pewex* hatte keinen würdigen Konkurrenten am Ort, obwohl die Waren des Spielzeug- und Papiergeschäfts Bartek genauso absorbierten wie die ausländischen Produkte und Marken. Wenn sich das Schusterkind im Schaufenster des Mitbewerbers von *Pewex* eine Spielzeugpuppe anschaute, dachte es sofort an sein Schwesterchen und auch daran, dass die kleine Stasia im Spielzeug- und Papiergeschäft ihren Wohnort gefunden hatte: Dort konnte sie sich entfalten und ihre Spielzeugpuppenexistenz vervollkommnen. Die Friedhöfe, diese Lagefeuer der Kannibalen aus dem Film »Am Anfang war das Feuer«, dachte das Schusterkind, müsste man abschaffen! Die Seelen der Verstorbenen sollten sich gleich nach der Beerdigung im Spielzeug- und Papiergeschäft versammeln und einen neuen Körper suchen – jede nach ihrer Fasson und ihrem Gusto. Ich würde mich zum Beispiel in einen weißen Elefanten verwandeln.

Wo aber, fragte sich Bartek, kaufte Natalia Kwiatkowska die roten Karaffen, Gläser, Flaschen und Vasen, die sie in ihrem Dschungel ausstellte, in ihren Vitrinen und Bücherregalen? Als Physiklehrerin, die eigentlich eine Schamanin und Druidin war, versuchte sie, die Materie und ihre Erscheinungsformen zu manipulieren und neu zu erschaffen oder zumindest zu kopieren. Und in ihrer Bibliothek sammelte sie Informationen über alle Bewohner des Lunatals: über die Lebenden und die Toten. Zeitungen mit den Nekrologen und den neuesten Nachrichten wurden sorgfältig gelesen und anschließend archiviert – die Zeitungstürme vor den Wänden waren menschengroß.

»Hör auf, dich mit Jadwigas Kuchen zu mästen«, sagte Natalia Kwiatkowska zu Opa Franzose, der sich schon das dritte Stück auf den Teller gelegt hatte. »Ich habe dir heute ein einmaliges Angebot gemacht. Sei vernünftig und bring deine Tochter Joanna zu mir: Ich werde mich um ihre Erziehung kümmern. Es soll auch die letzte und wichtigste Aufgabe in meinem Leben werden. Wenn ich euch Joanna jetzt überlasse, werdet ihr das Mädchen verderben. Franzose, du könntest mit deiner Entscheidung zwei Fliegen mit einer Klappe schlagen: Deine Tochter wäre gerettet, deine Schuld dir vergeben.« Und fügte hinzu, sie würde sich noch immer dafür hassen, dass dieses dumme Mädchen, das sie einmal gewesen sei, sich zur Abtreibung seines Babys habe überreden lassen. »Damit du frei sein konntest«, meinte sie zum Schluss, »habe ich unser Kind geopfert.«

Der Franzose war nach all den schweren Vorwürfen zu keiner vernünftigen Antwort fähig, mit stummen Augen saß er da, und zu Barteks Verwunderung holte Natalia aus dem Wandschrank eine Schachkassette, die sie seinem Opa übergab: »Tu, was du am besten kannst: Spiel Schach, aber spiel endlich gegen dich selbst und nicht mehr gegen uns Frauen!«

»Diese Schachpartie könnte nicht einmal Bobby Fischer gewinnen«, lachte der Franzose. »Denn wer gegen sich selbst antritt, fordert den Tod heraus. Du weißt ja, wie solche Spiele ausgehen.«

Er öffnete widerwillig die schöne, handgearbeitete Holzkassette und stellte die Figuren auf: »Schwarz oder weiß?«, überlegte er laut. »Ich wähle immer die Weißen!«

Seine einstige Geliebte gab keinen Mucks mehr von sich. Sie hüllte sich in eine Wolldecke, ließ sich in einen Sessel, der im Schatten der Riesenblätter eines Ficus stand, fallen und beobachtete aus ihrem Versteck die ersten Spielzüge des Franzosen. Nach einer Weile sagte sie: »Stasia wird gleich zurückkommen – sobald der Kleine eingeschlafen ist … Wir werden auf sie warten. Ich will eine Rede halten, und sie muss dabei sein.« Wenig später trat genau das ein, was die Stalinistin eben vorhergesagt hatte. Barteks Mutter kam tatsächlich zurück und setzte sich, erwartungsvoll schweigend, zu ihrem Vater an den Tisch, der aber die denkwürdige Schachpartie, die ihm Natalia aufgezwungen hatte, nicht unterbrechen wollte. Er tat so, als wäre er hier in Natalias Wohnzimmer allein. »Mit der Königlichen Majestät der Friedhöfe sollte man nicht spaßen!«, sprach er leise mit sich selbst, dann wandte er sich an Bartek: »Du weißt es noch nicht, Junge, was es bedeutet, jeden Morgen Zeuge seines eigenen Begräbnisses zu sein, wenn du mit jedem neuen Sonnenaufgang einen Teil von dir wieder begraben musst – bis zum völligen Verschwinden. Monte Cassino wurden nicht nur seine Beine genommen, und ich, der ich kein Krüppel bin, sitze dennoch in einem Rollstuhl: Er ist bloß unsichtbar für dich.«

»Bartek! Glaub diesem entrückten Geist kein Wort! Er ist krank«, sagte Stasia und blickte die Stalinistin an. »Im Übrigen habe ich meine Meinung geändert: Es wird wohl das Beste für uns alle sein, wenn Joanna zu Ihnen, Frau Natalia, ziehen wird … Meine Schwestern sind genauso wie ich berufstätig – wann sollten wir uns auch noch um diese Göre, die wir nicht einmal kennen, kümmern?«

Der Franzose sagte: »Genau das habe ich an euch schon immer bewundert und gleichzeitig verabscheut: eure Wankelmütigkeit!«

Natalia Kwiatkowska bat erneut um Ruhe und begann dann in ihrem grünen Versteck mit ihrer Rede, wobei das Schusterkind das Gefühl hatte, dass nicht sie diese Rede hielt, sondern der Ficus mit seinen Riesenblättern: »Wie gern wäre ich Barteks Mutter geworden! Wie gern würde ich Krzysiek, diesen hungrigen Kochtopf und bedauernswerten Mitläufer, umgarnen und lieben! Ihr wisst gar nicht, wie glücklich ihr seid! Ihr Naivlinge! Hättet ihr mein Wissen, das ich mir schwer erarbeitet habe – durch das Studium des Marxismus und Leninismus, der Zimmerpflanzen, der Kunst des Glasmachens und der Astronomie, durch die Erforschung des Van-Allen-Gürtels –, würdet ihr sofort Selbstmord begehen: Ihr würdet nämlich euer Antlitz nicht mehr ertragen. Joanna, die Tochter des Franzosen, muss zu mir kommen und bei mir wohnen. Ich werde sie vor eurem kranken Geschlecht retten. Sie wird wie ich ein freier Mensch werden! Ihr seid schwach und feige, nur deshalb ist unsere großartige Revolution gescheitert. Wir wollten einen Neuen Menschen erschaffen, der nur in Gleichheit mit seinen Genossen leben sollte – im Einklang mit den physikalischen Gesetzen des Universums. Wir wollten euch von eurem Sklavendasein befreien, von eurer euch angeborenen Dienermentalität. Aber ihr seid dieser großen Ziele nie würdig gewesen, weil ihr euch vor dem Tod fürchtet, vor allen Dingen aber davor, gleichgestellte Habenichtse zu werden. Dabei – vorausgesetzt, ihr wärt gehorsam mit uns bis ans Ende der Welt marschiert – hätten wir die Habgier gemeinsam ein für allemal abschaffen, den größten Feind eures irdischen Geschlechts besiegen können, denn dieser Feind geht über Leichen, und ihr, die ihr uns vorwerft, wir hätten im Namen der Befreiung von der Sklaverei im Dienste der Geldmänner und ihrer Banknotenverwalter gemordet, ihr selbst seid Mörder, nur dass eure Morde im Stillen, Unsichtbaren oder Getarnten geschehen. Doch noch viel schlimmer ist eure Abhängigkeit von den zahlreichen Göttern, für die die Geldmänner und Banknotenverwalter arbeiten und die über euch Erdlinge in alle Ewigkeit herrschen wollen. Ihr habt euch in die Arme so vieler Götter und Götzen freiwillig oder aufgrund eurer Dummheit unwissentlich begeben, dass niemand zweifeln sollte, was diese angeblichen Schöpfer und Bewahrer der physikalischen Gesetze des Universums wollen. Jeder Gott ist ein Manipulant und ein Illusionist, der die physikalischen Gesetze des Universums und eure Dummheit für seine egomanen Zwecke ausnützt. Er will euch versklaven, aussaugen und anschließend wiedergebären, damit ihm die Diener und Sklaven nie ausgehen. Im Prinzip seid ihr für die Götter und Götzen nichts anderes als Spielzeugpuppen! Wollt ihr nun, dass Joanna eine Spielzeugpuppe wird? Wollt ihr das? Doch ich gebe die Hoffnung nicht auf. Die Befreiung des Menschen steht uns noch bevor – auch wenn ich sie nicht mehr erlebe. Ich werde Joanna, die Tochter des Franzosen, die eigentlich meine Liebesfrucht hätte sein sollen, für diesen letzten revolutionären Kampf ausbilden «

Bartek konnte sich nicht mehr konzentrieren, seine Gedanken waren chaotisch, und Natalias Rede, die nicht aufhören wollte, hatte ihn in einen Zustand der Amnesie versetzt, den er von der Heiligen Messe am Sonntag kannte, oder auch vom Wehrunterricht, wenn er zusammen mit seinen Klassenkameraden von dem pensionierten Leutnant Żukrowski durch die Schneewehen des Stadtwaldes gejagt wurde – die Schrotflinte geschultert, unterm Schädel der sozialistische Brei, die Anfeuerungsrufe des Leutnants: »Ich-habe-das-Herz-am-rechten-Fleck-aber-Training-muss-sein!« Und Bartek verstand kein Wort von dem, was die Stalinistin Opa Franzose und seiner Tochter zu erklären versuchte. Ihm fielen die Augenlider zu, und er nickte mit dieser monoton-metallenen Stimme in seinem Kopf ein.

Kapitel 12: Die Rückkehr der Astronomie, »Stummes Kino« und *poczekalnia*

In der Nacht vor dem Treffen im Warteraum des Yachtclubs zersprang das Glas des Außenthermometers, das der Funker Onkel Fähnrich für Oma Olcia auf seiner Dienstreise nach Kaliningrad gekauft hatte: Angebracht an der Außenscheibe des Badezimmerfensters gab das sowjetische Technikwunder im Kampf gegen den ermländischen Winter den Geist auf. Die Temperaturen des Lunatals waren gewaltig gesunken, die Wolken hatten sich in alle Himmelsrichtungen verzogen, und plötzlich war die Astronomie nach Dolina Róż zurückgekehrt: Der nackte Himmel feierte seine Wiederauferstehung – Götter, Menschenkinder und wilde Tiere wurden endlich wieder sichtbar, man hatte sie in die Freiheit entlassen. Sie kämpften nach wie vor um die besten Positionen am Firmament, zerfleischten einander in ihrem ewigen und daher aussichtslosen Krieg und attackierten sogar die Erdlinge aus dem Lunatal, die den Nachthimmel nach ihren eigenen Gesichtern und deren Widerspiegelungen absuchten. Bartek glaubte sogar, die himmlischen Abbildungen der wichtigsten Reiserouten von Opa Franzose erkennen zu können – von Stern zu Stern, von Dolina Róż bis nach Tschenstochau und sogar Paris führten diese weiten Wege. Das Schusterkind sah auch seine eigene Zukunft voraus: Die Astronomie zeigte ihm Sterne und Planeten, die nur ihm gehörten, ihm und seiner Mutter. Und es handelte sich bei diesen schicksalhaften astrologischen Konstellationen nicht um eine bestimmte Zukunft, sondern um viele zukünftige Leben, die das Schusterkind wählen konnte. Herr Lupicki hämmerte in seiner Werkstatt und warnte Bartek, aus Dolina Róż zu fliehen: »Hier ist deine Zukunft«, sagte sein Schusterhammer. Der aufsässige französische Eisenbahner wiederum verhöhnte seinen alten Freund und riet Bartek, die Segel zu streichen und der Welt den Rücken zu kehren. Währenddessen wanderte Oma Olcia am Himmel mit einer Gans im Einkaufskorb, die nur noch wenige Minuten zu leben hatte.

Bartek hatte bei Natalia Kwiatkowska fast vier Stunden geschlafen, auf dem Sofa im Wohnzimmer, zugedeckt mit einer roten Wolldecke, eingebettet in die leisen Gespräche, die der Franzose und die Stalinistin miteinander geführt und die ihn durch den Schlaf getragen hatten. Er war erst dann aufgewacht, als die Kälte von draußen jeden Winkel der Erdgeschosswohnung von Frau Natalia erobert hatte. Die Heizkörper rebellierten vergeblich gegen diese schreckliche Kälte – wenn man sie anfasste, konnte man sich die Hand verbrennen, so heiß waren sie. Und dennoch ging die Wärme schnell verloren, da die Fenster und Balkontüren schlecht isoliert waren. Die Bauarbeiter hatten selbst da gepfuscht, wo kein Fehler erlaubt war: bei der Zusammensetzung der Betonplatten. Für einen starken räuberischen Wind war es ein Leichtes, eine Spalte oder eine undichte Stelle zwischen zwei Wänden zu finden.

Der Franzose hatte das Angebot seiner einstigen Geliebten, bei ihr zu übernachten, höflich abgewiesen, und so war Bartek zusammen mit seinem Opa kurz nach Mitternacht in die Kälte hinausgegangen. Auf dem Weg in die Kopernikusstraße hatte das Schusterkind die ganze Zeit nach oben zu den Sternen hinaufgeschaut, sodass es der Nacken schmerzte. Der Schnee glitzerte blau, seine vereiste Oberfläche zersplitterte unter den Schuhen wie Glas, das mittelalterliche Tor, dessen Mauern jeden Tag auf Augenhöhe mit Todesanzeigen beklebt wurden, und die Einkaufsläden am Marktplatz bereiteten sich schon auf den Morgen vor.

Opa Franzose, dem Olcia erst nach langem Klingeln die Tür geöffnet hatte, war dann sofort ins Badezimmer geeilt, um am Thermometer die Außentemperatur abzulesen: »Das Glas ist geplatzt, das Quecksilber ausgelaufen!«, rief er verwundert. Olcia war sauer, ihr Gesicht, das sie jeden Abend mit einer speziellen Nachtcreme einrieb, glühte: »Ihr Vagabunden! Ab ins Bett mit euch! Ich musste sogar meinen Kachelofen noch einmal mit Kohle füttern, damit ihr mir nicht erfriert, und ihr treibt euch die ganze Nacht mit den Teufeln herum! Ihr Lumpen!«

Am Morgen schien die Sonne, nach wochenlanger Abstinenz genossen die Bewohner des Städtchens die Bläue, die sich überall ergoss und freudig vermehrte. Es war zwar weiterhin bitterkalt, aber es schneite nicht mehr, die Wolken und der Nebel waren verschwunden – für die Party im Warteraum des Yachtclubs konnte man sich kein besseres Wetter wünschen.

Oma Olcia nahm die Neuigkeiten des Franzosen gleichgültig auf. Sie spielte in der Küche ihre eigene Musik. Sie sprach mit ihren Kochtöpfen und Weckgläsern, mit ihrem Kohleherd und dem Sauerkrautfass im Badezimmer. Sie kochte das Mittagessen, der Franzose lag im Wohnzimmer auf dem Sofa, las ein Buch und hielt ab und zu eine kurze Predigt, die sich Bartek schmunzelnd anhörte. Aber dem Schusterkind konnte Oma Olcia nichts vormachen, sie war auf die Stalinistin eifersüchtig. Sie würde ihr am liebsten die Augen ausstechen, und es war klar, dass Olcia bald nur noch ein einziges Gesprächsthema haben würde: Der geplante Umzug der unehelichen Tochter des Franzosen aus Gdańsk nach Dolina Róż und die Tatsache, dass sie bei Natalia Kwiatkowska wohnen sollte.

Bartek schrieb seinen Aufsatz über die Gedichte der Stalinistin lesbar ab, da er noch vor dem Abendtermin am städtischen Baggersee zu Marcin gehen und ihn um eine Korrektur seiner Arbeit bitten wollte. Er las seinen Text Opa Franzose vor, der dem Schusterkind sogar einiges Talent attestierte. Allerdings gefielen ihm die Gedichte seiner einstigen Geliebten gar nicht. Er bezeichnete sie als schwülstigen Wortbrei einer exaltierten Funktionärin und Aktivistin des kommunistischen Jugendverbandes *ZMP*.

»Frau Natalia will dir helfen«, sagte Bartek, der über die harte Kritik seines Opas verärgert war, »sie bietet deiner Tochter Obdach, Speise und Trank an – im Übrigen hast du ihr Angebot weder abgelehnt noch angenommen, weshalb meine Mutter die Entscheidung für dich getroffen hat – , und du ziehst deine ehemalige Geliebte durch den Dreck … Das muss mir einer erklären!«

»Meine Worte richten sich nicht gegen sie, sondern gegen ihr lyrisches Werk«, protestierte der Franzose. »das genauso unklug ist wie ihre gestrige Rede über den Neuen Menschen – am Rad der Zeit zu drehen und bestimmte Ereignisse und Entwicklungen zu beschleunigen, war noch nie die Stärke der Menschheit. Und ich kenne noch eine andere ältere dichtende Dame, die auch so fanatisch in Onkelchen Stalin verliebt gewesen war – heute will sie davon nichts mehr wissen. Damals war das eine richtige Seuche gewesen, diese Liebeserklärungen an den Halbgott – Stalin hatte unzählige Verehrerinnen, während andere ins Gefängnis wanderten, wie zum Beispiel der Vorgesetzte deines Vaters, Herr Oblomski, der das Personalbüro in Szutkowskis Textilfabrik leitet.«

In der Tat, Bartek kannte die Geschichte von Herrn Oblomski. Krzysieks Vorgesetzter hatte zwei Kreise der Hölle überlebt: das KZ der Nazis und den Gulag. Nach der Befreiung des KZ durch die Sowjets war er bei ihnen in den Verdacht geraten, ein Trotzkist zu sein, und schon verwandelten sich die Befreier in Henker. Anschließend saß er ein paar Jahre in Polen im Gefängnis – diesmal auf Empfehlung der Stalinisten. Seine Vergangenheit – die des Soldaten der Landesarmee *AK* – lastete auf ihm wie ein Fluch, und er sagte über sich selbst, er müsse Gott – dem Barmherzigen – für seine Rettung und Verschonung jeden Tag danken, denn genauso gut hätte er 1940 in Katyń hingerichtet werden können; ein törichter Zufall habe ihm das Leben gerettet. Erstaunlicherweise machte er weder den Deutschen noch den Russen irgendwelche Vorwürfe, wenn man ihn auf jene Zeiten und die harten Schicksalsprüfungen ansprach.

»Hätten mich die Sowjets gefangengenommen, damals im Frühjahr neunzehnhundertvierzig, säße ich hier nicht vor dir«, fuhr der Franzose fort. »Und was die schwierige Entscheidung bezüglich Joannas Zukunft betrifft – eine Entscheidung, die deine Mutter angeblich in meinem Namen getroffen hat –, so sage ich dir, dass du bei deiner Urteilsbildung ein großer Meister der Voreiligkeit bist! Mit anderen Worten: Du musst noch viel lernen …«

Der Franzose hatte sichtlich Freude an seinen pädagogischen Ausführungen. Bartek etwas weniger, aber er verzieh seinem Opa seine erzieherischen Anwandlungen. Er wollte dem Franzosen das Gefühl vermitteln: »Es ist gut, dass du zu uns zurückgekommen bist – ich kann von dir tatsächlich noch viel lernen!«

Der Aufsatz über die Gedichte der Stalinistin war fertig, und Bartek musste seinen Freund Marcin besuchen, um ihm die Arbeit zur Korrektur zu geben. Nach dem Mittagessen machte sich das Schusterkind auf den Weg zu dem einzigen Wolkenkratzeraspiranten des Städtchens. Die Sonne regierte in Dolina Róż und zerriss sich das Maul im Kampf gegen den Winter; sie hatte nur noch wenige Stunden bis zu ihrem Untergang – ihre Freiheit kostete sie aber genüsslich aus, vor allem zum Wohlergehen der Bewohner des Lunatals, die für jede heilende Erinnerung an den Sommer dankbar waren.

Am Samstag durfte selbst ein Schulinspektor freihaben, obwohl sich die Samstage für Strafunterricht oder Freiwilligenarbeit bestens eigneten, was auch der Staat für sich zu nutzen wusste. Wie oft schon hatte Bartek zusammen mit seinen Schulfreunden im Stadtpark das Unkraut jäten müssen, in den Beeten mit den Kartoffelrosen! Meistens aber hatte er sich im Schatten von Bäumen und Sträuchern schlafen gelegt, um in schwereloser Traumlosigkeit so lange zu schwimmen, bis ihn die verantwortliche Lehrerin entdeckte und wieder zum Arbeiten aufrief: »So sieht heutzutage ein polnischer Arbeiter aus! Kein Wunder, dass es mit dem Sozialismus bei uns nicht klappt!«, schimpfte sie dann.

Marcins Vater verhielt sich Bartek und anderen Freunden seines Sohnes gegenüber stets freundlich und korrekt – professionell, dachte das Schusterkind –, obgleich überall das Gerücht kursierte, er sei in Wirklichkeit ein Agent des SB. Falls sich diese Vermutung einst als wahr entpuppen sollte, wäre das ganze Gebäude, das der

Schulinspektor geschaffen hatte, abrissreif, denn sein größter Feind wohnte bei ihm zu Hause, nämlich sein eigener Sohn.

Marcins Vater begrüßte das Schusterkind und erklärte gleich im Flur, dass die Miliz in Zusammenarbeit mit der Armee die wahre Ursache für den Unfall mit den brennenden Kühen und dem Tanklastwagen der Schwarzen Kaserne herausgefunden habe. »Aha!«, antwortete darauf das verunsicherte Schusterkind und ließ sich auf ein Gespräch nicht ein. Der Aristokrat des Denkens und Handelns konnte seine Überraschung, als Bartek in sein Zimmer hereinplatzte, nicht verbergen. Und als die Tür geschlossen war, legte er den Zeigefinger an die Lippen, sagte »Pst!« und bedeutete seinem Gast, sich auf das Schlafsofa zu setzen. »Ich mache uns gleich Musik an – mein Alter darf kein einziges Wort von dem, was wir reden, mitbekommen!«, flüsterte er.

Marcins Zimmer war eine Bastion der menschlichen Zivilisation und Kultur. Er besaß eine ungeheure Bibliothek, die sich vor der alexandrinischen Sammlung Natalia Kwiatkowskas nicht schämen musste – selbst Science-Fiction-Comic-Hefte konnte man bei ihm finden, *Relax* und *Alfa*, und fremdsprachige Zeitschriften ebenso. Aber das Wichtigste war, dass er neben den Büchern, Zeitungen, Illustrierten und LPs auch einen Videorecorder und Fernseher besaß. Bartek hatte bei seinem Freund schon viele gute Filme gesehen – vor allem solche, die laut Marcin dem Hollywood-Kino den Todesstoß versetzt hätten, und die effektivsten Bezwinger der amerikanischen Traumfabrikproduktionen wären der König der Regisseure Ingmar Bergman und sein Meisterschüler Jean-Luc Godard, wobei Bergman wie auch seinem italienischen Pendant Federico Fellini niemand das Wasser reichen könne. Angesichts der Tatsache, dass Marcin nach dem Abitur in die USA abhauen wollte, fand das Schusterkind seine strengen Ansichten über die amerikanische Filmkunst etwas merkwürdig, um nicht zu sagen: inkonsequent. Aber der Aristokrat des Denkens und Handelns bemerkte dazu: »Überall gibt es Ausnahmen: ›Apocalypse Now‹, ›Citizen Kane‹ oder ›Psycho‹ sind sicherlich großartige Ausnahmen des amerikanischen Films – im Großen und Ganzen geht es mir aber nicht um Abenteuersuche im Stile des letzten Mohikaners, sondern vielmehr darum, dass ich auch ein Zeitzeuge sein will. Die Weltgeschichte darf mich nicht vergessen, aber wenn du in unserem Städtchen an der Luna lebst, wird sie dich vergessen. In Dolina Róż ist die Weltgeschichte noch längst nicht angekommen. Die wahre Revolution des menschlichen Geistes findet in Amerika statt, im von den Menschen erträumten Paradies also – in meinem gelobten Land, und ich will dabei sein, wenn das Böse für eintausend Jahre von der Erdoberfläche verjagt und in ein dunkles Verlies eingekerkert wird! Doch bis dahin müssen wir uns mit kleineren Revolutionen begnügen! Der Protest der Werftarbeiter in Gdańsk ist so ein kleiner Schritt nach vorn, und unsere Aktion ›Unde malum‹ wird nicht schlechter ausfallen! Das verspreche ich dir!«

»Wir müssen leise sein!«, erklärte er im Flüsterton, und bevor er mit der Vorstellung seiner apokalyptischen Theorien wieder fortfahren konnte, suchte er in den Schuhkartons, in denen er seine MCs aufbewahrte, nach passender Musik. Er wählte eine Kassette und legte sie in seinen geliebten Grundig ein: Das Live-Stück »Stummes Kino« erzählte zwischen den Zeilen von den uniformierten Häschern der Regierung und den Straßendemonstrationen. Dann sagte er: »Mein Vater ist, wie du weißt, bei uns in Dolina Róż ein hohes Tier. Er hat mir erzählt, dass die Miliz gestern Abend Schtschurek festgenommen hat. Angeblich hat er den kleinen Tanklaster der Armee, der fast leer gepumpt gewesen sein soll, mit einem Molotowcocktail beworfen, dann ist der brennende Tanklaster mit dem LKW und den Kühen auf dem Sattelanhänger zusammengestoßen. Schtschurek hat im Hinterhof des Frisiersalons unser Gespräch belauscht. Jedenfalls muss irgendjemand meinem Alten unsere Pläne verraten haben. Du kennst sein heimtückisches Lächeln. Er steckt dir das Messer ins Herz und lächelt dabei – er sagte mir nämlich, dass wir beobachtet werden … Man hätte über uns eine Akte angelegt – mit diesen Leuten ist nicht zu spaßen, wenn sie eine Akte über dich angelegt haben …«

Bartek tat so, als würde er nicht verstehen, dass es sich bei den Akten des SB um belastendes Beweismaterial handelte; er zuckte bloß mit den Schultern und sagte: »Wir sind doch völlig harmlos – was können wir minderjährige Schüler ihnen antun? Nichts! Das ist wohl sonnenklar. Ich hätte natürlich nichts dagegen, dass wir berühmt werden ... Aber vielleicht müssen wir unsere Aktion ›Unde malum‹ vorerst abblasen – was meinst du?«

»Niemals! Wie soll man etwas beenden, das man nicht einmal angefangen hat?!«, ärgerte sich Marcin.

Bartek bekam plötzlich Angst, doch nicht vor dem Jugendheim und Gefängnis, sondern davor, dass er womöglich im Begriff war, eine große Dummheit zu begehen, die wiederum seine Fluchtpläne zum Scheitern bringen könnte. Diese durfte wirklich niemand erfahren; er war wütend auf sich selbst, dass er sie seinem Opa Franzose verraten hatte. Er konnte sich im Augenblick nicht daran erinnern, ob er sie auch schon einmal vor Anton oder Marcin erwähnt hatte, dem er endlich seinen Aufsatz zeigte.

»Ich frage mich, wer uns verpfiffen hat ...«, sagte Marcin nach kurzem Schweigen. »Dieser Drecksack Romek? Oder Anton? Na, wie auch immer – deinen Aufsatz lese ich gleich, ich bringe ihn heute Abend mit in den Yachtclub! Und jetzt musst du gehen! Ich habe heute noch viel zu tun: Jeden Samstag lerne ich Englisch. Eine Buchempfehlung zum Schluss – so viel Zeit muss sein: Lieber Freund, lies bitte mal ›Das Gastmahl‹ von Platon. Bei einem Trinkgelage kann man manchmal über die Kunst des Eros mehr erfahren als im Bett mit einer Frau – das hat mir Platon klar gemacht! Ich hoffe, dir wird es bei der Lektüre nicht anders ergehen!«

»Ich werde mir das Buch ausleihen! Ich hätte da noch eine Frage: Stimmt es, dass du mit Mariola ein Verhältnis hast?«

Marcin baute sich vor dem Schusterkind auf, kratzte sich an der Brust und sagte voller Stolz: »Ja!«

Wie Barteks Mutter einmal ein Hollywoodstar oder wenigstens eine Pariser Olympia-Diva werden wollte

Im Frühling 1978, als Bartek in der dritten Klasse war, kam nach Dolina Róż ein Fernsehteam aus Łódź, das einen Kurzfilm über Textilprodukte aus polnischem Leinen zu drehen beabsichtigte. Das polnische Leinen genoss zur Freude der Kommunisten sowie solcher Nationalisten wie dem Schuster Michał Kronek oder dem Fabrikdirektor Szutkowski ein großes Ansehen in der Welt – Szutkowski hielt in der Schusterwerkstatt ab und zu einen patriotischen Vortrag über die zwei verfeindeten politischen Blöcke und ihre wichtigsten Errungenschaften auf dem Gebiet der Kultur und Wissenschaft: »Die Amerikaner haben zusammen mit ihrem Geheimdienst das Gift Coca-Cola und die Atombombe erfunden und sind als erste Menschen auf dem Mond gelandet – wir aber sind stolz auf unser polnisches Leinen und auf unsere Dirnen, die neben den tschechischen die schönsten der Welt sind! Die Folklore, gepaart mit dem desparaten Heldentum des Königs Leonidas und seiner Hopliten, ist unsere Stärke!« Szutkowskis Wirkwarenfabrik *Warmianka*, eine prächtige Filiale der Lodzier Textilproduktion, stellte auch Fenstervorhänge und Bettwäsche aus Leinen her. Das Fernsehteam hatte halb Polen nach einem privaten Haushalt mit möglichst vielen Leinenprodukten des täglichen Gebrauchs abgesucht, aber erst in Dolina Róż waren die Dokumentarfilmer fündig geworden. Der Fabrikdirektor Szutkowski nämlich hatte die Dokumentarfilmer mit Barteks Eltern bekannt gemacht, da er wusste, dass Frau Stasia in bunt gefärbte und bemusterte Leinenstoffe ganz vernarrt war und dementsprechend ihr Quartier im Plattenbau eingerichtet hatte. Fenstervorhänge, Geschirrtücher, Bettwäsche, Sessel- und Couchbezüge, Tischdecken, Servietten und gar Hemden und Sommerkleider aus Leinen, Lampenschirme oder ganz einfach Handtücher – die Wohnung in dem orangefarbenen Wohnblock glich trotz der bescheidenen Möbeleinrichtung dem Schneiderladen von Frau Sadowska. Stasias jüngere Schwester Hania, Onkel Fähnrichs Frau, war von Beruf Schneiderin – sie bekam von Barteks Mutter von Zeit zu Zeit einen Nähauftrag, und da Tante Hania in der hohen Nähkunst sehr begabt war, gelangen ihr großartige Arbeiten, zumal die Leinenstoffe jedes Mal mit besonderer Sorgfalt von der Mutter ausgesucht worden waren. Die Muster und Arabesken dieser Stoffe begeisterten jeden Kunsthistoriker: die nüchternen Bauhaus-Lektionen – die Akrobatik der Streifen, Quadrate und Dreiecke; dann das Gegenteil dieser wunderbaren Bauhaus-Mathematik, bombastische Brunnen und Fontänen aus Pompeji und heidnische Jugendstilgesichter der Götter oder begehrenswerter Jünglinge traten gegeneinander an wie bei den Olympischen Spielen. Die auf den Fenstervorhängen abgebildeten buntscheckigen Arabesken und mythologischen Szenen aus dem Alltag der Götter und ihrer irdischen Untertanen erzählten zugleich vergessene Legenden und Liebesgeschichten – Stasia hatte die griechischen, römischen und pruzzischen Mythen für das Lunatal gerettet, und niemand wusste, ja, niemand ahnte, dass das Schusterkind im Reich der Mythen aus polnischem Leinen aufwuchs.

Die Dreharbeiten hatten schon am frühen Morgen begonnen und zogen sich bis Mitternacht hin; und da die Tür zu Barteks Wohnung offen stand, wimmelte es im Treppenhaus auf der zweiten Etage von neugierigen Gaffern. Bartek war damals erst zehn Jahre alt, aber er fühlte sich an jenem Tag stark und endlich unschlagbar gegenüber den Jungen, die seine Nachbarn waren und die ihn hänselten. Die Filmszene, in der die Mutter ihrem Sohn bei seinen Hausaufgaben mir Rat und Tat zur Seite stand, musste viele Male wiederholt werden. Bartek saß am heiligen Schreibtisch der Mutter, erledigte seine schriftlichen Hausaufgaben, und Stasia brachte ihm Tee und ein Stück Kuchen, während der Vater im Zeichen des Wassermanns das Badezimmer okkupierte: aus Angst vor einem Auftritt in der Öffentlichkeit. Dass Stasias Schmuck- und Kosmetikaltar im Fernsehen gezeigt werden sollte, erfüllte das Schusterkind mit Stolz, ja, es erregte Bartek sogar, daran zu denken, die intimsten Geheimnisse seiner Mutter würden womöglich für ein Millionenpublikum sichtbar und zugänglich werden, und er dachte: Der Lippenstift meiner Mutter wird in all die fremden Männer, die vor dem Fernseher hocken, eindringen und sie schwängern.

Stasia hatte die Dreharbeiten gar nicht gut verkraftet: Die starke Studiobeleuchtung hatte die ganze Wohnung so erhitzt, dass Barteks Mutter hohes Fieber bekam und noch in derselben Nacht ins violette Johanniter-Krankenhaus eingeliefert wurde. Doch sie war glücklich, denn sie hatte anderen Frauen aus Dolina Róż bewiesen, wie schwer es war, eine Hollywood-Diva zu sein, im Rampenlicht zu stehen, heller als tausend Sonnen.

Bartek hatte in dieser Fernsehnacht das erste Mal um das Leben seiner Mutter gebangt.

Nach dem Besuch bei Marcin ging das Schusterkind zu Oma Olcia zurück. Den Rest des Tages verbrachte es mit Opa Franzose, seinen Büchern und Oma Olcias Köstlichkeiten aus ihrer Küche. Der Franzose lag auf dem Sofa und klagte über sein Land und die Unfähigkeit seiner Landsleute: »Sie träumen davon, die Welt zu beherrschen; sie geben es natürlich nicht zu, aber sie wollen in Wahrheit auch eine Großmacht sein – wie Russland oder Amerika. Und was haben sie der Welt zu bieten? Polnisches Leinen! Mehr nicht! Arme Länder haben nur Leinen und Frauen zu verkaufen. Guck dich doch bei uns nur richtig um, Bartek. So gut wie nichts können wir selber herstellen – außer ein paar Lappen! Alles kommt aus dem Ausland! Unsere heimischen Autos und Fernseher sind ein Haufen Schrott oder Lizenzen aus dem Ausland, und gäbe es Westeuropa nicht – und ich meine nicht irgendein Westeuropa, von dem sie uns ständig irgendetwas erzählen, sondern ein richtiges Abendland, das mit dem Ostblock nichts zu tun haben will –, würde der polnische Mann auf einem Esel reisen: in der linken Hand ein Stück Wurst, in der rechten eine Zigarette, und an seinem Leib ein Bauernrock aus Leinen! Ich bin Eisenbahner! Ich weiß, wie es in unserem Land aussieht! Ich habe es kreuz und quer bereist! Aber es werden noch andere Zeiten kommen. Ihre Träume, eine internationale Großmacht zu werden, wollen um jeden Preis in Erfüllung gehen. Bloß dieses Neugeborene wird genauso lieblos sein wie ihr Denken. Ein Kind, das eine Frau oder ein Mann mit sich selbst zeugt, mag zwar mit vier Beinen auf die Welt kommen, aber dafür wird es keine Augen oder Ohren haben. Es werden ihm die Arme fehlen, und seine Zunge wird gespalten reden wie die eines Dämons, der um seine Hässlichkeit weiß und darum zum blutrünstigen eiskalten Diktator wird. Und so werden sie eines Tages ein Polen gebären, das endlich eine internationale Großmacht sein wird …«

Die Klagen des Franzosen hörten nicht auf, und in seinen Verschnaufpausen las er ein paar Seiten in einem Buch oder er schaute fern. Er war kein Eisenbahner mehr, kein Vater mehr von drei erwachsenen Töchtern, um die er sich so selten in ihrer Kindheit gekümmert hatte: Er verwandelte sich in ein verbittertes antiquiertes Werk eines Philosophen, der sich von den Menschen verkannt fühlte, der wie ein herrenloser Hund in den labyrinthischen Straßen einer Metropole herumirrte und nicht einmal mehr richtig bellen konnte. Olcia schaute ihren Mann ab und zu an, griente und schüttelte den Kopf, ihr Blick sagte: »Eine Frechheit! Wer bist du denn? Ein Richter? Ich kann dir sagen, wer du bist! Ein Zinnsoldat, der nichts zu melden hat! In einer Nussschale treibst du auf offenem Meer und schwingst Reden wie ein Schiffskapitän!« Sie saß am Kachelofen auf einem Hocker, summte Lieder zum Lobe der Jungfrau Maria und strickte einen Pullover für einen ihrer kleinen Enkel. Sie sagte: »Hüte deine Zunge, Franzose! Du lästerst wieder! Deine Brüder und Schwestern werden es dir diesmal nicht so leicht vergeben wie vor fünf Jahren, als du wieder einmal wie aus dem Nichts aufgetaucht warst, um uns zu belehren. Und deine Tochter wird nie ihren Fuß in mein Haus setzen …«

Olcia lebte nach wie vor auf dem Lande im Großpolen der Zwanzigerjahre, sie lebte auf dem Bauernhof ihres Vaters, der ein

Schmied und Quacksalber gewesen war. Er heilte Tiere und Menschen und hatte auch in beiden Weltkriegen gegen die Deutschen gekämpft. Der Franzose sagte über die Herkunft seiner Frau, wenn er besonders wütend auf sie war, Olcia sei im Pferdestall geboren worden, ihr Vater habe wie ein Zentaur ausgesehen, und Olcias Mutter sei selbst noch nach der Geburt ihres elften und letzten Kindes eine Jungfrau gewesen.

Als der Abend anbrach und der Termin im *poczekalnia*, im Warteraum des Yachtclubs am städtischen Baggersee, näher rückte, war Bartek erleichtert: Er mochte den Monologen und Tiraden des Franzosen nicht mehr zuhören, und seine Streitgespräche mit Olcia begannen, ihn zu langweilen.

Olcia schmierte ihrem Enkel ein paar Brote, die er zu dem Treff mit seinen Freunden mitnahm. Oma Olcia konnte nie ihre Verärgerung verbergen, wenn sie erfuhr, dass ihr Enkel Anton oder Marcin mit von ihr zubereiteten Speisen bewirtete. Hatte sie Kohlrouladen gekocht, behielt sie den Kochtopf mit dem kostbaren Inhalt im Auge: »Ich habe sie gezählt – zwei Kohlrouladen fehlen! War einer deiner Kumpels hier? Und seit wann gibt es bei uns Selbstbedienung?«, schimpfte sie. Doch am ärgerlichsten war für Olcia und für andere Frauen ihres Alters und Kalibers, wenn ein Fremder – mit wem auch immer in der Familie er gut befreundet war – zu Besuch kam und gleich nach der Begrüßung schnurstracks zum Kühlschrank rannte, um sich ein Stück Wurst abzuschneiden, ohne zu fragen, ob er dies überhaupt dürfe. Und waren Anton und Marcin beim Schusterkind zu Besuch, hatten sie keine Scheu, sich so zu benehmen, als wären sie in einem Schnellrestaurant – Bartek störte ihr lockerer Umgang mit manchen Sitten und Bräuchen nicht, da er sich bei ihnen zu Hause nicht viel anders verhielt.

Gegen neunzehn Uhr kam der Bucklige Norbert mit einer Nachricht für den Franzosen. Plötzlich musste Barteks Opa seinen Bücher- und Philosophiekontinent auf dem Sofa verlassen: Der Totengräber Biurkowski hatte den Franzosen um Hilfe gebeten. Sein Sohn Schtschurek wurde ja seit vierundzwanzig Stunden von der

Miliz festgehalten – aufgrund des Verdachts, er habe den Armeetanklaster in Brand gesteckt und damit auch den Unfall mit den brennenden Kühen verursacht. Der Franzose sagte, als er in seine neuen Winterstiefel sprang: »Der soll sich einen Anwalt nehmen – die Zeiten, als ich in unserer Stadt noch etwas zu sagen hatte, sind vorbei. Dem alten Biurkowski wird nicht einmal unsere taffe Kommunistin Frau Kwiatkowska helfen – sie ist nicht mehr für die Reinheit des Gewissens unserer Stadtbevölkerung und Nation zuständig: Die Miliz hört nicht mehr auf die mahnende Stimme einer regierungstreuen alten Dame!« Ungeachtet seiner Zweifel machte sich Opa Franzose auf den Weg zum Totengräber Biurkowski, der in der General-Bem-Straße wohnte, die wiederum in den *Broadway* mündete. Schtschureks Vater musste auf dem katholischen Friedhof gegenüber der Molkerei für ein karges Monatsgehalt schwer schuften, und niemand nahm es ihm letztendlich übel, dass er von den wohlhabenderen Bürgern, die sich für ihre Nächsten eine besonders gut exponiert gelegene Grabstelle wünschten, Schmiergeld kassierte. Ab und zu platzte er mir nichts dir nichts in die Werkstatt von Herrn Lupicki herein, trank auf die Schnelle einen Tee oder einen Schnaps und erzählte den Schustern und ihren Kunden, wen er wieder unter die Erde gebracht hatte, und wenn er etwas angetrunken war, standen ihm vor lauter Schwermut die Tränen in den Augen. Die Schwermut des Totengräbers war aber etwas eigenartig, denn er tat dann immer so, als wäre der Friedhof nicht von Toten, sondern von Lebenden bevölkert. Er meinte: »Ich sage euch – die Gräber haben Augen und schauen mir beim Arbeiten zu. Und manchmal höre ich Stimmen: Neulich sagte ein Grab zu mir, ich möge doch der Frau des Verstorbenen ausrichten, ihr toter Mann wünsche, von ihr nicht mehr besucht zu werden!«

Das Schusterkind und sein Opa trennten sich vor dem mittelalterlichen Tor, dessen Turmuhr noch immer nicht repariert war. Bartek wusste mittlerweile nicht mehr genau, wann eigentlich diese riesige Uhr stehen geblieben war, an welchem Tag, in welchem Monat und Jahr. Das Datum, an dem der Stundenzeiger des mittelalterlichen Tors nicht mehr weiterarbeiten wollte und seinen Dienst einstellte, war dem Gedächtnis des Schusterkindes entflohen. Und es gefiel Bartek, in dieser kaputten Zeit, die nicht mehr gemessen werden konnte, zu leben. Als Bartek den Defilierplatz mit den sozialistischen Gedenkanlagen überquerte und den Stadtpark mit den Tennisplätzen erreichte, wurde ihm klar, wie sehr er das Lunatal bereits jetzt schon, obwohl er noch gar nicht auf die Flucht gegangen war, vermisste. Hier im Stadtpark wurden im Sommer Konzerte und Discoabende veranstaltet, an glühenden klebrigen Junitagen füllten sich die Wiesen mit nackten Körpern, Olcias Töchter faulenzten in der Sonne, cremten sich mit Sonnenmilch ein, und ihre Kinder tobten auf den Spielplätzen herum. Manchmal brachte Oma Olcia eine emaillierte Ein-Liter-Kanne mit kalter Buttermilch vorbei, die den Durst ihrer Töchter löschen sollte. Doch nachts wagte sich niemand in diese gefährlichste Zone des Städtchens, in der sich angeblich schon viele Tragödien abgespielt hätten. So sollten Mädchen im Schulalter, junge Frauen und sogar alte Weiber den Stadtpark in den Abendstunden und vor allen Dingen in der Nacht tunlichst meiden. Frauen und Kinder seien in der Nähe der Tennisplätze des Öfteren überfallen und geschändet worden, erzählten die entsetzten Schuster, wenn sie von Fremden oder Unwissenden gefragt wurden, ob die zahlreichen Gerüchte über die Vergewaltigungen und Morde im Stadtpark stimmten.

Bartek aber hatte keine Angst, die verbotene Zone, die weiße Dezemberwüste der Tennisplätze, Liegewiesen und Kartoffelrosenbeete um diese späte Zeit zu durchqueren – es war nun mal der kürzere Weg, den er gewählt hatte. Und – er musste sich über seinen Mut wundern – er wollte sich selbst wie auch den Schustern und allen anderen, die an die Existenz von skrupellosen Mördern und Psychopaten glaubten, beweisen, dass Dolina Róż kein Irrenhaus war.

Als Bartek im Yachtclub eintraf, warteten seine Freunde schon auf ihn: Sie sagten, sie hätten eine Überraschung vorbereitet.

Wie gewöhnlich fand die Sitzung in der geräumigen Doppelgarage statt, in der problemlos zwei Pkws abgestellt werden konnten. Dort stand auch die Yacht, an der Antons Opa seit Jahren allein und in liebevollster Feinarbeit baute. Es war warm und hell in diesem stalagmitischen, an den Wänden bis an die Decke mit Holz, Lacken und Werkzeug vollgestopften Raum, die Heizstrahler liefen auf Hochtouren, sämtliche Neonlichter waren eingeschaltet, die batteriebetriebene Beleuchtung in der Kajüte des Segelbootes funktionierte einwandfrei – die Kajüte hatte Antons Opa schon vor langer Zeit fertiggestellt, und dort saßen die vier Freunde auch am liebsten, wenn es etwas Wichtiges zu besprechen gab, so wie an diesem Samstagabend: auf dem Tisch das Dosenbier von *Pewex*, ein Heizstrahler auf dem Holzdeck der Kajüte – und das Segelboot, abgelegt und gestartet in Gdańsk, war auf dem Atlantik zu den Kanarischen Inseln unterwegs. Das *Radio 3* spielte die neuesten Hits, und Anton inhalierte genüsslich die Dämpfe des Klebers *budapren*, den der Bucklige Norbert aus der Werkstatt seines Vaters gestohlen hatte; die Segler hofften auf den Schutz der Götter – das geübte Auge eines Skippers erkannte leicht die Plejaden, den Orion oder den Kleinen Hund.

Die Überraschung funktionierte perfekt: Das Schusterkind hätte im Warteraum des Yachtclubs jeden erwartet – selbst Schtschurek oder gar einen Leichnam –, aber mit den beiden Gästen, die in der Kajüte des Segelbootes saßen, hatte Bartek nicht gerechnet. Die Tochter von Herrn Lupicki und ihr Halbbruder der Bucklige Norbert waren offensichtlich von Marcin zu der geheimen Sitzung eingeladen worden. Aber warum? Was führte er im Schilde, der Aristokrat und Bandenchef, dessen liebstes Vorbild kein Geringerer war als der unsterbliche TV-Star Tolek Banan?

»Was macht ihr denn hier?«, fragte Bartek. »Und du Norbert – du bist vor einer halben Stunde noch bei meinem Opa gewesen! Wie ist das möglich? Kannst du fliegen? Du Schwachkopf! Ist deine Armbanduhr auch stehengeblieben?«

»Beleidige uns nicht«, antwortete Mariola im Namen ihres Halbbruders.

Das Zischen der Bierdosen und das Lachen von Anton und Romek nahmen den Fragen des Schusterkindes ihren berechtigten Ernst, zumindest was das Staunen Barteks anging.

Marcin war verliebt, er war genauso zum Verrücktwerden verliebt wie Anton, der am nächsten Morgen sein erstes Rendezvous mit der Tochter des Fabrikdirektors Szutkowski hatte. Und Mariola mochte etwas oberflächlich und manchmal sogar ungehobelt sein, aber sie war sich ihrer Schönheit und Wirkung auf die Männer vollkommen bewusst – damit war sie so unberechenbar und gefährlich wie ein Stöckelschuh, der es laut Herrn Lupicki bestens verstünde, zu verführen und zu verletzen, was nämlich seine eigentliche Berufung sei. Der alte Schuster fürchtete sich vor den Stöckelschuhen seiner Kundinnen, vielleicht eben deshalb, weil ihm seine zweite Frau eine Tochter geschenkt hatte, die mittlerweile um die Macht der Stöckelschuhe bestens Bescheid wusste und die nur noch eine unorthodoxe häretische und besessene Lehrerin brauchte – eine Lehrerin, die Mariola im Verführen und Verletzen zu einer Meisterin ausbilden würde. Vielleicht musste Bartek ein paar Steine ins Rollen bringen, damit Mariola die Schülerin von Stasia würde. Zumindest hatte das Schusterkind mittlerweile begriffen, dass es zwischen den Stöckelschuhen und den Lippenstiften einen geheimen Pakt gab und dass sie beide Geschwister waren, die unter bestimmten Umständen einen Mann sogar umbringen konnten. Stasias Lippenstift trieb Barteks Vater mehr und mehr in den Wahnsinn: Seine Angst davor, dass ein anderer Mann ihm sein teuerstes Spielzeug stehlen könnte, machte ihn unberechenbar.

Sie tranken das *Pewex*-Bier, Mariola schwieg, und der Bucklige Norbert lachte verlegen und bleckte dabei die Zähne; er mochte vielleicht schwachsinnig sein, vom rein medizinischen Standpunkt aus betrachtet (in den Augen seines Vaters war er unheilbar krank, nicht verrückt), und dennoch wusste Norbert, welchen Unterschied es zwischen dem Dosenbier aus Westdeutschland und dem einheimischen Produkt aus Olsztyn und Elbląg gab, er konnte den Unterschied wunderbar herausschmecken, er freute sich auf das *Pewex*-Bier genauso wie Anton oder Bartek. Herr Lupicki sprach nie davon, wie sehr es ihn schmerzte, dass er niemanden hatte, der eines Tages seine Werkstatt übernehmen würde. Außerdem beklagte er bei jeder Gelegenheit, dass die Welt schon bald keine Schuster mehr bräuchte, denn die Schuhe wären billige Massenprodukte geworden, hergestellt in künstlichen Bäuchen riesiger Fabriken. Eine Reparatur lohne sich nicht mehr, man kaufe sich lieber neue Schuhe, so der alte Schuster. Er litt darunter, dass er einen Schwachsinnigen, nein, einen unheilbar Kranken, gezeugt hatte – für ihn war das die größte Schande seines Lebens. Niemand nannte ihn einen Versager, nicht einmal dann, wenn ein paar derbe Witze die Schusterwerkstatt wie ein Erdbeben erschütterten, weil er der Vater eines debilen jungen Mannes war. Die Angst davor, von Herrn Lupicki im Affekt erschlagen zu werden – mit seinem Schusterhammer selbstverständlich – war bei seinen Angestellten wie auch bei seinen Kunden nun doch so groß, dass keine zynischen Anspielungen laut wurden.

Nichts für ungut, dachte Bartek und fragte sich im nächsten Moment: Was wollen die beiden jungen Lupickis hier? Wir werden wohl beobachtet, und man führt über unsere Aktivitäten eine Akte! Er schaute den Aristokraten des Denkens und Handelns grimmig an, um ihm seine Bedenken telepathisch mitzuteilen.

Marcin übergab dem Schusterkind dessen Aufsatz über die Gedichte der Stalinistin, allerdings kommentarlos, obschon die zwei DIN-A4-Blätter vom Aristokraten an vielen Stellen mit roten Korrekturen verschönert worden waren.

»Schtschurek wird spätestens am Montag wieder draußen sein – sie dürfen ihn länger nicht festhalten, er ist doch erst siebzehn«, stellte er besserwisserisch fest – ihre Sitzung betrachtete er damit als eröffnet.

»Nein, er ist schon achtzehn«, meinte Romek.

Niemand konnte genau sagen, wie alt Schtschurek war.

Marcin spielte liebend gern die Rolle von Clint Eastwood. Er verwandelte sich nun in einen abgebrühten, kaltblütigen Egomanen, in einen Westernhelden, der vor nichts und niemandem Angst hatte. Mariola saß auf seinem Schoß, zündete ihm die Zigaretten an, öffnete ihm eine neue Dose Bier, und Marcin prahlte vor ihr mit seinen Fähigkeiten eines Bandenführers – er, der männliche Urgott.

»Ich habe euch, meine Soldaten«, begann Marcin, »bezüglich unserer Aktion ›Unde malum‹ Folgendes zu sagen: Wir wollen nicht nur schockieren, wir werden das Böse wie in einem Laboratorium genau untersuchen, den Leichnam sezieren und seine Knochen und Eingeweide studieren. Wir stecken als Erstes den Frisiersalon in Brand – wir werden natürlich zufällig in der Gegend sein und nach erledigter Arbeit die Feuerwehr anrufen ... Wir fangen harmlos an – zum Schluss werden aber Parteigebäude, Schulen und Kulturhäuser brennen! Und wir wollen Menschenopfer vermeiden! Aber sie, die uns jeden Tag im Fernsehen, in den Zeitungen und im Radio – vor allem auch in der Schule – belügen, sie sollen sich durch unsere Aktion ›Unde malum‹ endlich zum Nachdenken gezwungen und verpflichtet fühlen, und das kann nur dann funktionieren, wenn wir eine Revolution machen und vom Untergrund aus Widerstand leisten! Hättet ihr wie ich französische Philosophen gelesen, wüsstet ihr, wovon ich rede: Erst in der Revolte gegen die Gesellschaft und gegen das Leben übernimmt der Mensch die Verantwortung für sein irdisches Schicksal, erst dann kann er wirklich frei sein!«

»Komm zur Sache«, sagte Anton. »Wir sollen Brandstifter werden?«

»Genau!«, pflichtete ihm Romek bei. »Brandstifter und Mörder obendrein?! Das ist mir zu viel des Guten – ich bin kein Killer! Und warum ausgerechnet dieser Trottel und Hobbyschachspieler Tschossnek? Warum sollte er einen schweren Schicksalsschlag erleiden? Ich mag an dem Typen nur zwei Dinge nicht: seine Vorliebe für Wagner und den militärischen Haarschnitt! Ansonsten verpestet er meine Luft nicht!«

Romek trug über viele Jahre langes Haar wie ein Hippie, aber nachdem er auf Video den Film »Taxi Driver« und im Kulturhaus von Dolina Róż Konzerte von *Republika*, *Brygada Kryzys* und *Dezerter* gesehen hatte, wechselte er das Lager und die Gesinnung und ließ sich von Frau Tschossnek eine rote Irokesen-Frisur verpassen, allerdings zum Leidwesen seiner Eltern.

Marcin sagte: »Seid still! Ich befehle hiermit, dass Bartek die Durchführung der ersten Brandlegung übernimmt – für die leichtesten Aufgaben muss der für die Aktionen verantwortliche Boss, und der bin ich, die Schwächsten einsetzen – später erst kommen die Sturmtruppen: Das Parteigebäude werde ich persönlich in Schutt und Asche legen«, erklärte er stolz und wandte sich sogleich an das Schusterkind. »Du wirst am nächsten Freitag den Frisiersalon in Brand setzen – wir werden in der Nähe lauern, anschließend die Feuerwehr anrufen und beim Löschen helfen. So werden wir im doppelten Sinne zu Helden – als Revoluzzer und Retter!«

Mariola brach in Gelächter aus – sie bekam dabei einen Schluckauf – und sagte, den militärischen Ton von Marcin nachäffend: »Kinderspiele sind das! Die Werkstatt meines Vaters werdet ihr aber verschonen! Tut ihr es nicht, dann gnade euch Gott! Übrigens: Euer *Pewex*-Bier schmeckt nicht so gut, wie ich's mir vorgestellt habe. Aber danke für die Einladung! Und für die schale Plörre aus der BRD!«

Wenig später kam ihr neuer Liebhaber, ein junger Arzt, mit dem sie sich offensichtlich für den Abend verabredet hatte, was für Marcin einer besonders schmerzvollen Ohrfeige glich. In dem Augenblick hatte Bartek verstanden, warum ein Stöckelschuh einen Mann verführen und sogar tödlich verletzen konnte, im Übrigen genauso effektiv und in seiner ganzen Bosheit dennoch schrecklich anziehend und verführerisch wie ein Lippenstift. Schuhe waren das, Schminksachen, Sterne – die schönsten Konstellationen, die wichtigsten Sonnen- und Mondfinsternisse. Die wahre Astronomie der Liebe, dachte das Schusterkind, die Dunkle Materie. Der junge Arzt, der mit einem Auto gekommen war, griente unverschämt und sagte zu Mariola, als sie ihren Pelzmantel anzog: »Was für zauberhafte Burschen! Sie werden sich sicher liebevoll um deinen armen Bruder kümmern! Komm, wir gehen ins *Piracka*, wir wollen tanzen und einen trinken!«

Mariola gab Marcin einen Kuss auf die Stirn, sagte zu ihm »Du Dummerchen! *Ty głuptasku!*« und hakte sich bei ihrem jungen Arzt ein. Als die beiden das neutrale Territorium von *poczekalnia* verlassen hatten, zischte der Aristokrat des Denkens und Handelns durch die Zähne: »Ich bringe diesen Hurensohn um!«

»Was hast du denn gedacht?«, fragte ihn das Schusterkind. »Dass sie dich heiratet und mit dir nach Amerika abhaut? Sie hat dich längst durchschaut. Sie weiß, dass du mit deiner lächerlichen ›Unde-malum‹-Aktion vor ihr nur angeben wolltest!«

Anton sagte: »Das Schusterkind hat ausnahmsweise Recht! Außerdem möchte ich noch Folgendes bemerken: Wenn schon unsere Eltern die Hosen vor den Sowjets vollhaben, was sollen wir dann erst sagen? Schlagt mich tot: Ich werde kein Brandstifter, kein Feuer- und Todesengel! Und die französischen Philosophen können mich mal!«

»Ihr Feiglinge ...«, murmelte Marcin vor sich hin.

»Und ich dachte schon«, sagte Romek, »wir werden uns endlich besser kennen lernen!«

Kapitel 13: Die Kreuzigung

Bartek stand vor der schwersten Prüfung, die er je hatte bestehen müssen. Einerseits plagten ihn Zweifel, andererseits konnte er Marcin ein für allemal beweisen, dass er stark, mutig und entschlossen war.

Die geheime Sitzung, die aufgrund des Besuches von Mariola und ihrem Halbbruder gar nicht mehr als geheim bezeichnet werden konnte, hatte sich bis Mitternacht hingezogen – im Dunst von Zigaretten und Herrn Lupickis Schuhleim *budapren*, in der Sehnsucht nach der stolzen Krankenschwester Mariola und im Ohren- und Herzrausch der Musik, die der Sender *Radio 3* aus Warschau Samstag für Samstag brachte. Anton hatte sich mit dem BRD-Bier betrunken, der *budapren* gab seinem Hirn den Rest, ebenso betörend und trunken war seine Schwärmerei für die Tochter des Fabrikdirektors Szutkowski gewesen. Zum Glück war die Karol-Marks-Straße nur einen Steinwurf entfernt, und Romek konnte den Betrunkenen mit Leichtigkeit durch den Kellereingang im Garten in die Villa seiner Eltern einschleusen und ins Bett legen.

Auf dem Weg nach Hause durch die weiß glühende Nacht des Lunatals wechselte Marcin mit dem Schusterkind kaum ein Wort: Der Aristokrat fühlte sich nach wie vor beleidigt, und er war so sehr mit seiner Enttäuschung über die ablehnende Reaktion der Bandenmitglieder im *poczekalnia*, im Warteraum des Yachtclubs, beschäftigt, dass er keine Angst hatte, den Stadtpark zu betreten. Er ließ jedoch Bartek schon nach wenigen hundert Metern inmitten der gepflasterten und verschneiten Alleen stehen und bemerkte, er würde den Rest des Nachhauseweges allein zurücklegen, da er über die Aktion »Unde malum« nachdenken müsse – er werde wahrscheinlich die ganze Idee fallen lassen, meinte er zum Schluss, denn allein könne er eine so gewaltige Partisanenaufgabe, wie er sie im *poczekalnia* vorgestellt habe, nicht bewältigen.

Bartek ging dann in Richtung des *Broadways*, vorbei an den Tennisplätzen, auf denen im Sommer Discoabende und Live-Konzerte veranstaltet wurden. Plötzlich hörte er hinter seinem Rücken eine ihm unbekannte Stimme: »Schusterkind! Hast du keine Angst, allein durch die Nacht zu wandern? In dieser kalten nassen Prärie des Winters? Wie ein Storch stakst du im tiefen Schnee, aber was suchst du mitten im Winter hier im Stadtpark? Warum fliegst du nicht in den Süden, und nach einem Zwischenstopp in Frankreich nach Marokko?«

Bartek drehte sich um, doch da war niemand. Um ihn herum herrschte winterliche Stille, der Himmel war immer noch unersättlich und schickte dauernd neue Sterne ins Rennen, obwohl hier und da die ersten schneeträchtigen Wolken aufgetaucht waren, sahnehäufchengroß, aber zum Greifen nah wie die Brüste von Barteks Tanten.

»Wer bist du?«, fragte das Schusterkind.

»Erkennst du mich nicht? Ich bin's – das Städtchen Dolina Róż! Dein Mädchen Meryl hat mich geschickt! Ich soll dir bei deiner beschwerlichen Reise zur Seite stehen, dein Schutzpatron sein … Wenn dich jemand überfällt, werde ich ihn angreifen, gefangen nehmen und hart bestrafen!«

»Aber ich kann dich nicht sehen! Wo bist du? Und Angst vor Mördern und Entführern habe ich keine. Außerdem ist es nicht mehr so weit zu Olcias Wohnung. Ein Katzensprung – nein: ein Froschsprung!«

»Du bist ein Dümmling! Du siehst mich doch jeden Tag! Überall dort, wo du bist, wo deine Augen sind, siehst du mich – ich bin dein Städtchen, in dem du lebst!«

»Ach so ist das!«, lächelte Bartek. »Man sagt über mich, ich sei verrückt, denn ich würde Stimmen hören, die zu anderen Ohren gar nicht erst vordringen. Also muss ich leider sagen, es verhält sich genau umgekehrt: Du haust in mir – mein Städtchen! Ich habe dich erfunden!«

»Da irrst du dich, und zwar gewaltig, Bartek«, antwortete Dolina Róż. »Kein Mensch kann die Welt erfinden, nicht einmal du, du mein Schusterkind! Wir sehen uns morgen früh wieder, ich bin schläfrig wie das mittelalterliche Tor mit der kaputten Turmuhr. Und du solltest dich auch hinlegen. Du weißt doch, wie anstrengend die Sonntage bei uns sind: die Heilige Messe, das Mittagessen und diese hungrigen Zirkustiere dazu – deine Tanten und Onkel.«

In Oma Olcias Schlafzimmer brannte Licht. Das war kein gutes Omen. Das eingeschaltete Licht bedeutete, dass Olcia auf ihren Enkel wütend war und nicht schlafen konnte. Sie hasste es, wenn er vor Mitternacht noch nicht zu Hause war. Bartek musste sich von Olcia eine Schimpftirade anhören, die er schon allzu gut kannte, und sie endete meistens damit, dass er mit einem feuchten Wischlappen, Olcias bester Waffe, einen Schlag ins Gesicht bekam.

Der Franzose kicherte vergnüglich, als seine Frau mit dem Wischlappen auf Bartek lostürmte und ihn verdrosch – im Gesicht und auf dem Rücken.

»Du stinkst nach Bier und Zigaretten! Was wird bloß aus dir werden!«, jammerte Olcia. »Du bist für unsere Familie eine Schande, wie dein Opa und Vater!«

Später im Bett sagte der Franzose: »Na, wenigstens ist es mir gelungen, Schtschurek aus den Fängen der Milizkrake zu befreien. Ich musste meine alten Beziehungen aufwärmen. Der Fabrikdirektor Szutkowski hat mich nicht vergessen. Ich staune, dass Feinde aus alten Zeiten gegen mich keinen Hass mehr hegen.«

Antons theologische Experimente, das sonntägliche Mittagessen bei Oma Olcia, der Fronleichnam und der 1. Mai

Anton, der an Gott nicht glaubte, musste dennoch jeden Sonntag in der St.-Johann-Kirche beten und seiner Mutter während der Heiligen Messe Gesellschaft leisten. Er hatte schon mehrmals verschiedene theologische Experimente durchgeführt, die beweisen sollten, dass es Gott nicht gab. Bei keinem dieser Versuche wurde er von Pfarrer Jędrusik erwischt – die Strafe wäre sicher so streng ausgefallen, dass Anton seine Experimente nie wieder würde wiederholen wollen. Er hatte schon mehrmals in den Weihwasserstein in der St.-Johann-Kirche gespuckt, und jedes Mal war nichts geschehen: Der Zorn Gottes war ausgeblieben. Es geschah auch dann nichts, wenn er bei der Kommunion die Hostie nach ihrer Verabreichung heimlich aus dem Mund nahm und später vor den Augen Barteks und Marcins der Flamme eines Feuerzeugs aussetzte, um die Oblate – den Leib Christi – zu verbrennen. »Seht ihr!? Es passiert nichts!«, freute er sich jedes Mal. »Es kann auch nichts passieren: Sie nennen es den Leib Christi, dabei handelt es sich bei der Oblate um einen Teig aus Weizenmehl und Wasser.« Doch als sein wichtigster Beweis, dass es Gott nicht geben konnte, entpuppte sich das Experiment mit dem Kreuz, das er dem jungen Pfarrer Jędrusik aus der Sakristei gestohlen hatte. Es handelte sich bei diesem Kreuz um ein ganz ordinäres Stück Holz, und die Figur Jesu Christi war aus Kiefernrinde geschnitzt worden. Doch dieses zirka dreißig Zentimeter hohe Kreuz, das einen Standfuß besaß und sich dadurch besonders gut dafür eignete, auf einem Schreibtisch aufgestellt zu werden, musste für den jungen Pfarrer besonders wertvoll gewesen sein, da er oft vor ihm gebetet hatte. Im katechetischen Unterricht durfte das Kreuz auch nicht fehlen, Vater Jędrusik hatte es zum Unterricht immer mitgenommen und auf dem Tisch, an dem er saß und lehrte, demonstrativ aufgestellt. Anton nützte einmal die Gelegenheit, dass seine Eltern in einen Kurzurlaub gefahren waren, und verbrannte das Kreuz von Pfarrer Jędrusik im Wohnzimmerkamin. Als Zeugen hatte er seine drei Freunde eingeladen: Marcin, Romek und das Schusterkind. Der Zorn Gottes war auch nach diesem Experiment ausgeblieben, worüber Anton froh war. Er sagte nämlich: »Seht! Ich lebe, obwohl ich Jesus und sein Kreuz im Feuer verbrannt habe!« – »Sei dir nicht so sicher«, meinte Romek. »Gott hat sehr viel Zeit. Du wurdest zwar nicht von einem Blitz erschlagen, doch du kannst zum Beispiel in zwanzig Jahren von einem Auto überfahren werden!« Marcin gefielen die theologischen Experimente Antons. Er sagte besserwisserisch, dass er auf empirische Beweise verzichten könne – er habe Bücher von Philosophen gelesen, die längst bewiesen hätten, dass der römisch-katholische Gott nichts weiter als eine Ausgeburt der teuflischen Weltenlenker sei, um das Volk zu betören und anschließend zu versklaven.

Da also wieder die Heilige Messe anstand, konnten Bartek und der Franzose an diesem Sonntag nicht ausschlafen, obwohl sie beide spät ins Bett gekommen waren. Olcia warf sie gegen Acht aus den Federn, schickte sie in das kalte Badezimmer und kochte für sie in einem riesigen Kessel Wasser, damit sie in der Badewanne baden konnten – zunächst Opa Franzose, dann Bartek; so war die familiäre Reihenfolge geregelt. Den zweihundert Liter Wasser fassenden Kessel, der auch für Kochwäsche benutzt wurde, musste man zu zweit tragen, und als achtjähriger Junge hatte Bartek in diesem verzinkten Wal gänzlich verschwinden und sogar den an einen Ritterschild erinnernden Kesseldeckel aufsetzen und schließen können. Bartek ärgerte es, dass er, wann immer er bei Oma Olcia badete, nie frisches Wasser bekam. Er musste in der schmutzigen Brühe der Erwachsenen baden, da sie scheinbar privilegiert waren.

»Wer Gott vor die Augen treten will, muss sich vorher anständig waschen und anziehen«, sagte Olcia, als die Badewanne endlich mit heißem Wasser gefüllt war. Dann schrubbte sie dem Franzosen mit einer Badebürste den Rücken; sie biss die Zähne zusammen und bearbeitete diesen weißhäutigen knochigen Rücken, als würde sie den Fußboden in der Küche auf Knien wischen, und da Gott ihr verbot, wütend auf ihre Nächsten zu sein, wischte Olcia gern den Fußboden in der Küche, rupfte sie gern die Hühner und Gänse.

In ihrem Kleiderschrank hing zwar nichts mehr von ihrem Mann, aber sie zauberte ein weißes Hemd und eine Krawatte hervor – beides hatte sie in ihrer Kommode im Schlafzimmer gefunden.

»Mehr ist mir von dir nicht geblieben«, sagte sie, als sie ihrem Mann den Rücken trocknete und dann das Hemd und die Krawatte überreichte. »Ich möchte aber, dass du Jesus Christus nicht beleidigst. Dafür musst du dich umziehen.«

»Ich gehe nicht mit zur Heiligen Messe«, sagte der Franzose beim Frühstück. »Und meine Eisenbahneruniform tausche ich nicht gegen zivile Kleidung. Dafür bin ich viel zu lange im Dienst der polnischen Eisenbahn tätig, als dass ich wieder ein Leben in Zivil führen könnte. Überdies haben die heutigen Menschen vor nichts und niemandem Respekt – nicht einmal vor einer Uniform. Und das ärgert mich. Ich bin ein Soldat des 1. September 1939 und ein fleißiger Eisenbahner und Reisender. Das sollte man schon respektieren.«

Olcia sagte: »Dass ich nicht lache! Ein tapferer Mann bist du nie gewesen – sonst wärst du an der Front gefallen: für dein Vaterland. Stattdessen bist du desertiert, geflohen und den Deutschen geradeaus in die Arme gelaufen. Und ohne mich hättest du das KZ nicht überlebt, Freundchen! Ich habe mir das Brot für dich vom Mund weggenommen.«

Bartek wusste, warum Opa Franzose mit einem umflorten Blick am Küchentisch saß und jedes Wort von Olcia auf die Goldwaage legte: Er fürchtete sich vor der Begegnung mit seinen schwarzhaarigen Töchtern. Schließlich beschloss er doch noch, der Heiligen Messe in der St.-Johann-Kirche beizuwohnen, was Oma Olcias Stimmung sofort verbesserte. Um der Ruhe willen traf er diese Entscheidung, und vielleicht auch noch aus einem anderen Grund. Er sagte zum Schluss: »Als ich jung war, liebte ich die Einsamkeit. Und die Bücher sind auch nicht mehr das, was sie einmal waren. Wenn ich allein bin, bekomme ich Schweißausbrüche und finde im geschriebenen Wort keinen Trost mehr. Und dein Schlafsofa, Olcia, ist ein böses Land: Die Erinnerungen zerstückeln mich bei lebendigem Leibe. Olcia, ich weiß noch, wie wir 1947 nach Dolina Róż kamen: Monte Cassino und Hilde haben Krähen gefressen, so arm und hungrig waren sie! Und sie wollten uns weismachen, dass das

Essen von Krähen eine alte Tradition bei den Ostpreußen wäre … Diese Lügner! Amseln schmecken bestimmt irgendwie menschlicher! Immerhin sind sie hübscher als Krähen!«

Krähen oder Amseln? Wo ist da der Unterschied, fragte sich das Schusterkind. Bartek kannte diesen stumm machenden Hunger, und die sozialistischen Lebensmittelläden von Dolina Róż hatten für ihn eine einzige Funktion: Der Kunde sollte gedemütigt werden. Meryl Streeps Appetit auf Leckereien und exquisite Gerichte war für die Partei gefährlich – die Partei und die Lebensmittelläden fürchteten sich vor diesem Appetit; sie fürchteten sich auch vor den Lippenstiften und Schuhen, die Meryl und Barteks Mutter jeden Tag aussuchten, um auf der Straße und bei der Arbeit hübsch auszusehen und bewundert zu werden. Die leeren Regale der Lebensmittelläden machten die Frauen schlank und begehrenswert, und die Männer fühlten sich von der in den Lebensmittelläden herrschenden Leere bedroht, da sie ihren Familien keinen Wohlstand bieten konnten – nur die Angst vor der Kastration war noch schlimmer als dieses Gefühl der Ohnmacht. Bartek wurde jedoch von Monte Cassino oder Olcia ausgelacht, wenn er sagte, er habe den Hunger kennen gelernt, den sozialistischen Hunger. »Schusterkind! Du weißt nicht, was du da redest – du hast den Krieg nicht miterlebt, und sei glücklich darüber!«, sagten sie dann. »Eine Gurkensuppe oder gebratene Schweineleber kriegst du bei uns an jeder Ecke. Der Staat könnte uns jedoch ein bisschen mehr Fleisch geben, vor allen Dingen für die jungen Leute!« Das Schusterkind hasste aber die meist vor Bratfett triefende, angebrannte Schweineleber, die in den Speisesälen der Fabriken und Schulen serviert wurde.

Olcia war im siebten Himmel: Sie konnte endlich ihren Freundinnen in der Kirche den Franzosen präsentieren, ihren geliebten Ehemann. Barteks Vater besuchte so gut wie nie die Heilige Messe, er fehlte auch an diesem Sonntag. Gott sei Dank ging es Quecksilber schon viel besser, er und Stasia standen im Foyer des Hauptportals von St.-Johann und lauschten den Worten des Pfarrers Jędrusik. Alte Weiber, die zusammen mit ihren Enkelkindern in die ersten Reihen vorgedrungen waren und vor den Treppenstufen des Presbyteriums eine Mauer bildeten, wetteiferten miteinander beim Singen des »Kyrie Eleison« darum, nach der Heiligen Messe möglichst viel Lob des jungen Pfarrers zu ergattern. Olcia und ihre Freundinnen sangen sich in einen Rausch, ihre hohen und hysterisch tönenden Stimmen erreichten solche Schwingungen, die Bartek genauso aggressiv machten wie das betrunkene Geschrei seines Vaters. »Diese selbsternannten Sirenen können sogar einen Toten wiederaufwecken!«, meinte Opa Monte Cassino, dessen Herz sich für den evangelischen Gottesdienst seiner Frau Hilde nie erwärmen konnte: Herr Lupicki holte ihn manchmal mit einem Taxi ab und fuhr mit ihm zusammen zur Heiligen Messe im St.-Johann. Der Weihrauch aus dem Olibanum betäubte die Gedanken, die in den kalten romanisch-gotischen Mauern des St.-Johann nur um eines kreisten: um das Leiden des halbnackten, bärtigen, blutenden und durstigen Mannes. Er schaute Bartek stets mit einem Blick an, der ein Vorwurf war: »Sieh hin, mein Schusterkind, wie ich für dich leide – für dich und die Bewohner eures Lunatals! Und was tust du? Was tun die anderen? Ihr spuckt in den Weihwasserstein und verbrennt meinen von Wunden und Schmerzen gepeinigten Leib im Feuer! Schämt euch für euer Geschlecht! Ihr benutzt meinen Namen für eure Lügen, Kriege und Morde! Schämt euch! Und ihr berührt euch unsittlich! Schämt euch!«

Bartek sprach im Chor der Betenden das »Vater Unser« und das »Mea-culpa«-Bekenntnis mit, er tat es aber gedankenlos und routiniert, denn er betete vor allem für seinen kleinen Bruder: Die Ärzte versuchten seit vielen Jahren schon, sein junges, noch unverdorbenes Herz zu vergiften. Die Ärzte dienten nur der Partei, die das Volk mit Schweinleber und Zuckerrüben fütterte, und sie kannten eigentlich nur eine einzige Heilmethode: das Verschreiben von Antibiotika. Sie reduzierten die Leiden ihrer Patienten auf handgeschriebene Rezepte, die in den Apotheken erst einmal entziffert und interpretiert werden mussten. Die Antibiotikaengel, wie man sie nannte, unterschieden nicht zwischen Kranken und Gesunden

– sie betrachteten alle Menschen als potenzielle Opfer, als lästige Lebende, die Tote werden mussten. Gegen diese handgeschriebenen Rezepte, die im Grunde genommen Sterbeurkunden glichen, konnte sich einzig und allein das Spielzeug- und Papiergeschäft am Markplatz wehren. In seinen Räumen wohnte der Geist des freien, schriftlich noch nicht festgehaltenen Wortes, das der Kirche, der Partei und den Ärzten Angst einflößte. Ein weißes Blatt Papier, das sehnsüchtig auf einen klugen Käufer wartete, war gefährlicher als eine geladene Pistole. Und dieser Geist der Freiheit, der im Spielzeug- und Papiergeschäft regierte, trachtete nicht nach dem Leben der Menschen: Er wollte bloß jeden beschenken – mit Postkarten, Reiseführern, Notizbüchern, Briefpapierblättern, Füllfederhaltern, Blei- und Malstiften, Spielzeugpuppen, Stofftieren, Schachbrettern und Bridgekarten, und manchmal hagelte es sogar Lotto- und Tombola-Gewinne.

Die Heilige Messe hatte sich durch das Vorlesen von Auszügen aus den Briefen an die Korinther und Galater so in die Länge gezogen, dass nicht einmal Zeit dafür blieb, Anton zu treffen und über die gescheiterte Aktion »Unde malum« von Marcin zu sprechen. Bartek war darüber verärgert, zumal er gerne mit Anton in einer stillen dunklen Ecke eine Zigarette geraucht hätte.

Das Schusterkind musste Olcia, Opa Franzose, Stasia und Quecksilber bis zum festlichen Mittagessen Gesellschaft leisten, was keine Aufgabe war, die es mit Freude erfüllte. Bartek nützte diesen lästigen Leerlauf sonntäglicher Trägheit für etwas Sinnvolles: Er setzte sich an den Küchentisch, schrieb den von Marcin korrigierten Aufsatz über die Gedichte der Stalinistin sauber ab und las ihn seiner Mutter vor, die ihm bereits nach den ersten Sätzen versicherte, er werde für seine Arbeit eine gute Note bekommen. Olcia bereitete das Mittagessen zu, jonglierte mit den Kochtöpfen und Bratpfannen, schälte Kartoffeln und klopfte die Schweineschnitzel. Unterdessen versuchte Opa Franzose, Quecksilber die Regeln des Schachspiels beizubringen.

Als dann aber – kurz nach der Ankunft von Barteks Vater – die beiden Schwestern von Stasia mit ihren Ehemännern und Kindern in Oma Olcias Wohnung stürmten und sich binnen weniger Sekunden so ausbreiteten, dass es keine Luft mehr zum Atmen gab, wurde das Schusterkind stumm und antwortete auf keine Frage mehr, die ihm seine Tanten und Onkel stellten. »Bartek ist wieder auf seinem Planeten ›Es-gibt-mich-nicht‹ gelandet und spricht mit seiner Meryl oder mit anderen Geistern und Verrückten!«, spotteten sie. Seltsamerweise wurde der Franzose von seinen jüngeren Töchtern, der Erzieherin Agata und der Schneiderin Hania, freundlich begrüßt, als wäre er kein seltener Gast, sondern ein guter Nachbar ihrer Mutter – ein älterer Herr, der Olcia bedingungslos, sowohl in glücklichen Zeiten wie auch in Not, zur Seite stünde. Onkel Versicherung und Onkel Fähnrich bissen sich bei ihren sarkastischen Bemerkungen, welche die Rückkehr des Franzosen betrafen, allerdings kein einziges Mal auf die Zunge, und Barteks Vater, der von dem Humor zweier Staatsdiener nichts verstand, machte gute Miene zum bösen Spiel.

Tante Agata und Tante Hania quasselten, redeten durcheinander und überhäuften ihren Vater mit zynisch klingenden Fragen: »Ach, du bist endlich wieder da! Wo bist du denn schon wieder all die langen Jahre gewesen? Auf Reisen? Was sind das überhaupt für Reisen? Und musst du wirklich schwer arbeiten? Hast du eine zweite Familie? Eine Geliebte?« Ihr Vater versuchte, höflich zu sein, gab ihnen Antworten, die sie erwarteten, und hängte seinen Ausführungen keinen provozierenden Satz an. Das familiäre Zusammentreffen in der Kopernikusstraße wurde von grellen Missklängen beherrscht – Bartek hielt sich, so gut es ging, die Ohren zu. Olcias Küche war plötzlich zu einer Art Gerichtssaal geworden.

Quecksilber spielte im Wohnzimmer mit Tante Hanias einziger Tochter und den beiden Söhnen von Agata. Alle drei waren noch jünger als Barteks kleiner Bruder. Die blonden Schwager setzten Kinder in die Welt, ohne sich zu fragen, warum sie das taten. Wie viele waren es inzwischen? Und wie viele hatten wieder die Segel streichen und neben den Krähen auf dem Dach der St.-Johann-Kirche Platz nehmen müssen, allein gelassen mit der Hoffnung auf eine baldige und erneute Reinkarnation ihrer Seelen im Lunatal? Ab und zu weinte Olcia in ihrem kalten Badezimmer bitterlich, sie saß auf dem Holzhocker, rupfte das Huhn und wischte sich die Tränen ab mit ihren muskulösen und etwas zu kurz geratenen Armen, die mit Hühnerblut beschmiert waren. Sie weinte, weil sie wusste, zu wem man in Dolina Róż gehen musste, um eine Abtreibung vorzunehmen. Die Hure Marzena brauchte einen kleinen Nebenverdienst.

Als Oma Olcia nun die Tomatensuppe und die Schweineschnitzel in der Küche servierte, um den gewaltigen Sonntagshunger ihrer Sprösslinge zu stillen, hob sich der Bühnenvorhang des Gerichtssaals, und die drei schwarzhaarigen Töchter des Franzosen zeigten ihre wahren Gesichter und ihre Krallen. Und während Barteks Opa von ihnen übelst beschimpft wurde – als Feigling und Familienmörder –, lachten sich die blonden Schwager kaputt, stopften sich die Mäuler mit den panierten Schweineschnitzeln voll und feuerten ihre Ehefrauen noch an. Bartek zwang sich, an den Frühling und an den Sommer zu denken, um diesem trübsinnigen Beschuldigen und Beschimpfen zu entkommen, und er dachte dann auch an den Fronleichnamstag, wenn er auf Ende Juni fiel, und an den 1. Mai, wenn dieses Fest an einem sonnigen Tag stattfand, und da wurde ihm klar, dass der Winter erst richtig begonnen hatte, dass er Dolina Róż für eine lange unübersichtliche Zeit erobern wollte. Und dennoch, solange Bartek die Erinnerung an den Fronleichnam und den 1. Mai bewahrte, würde dieser ewige Winter über ihn und seine Freunde nie siegen. Es gab noch Hoffnung.

Der Staat und die Kirche feierten ihre Feste in einem Rhythmus, der nichts Gutes verhieß: Der Staat und die Kirche gaben sich nach außen hin als zwei miteinander verfeindete Lager aus, in Wahrheit waren sie aber Verbündete, die ihre zahlreichen Feste abwechselnd und nach strikter Absprache feierten, damit das Volk nicht zur

Ruhe kam und keine Zeit zum Nachdenken fand. Doch nur diese beiden Feste, der Fronleichnam und der 1. Mai, hatten eine Gemeinsamkeit, die den scheinfrommen Veranstaltern, dem Staat und der Kirche, gar nicht bewusst war: Das Volk feierte sich selbst, und der Höhepunkt dieses Feierns war die Moderevue, die Barteks Mutter zusammen mit ihren Schwestern und Kolleginnen von der Schule anführte.

Der arme Jesus!, der arme Marx!, dachte sich das Schusterkind, die jungen Frauen stehlen ihnen jedes Mal ihre Show – meine Mutter und ihre Schwestern präsentieren auf den überfüllten Straßen ihre neuesten Kreationen, ihre Frühjahrs- und Sommerkollektion; die Männer drehen sich nach hübschen Gymnasiastinnen und Krankenschwestern um; der Geruch von Parfüm und Schminke, von frisch gewaschenen Haaren, von Schuhcreme, Rasierwasser und Achselhöhlenschweiß schwebt in der Luft, kitzelt in der Nase; die Büstenhalter und Höschen zeichnen sich unter den engen dünnen Kleidern ab; die geschminkten Lippen von Stasia und ihren Freundinnen versprechen lange Sommerabende an den Ufern der Luna; und eigentlich sollte etwas ganz anderes gefeiert werden: nämlich die Eucharistie von Jesus und Marx, die Verwandlung ihrer Körper in eine für den irdischen Wurm unbegreifliche Unsterblichkeit; stattdessen wird es wieder einmal ein Fest der Liebe, ein Mahl des Ziegenbocks, eine Orgie des Wassermanns und der blonden Schwager, ein Fest der sieben Gangarten von Dolina Róż; und Marcin, Anton, Romek und ich werden vor all der duftenden, pulsierenden Schönheit der Krankenschwestern, Gymnasiastinnen, Lehrerinnen und Schülerinnen der Nähschule auf die Knie fallen, auf die Knie fallen! – und selbst die Heilige Maria wird zum Objekt unserer Begierde, weil sie im Schmerz um ihren gekreuzigten Sohn von uns getröstet werden will.

Bartek freute sich Jahr für Jahr auf diese Moderevue, auf die Parademärsche am 1. Mai oder im Juni, wenn die Transparente und Flaggen, auf denen die bärtigen Gesichter der beiden Erlöser Jesus und Marx abgebildet waren, über den Köpfen der Marschierenden im Wind flatterten, in der Sonne leuchteten und den blauen Himmel von Dolina Róż in eine blühende Frühlingswiese verwandelten. Die Arbeiter betranken sich vor den Bierbuden, die Fabrik- und Schuldirektoren kauften ihren Enkelkindern Zuckerwatte, Luftballons und bunte und befederte Blechvögel zum Aufziehen, und am Abend trafen sich die Direktoren und Parteifunktionäre mit Gleichgesinnten, um einen Wodka zu trinken und eine Dame – meist eine leichte Beute – zu verführen. In völliger Abgeschiedenheit schmiedeten sie beim Wodka an neuen Fünfjahresplänen, um den Weg ins Paradies auf Erden zu verkürzen – und ohne die Prophezeiung des alten Schusters Lupicki zu kennen, dass sie seit der Gründung ihrer Volksrepublik geradeaus in die Hölle marschierten. Und der Pfarrer Jędrusik und seine treuesten Schäfchen – die alten Weiber – beteten am Abend in der Kirche, die Regierung möge bei ihren Entscheidungen ein glückliches Händchen beweisen. Es gab noch Hoffnung.

Kulig – *die Schlittenfahrt sowie der Besuch bei dem Pruzzenkönig Widewut und seinen Kindern Bartel und Gustabalda*

Opa Franzose wehrte sich nicht gegen die Beschuldigungen und Beleidigungen seiner Töchter. Er schwieg beharrlich, als wartete er bloß darauf, dass sie ihr Pulver gänzlich verschössen, um dann endlich aufatmen und zur Ruhe kommen zu können. Oma Olcia sprach ein Machtwort. Solchen Lärm und Zwist werde sie bei sich zu Hause nicht dulden, und schon gar nicht beim Mittagessen am Sonntag, meinte sie, dieser unsägliche Hass verderbe den Magen und beleidige die Heilige Mutter. Sie nahm ihren Mann sogar ein bisschen in Schutz und sagte, Gott werde schon bald über den Franzosen richten – diese Aufgabe müsse man ruhigen Gewissens dem Allmächtigen überlassen, da er der Einzige sei, der mit eisernem Besen kehren dürfe: im Herzen der Menschen – ob auf Erden oder im Himmel.

»Ich weiß, dass ich längst ein Bewohner unseres Friedhofs an der Luna geworden bin und für euch nicht mehr existiere«, erklärte der Franzose. »Ihr sprecht seit Tagen mit einem Toten. Und vielleicht habt ihr Recht damit, dass ich für euch kein guter Vater gewesen bin. Aber ich wollte mein ältestes Enkelkind noch einmal sehen! Und das kann mir keiner verbieten ...«

Er fügte noch hinzu, er werde bald wieder verreisen, doch dieses Mal für immer, damit sich niemand mehr von ihm provoziert und verschmäht fühle. Er hätte nur noch eine wichtige Sache zu erledigen.

Diese wichtige Sache war auch seinen jüngeren Töchtern bereits bekannt, Stasia hatte ihre Schwestern ausgiebig über die sechzehnjährige Joanna aus der unehelichen Beziehung des Franzosen informiert, und Barteks Opa staunte nicht schlecht, als er erfuhr, dass er nicht nur auf die Unterstützung von Stasia zählen könnte. Tante Agata und Tante Hania erklärten sich bereit, bei der Erziehung und Unterbringung Joannas behilflich zu sein – selbst eine Beteiligung an einer Unterhaltszahlung schlossen sie nicht aus. Konnte man ihnen trauen? Das Schusterkind wusste, dass Stasia und ihre Schwestern im Grunde genommen unberechenbar waren: Wenn sie »ja« sagten, meinten sie eigentlich »nein«. Ihre katholischen Herzen konnten hassen und lieben zugleich, und hatten ihre Hände jemanden erwürgt, verspürten die drei Schwestern sofort Reue: Ihr Opfer musste wieder zum Leben erweckt werden.

Die blonden Schwiegersöhne enthielten sich jeglicher Kommentare, und nachdem sie ihre Bäuche mit Schweineschnitzeln und Kartoffeln gemästet hatten, rauchten sie Zigaretten und tranken im kochenden Wasser aufgegossenen, gemahlenen Kaffee, während Quecksilber, der geborene Suppenkasper, seine Cousine und die zwei Vettern mit leckeren Häppchen fütterte.

»Ich danke euch«, sagte der Franzose, dessen Stimme dem Schluchzen nah war und etwas unbeholfen wirkte. Die heftigen Attacken seiner beiden jüngeren Töchter sowie ihr anschließendes klares Entgegenkommen hatten ihn mächtig verwirrt. Das Schusterkind empfand auf einmal Mitleid für seinen Opa, es träumte immer noch von der Rückkehr des Sommers, von den Parademärschen und Moderevuen in Dolina Róż, und sein Mitleid für den alten Eisenbahner galt auch allen anderen Bewohnern des Städtchens, die sich von der Sehnsucht nach Sonne in eine Sackgasse getrieben fühlten.

»Bartek, Bartek!«, sagte Stasia am Küchentisch, als der Frieden in Oma Olcias Wohnung Einzug gehalten hatte. »Wach auf! Wach auf! Dein Essen wird kalt!«

Er schaute seiner Mutter direkt in ihre dunkelbraunen Augen. Diese Hexe!, dachte er, sie will mich mit ihren schwarzen Glühwürmchen hypnotisieren, damit ich nur sie liebe und kein anderes Mädchen: »Spieglein, Spieglein an der Wand«, singt meine Mutter, »welche Dirne ist die schönste im ganzen Lunatal!« Du, Stasia, nur du selbstverständlich!

Als Stasia ein junges Mädchen war und kein Geld für einen Lippenstift hatte, schminkte sie ihren Mund mit Honig, es gab viele Fotos aus jener Zeit der Entbehrungen, und auf einem schwarzweißen Foto konnte man ihre silbern schillernden Lippen bestaunen. Was für eine Schönheit, was für reizende Lippen, stöhnten die Arbeitskollegen von Barteks Vater, wenn sie die alten Bilder zu sehen bekamen.

Nach dem Mittagessen, als Olcia die Teller zu spülen begann, stand Onkel Fähnrich feierlich vom Tisch auf, als wollte er einen Trinkspruch ausbringen, und sagte, dass er für den Eisenbahner und Heimkehrer Franzose eine Überraschung vorbereitet hätte: »*Kulig, kulig* – wir machen eine Schlittenfahrt zum Teufelsberg im Stadtwald!«

Onkel Fähnrich wusste, dass sein Schwiegervater die traditionellen Schlittenfahrten, die meist im Januar stattfanden und von allen Betrieben des Städtchens organisiert wurden, liebte: Der Wodka floss in Strömen, die Frauen, die in den Fabriken von Dolina Róż schufteten, waren freizügiger als bei allen anderen Festen, die Gesänge während der Schneefahrten nahmen kein Ende, und

Freundschaften mit Fremden und Feinden ließen sich schnell schließen und ebenso schnell beenden. Onkel Fähnrich, der die ihm untergebenen Soldaten wie Leibeigene behandelte, sagte, er hätte einem jungen und zuverlässigen Gefreiten einen unmissverständlichen Befehl erteilt – der Geländewagen mit dem Pferdeschlitten müsste also bald da sein – und verkündete voller Stolz, dass es in seiner Kaserne keine Pferde mehr gäbe. »Wir sind die berühmte Kościuszko-Einheit, die Hitler mit modernster Technik besiegt hat! Wir sind die gelben Teufel!«, protzte er. »Wir haben dem Amerikaner die Unabhängigkeit gebracht!«

Onkel Versicherung hielt sich für einen tüchtigen und erfolgreichen Geschäftsmann, obwohl er bereits mit einem Fuß im Gefängnis stand: Einfamilienhäuser, Bauernhöfe und Kuhställe, die angeblich durch einen Brand zerstört worden waren, hatten ihm und seinen Kunden schon des Öfteren wahre Geldregen beschert. Seine beiden Schwager betrachtete er daher als zwei Versager und Duckmäuser, boten doch die Gelbe Kaserne und die Wirkwarenfabrik *Warmianka* in seinen Augen ausgezeichnete Möglichkeiten für schwarze Geschäfte. Die Soldaten und Arbeiter konnten nämlich bei ihrem Arbeitgeber wertvolle und rare Artikel zu günstigen Preisen erwerben: Schlittschuhe, Fernsehapparate, Kühlschränke oder Lebensmittel – all die Waren aus den hauseigenen Einkaufsläden der Kaserne oder Fabrik ließen sich auf dem Schwarzmarkt bestens verkaufen. »Ich hätte selbst einen Panzer verscherbelt«, prahlte Onkel Versicherung. »Eure Bedenken sind lachhaft – je mehr man der sozialistischen Wirtschaft schadet, desto schneller werden die Herren in Warschau aufwachen und begreifen, dass uns nur der Kapitalismus retten kann!« Er war sehr enttäuscht darüber, dass ihm der Funker von der Gelben Kaserne zuvorgekommen war und *kulig*, eine Schlittenfahrt, für den Franzosen organisiert hatte. »So eine Überraschung«, sagte er zu seinem Schwager, »und so ein Geschenk hätten normalerweise von mir kommen müssen. Funker – ich muss dich loben, ich wusste gar nicht, dass du unseren Schwiegerpapa so sehr liebst …«

Barteks Vater hasste große Familienfeiern, und im passenden Moment, als alle voller Freude zum Fenster im Wohnzimmer geeilt waren, um nachzuschauen, ob der Geländewagen mit dem Pferdeschlitten schon gekommen war, sagte er mit ernster Stimme, er werde an der Schlittenfahrt nicht teilnehmen, er habe Kopfschmerzen, und außerdem werde er von seiner Mutter erwartet, der er versprochen habe, auf einen Kaffee und eine Runde Bridge oder Poker vorbeizukommen.

Die sonntäglichen Besuche bei Oma Hilde waren Stasia ein Dorn im Auge. Barteks Mutter langweilte sich schrecklich bei diesen sogenannten Stippvisiten und kam deshalb oft nicht mit zu ihren Schwiegereltern – sie spielten stundenlang Karten mit den Nachbarn, tranken pausenlos Kaffee und Eierlikör und führten abstruse Gespräche, die immer die gleichen Themen behandelten und lauter unbeantwortete Fragen aufwarfen. War Herr Lupicki Jude oder Ukrainer? Hätte Jaruzelski das Kriegsrecht nicht eingeführt, wären dann die Sowjets zusammen mit ihren ostdeutschen Waffenbrüdern in Polen einmarschiert? Gab es Außerirdische? War Mariola eine Hure? Spukte es in der Totenkammer der Schusterwerkstatt? Waren Deutsche, Russen und Ukrainer von Natur aus böse? Oma Hilde behauptete, ihre Landsleute, die nach dem Zweiten Weltkrieg in Rosenthal geblieben seien wie sie selbst und sich nicht schriftlich zum Polentum hätten bekennen wollen, habe man so lange gefoltert, bis sie die Erklärung unterschrieben hätten. Auch sie sei geschlagen und gefoltert worden; sie behauptete sogar, der Franzose habe an diesen Aktionen gegen die Deutschen und Masuren teilgenommen, er sei einer der Henker gewesen, wovon er heute nichts mehr wissen wolle. Niemand glaubte ihr, wenn sie ihre alten Geschichten ausgrub und quälende Fragen stellte. Von Zeit zu Zeit legte sie für ihre Freundinnen Karten und las ihnen die Zukunft. Meistens sagte sie, dass alles sich zum Guten wandeln würde, und wenn ihre Freundinnen wieder nach Hause gegangen waren, erklärte sie ihrem Mann, sie befürchtete Schlimmes, die Karten hätten ihr lauter Grausamkeiten und Schicksalsschläge of-

fenbart, die bald einträten; der Tod sei nahe, er klopfe schon an die Türen. Monte Cassino schüttelte nur den Kopf und zuckte mit den Schultern. Angst bekam er nur dann, wenn Hilde wieder damit anfing, Stimmen von Verstorbenen aus ihrer Verwandtschaft und ihrem Freundeskreis zu hören. Er glaubte ihr zwar nicht, obwohl er selbst in der Totenkammer der Schusterwerkstatt Gespräche mit seinen gefallenen Kameraden führte, doch die Angst vor dem Unbekannten und Unbegreiflichen vergrub sich tief in seiner Seele, wenn er tagelang dabei zusehen musste, wie seine Frau ihr Zimmer nur für die Toilettengänge verließ und ansonsten in völliger Dunkelheit lebte, in der geistigen Umnachtung des kalten Winters und schwarzen Nachtfeuers. »Sie ist ein Drachen, aber ein kranker Drachen«, jammerte Monte Cassino. Eine Sache aber fand das Schusterkind erstaunlich: Oma Hilde legte nie für sich selbst oder für ihren Mann die Karten, nicht einmal eine Patience, ja, sie wollte auch in Barteks Zukunft keinen Blick werfen. Sie sagte, dass man in seinem eigenen Essen nicht herumstochern dürfe, es würde den Betroffenen Unglück bringen.

Der Pferdeschlitten, der eher einem Holzboot ähnelte als einer Kutsche, war mit drei Sitzbänken bestückt, sodass jeder leicht einen Platz finden und bequem sitzen konnte, und da der Weg zum Teufelsberg im Stadtwald durch das ganze Städtchen führte, blieb die Schlittenfahrt von Olcias Töchtern nicht unbemerkt. Bis auf Barteks Vater waren alle mitgekommen, selbst Oma Olcia hatte sich zu diesem Ausflug überreden lassen, wie in alten Zeiten saß sie neben ihrem Mann, geschützt und gewärmt von seinen Armen und ihrem Pelzmantel, der älter war als das Schusterkind. Für die Kleinen, für Quecksilber und seine Cousine und Vettern, war die Schlittenfahrt eine Wohltat wie die Weihnachtsferien. Und da spätestens um siebzehn Uhr die Nacht ihre Reiter und Fußtruppen ins Lunatal schicken würde, um das Städtchen mit Gewalt zum dunklen Schlaf zu zwingen, musste man sich beeilen.

Onkel Fähnrich vertraute den Fahrkünsten des jungen Gefreiten nicht allzu sehr, denn bald schon setzte er sich ans Steuer des Geländewagens. Entlang des *Broadways* blieben viele Passanten stehen, klatschten Bravo oder grüßten freundlich den Franzosen und seine Frau.

Onkel Fähnrichs Überraschungsgeschenk zeigte schnell seine positive Wirkung auf den Franzosen, der aussah, als hätte er hundert Gramm gekippt und den bitteren Wodkageschmack mit einer Salzdillgurke abgerundet, um anschließend mit seiner Geliebten, der Frau des Friseurs, ins Bett zu schlüpfen. Barteks Opa lächelte freudig und sagte: »Ach! Wie schön unser Städtchen ist! Und wie schön sind die roten Bäckchen meiner schwarzen Prinzessinnen und Enkelkinder! Wie gern wäre ich für immer bei euch geblieben! Wie gern!« Und dabei log er nicht, der Opa Franzose; er wollte nicht mehr reisen, von Zuhause fliehen, nach einem neuen Zuhause suchen – das musste inzwischen auch seinen zänkischen Töchtern bewusst geworden sein –, doch eine endgültige Rückkehr nach Dolina Róż und zu Oma Olcia war dem Franzosen dennoch nicht mehr möglich, weil er sich dann hätte eingestehen müssen, die wichtigste Schlacht seines Lebens verloren zu haben. Eine endgültige Rückkehr hätte für ihn Verrat an sich selbst, an seinen Ideen und an seiner blauen Eisenbahneruniform bedeutet. Eine solche Niederlage hätte all die Jahre, die er in der Fremde und in Einsamkeit, auf Reisen und mit einer zweiten Familie verlebt hatte, von der Erdoberfläche wegradiert. Bartek zumindest hatte sofort begriffen, was sein Opa zum Ausdruck hatte bringen wollen, als er am Mittagstisch sagte, er wäre längst ein Bewohner des Friedhofs an der Luna: für seine Nächsten nur mehr eine Erinnerung.

Auf Barteks Stadtplan von Dolina Róż, den er einmal im Kunstunterricht angefertigt hatte, lag der Stadtwald hinter der Eisenbahnbrücke, eingeklemmt von der ehemaligen Wehrmachtskaserne und dem in der ermländisch-masurischen Regenwurm- und Hummellandschaft mäandernden Fluss Luna. Der katholische Friedhof, die Molkerei und der städtische Baggersee waren allesamt auf der anderen Seite der Eisenbahnbrücke zu finden – am *Broadway*, den Bartek als dicke rote Linie gezeichnet hatte. Seine Karte hatte eine schlechte Note bekommen; der Kunstlehrer hatte ihm vorgeworfen, sie wäre ungenau und infantil, und Barteks Gegenargument, die Wirklichkeit ließe sich gar nicht so abbilden, dass sie jedem einzelnen Erdling vom Nordpol bis zum Südpol gleichermaßen vertraut sein könnte, brachte den Kunstlehrer in Rage: »Willst du mir erklären, Schusterkind, was Wirklichkeit ist? Und willst du mir etwa sagen, dass du weißt, was Mimesis bedeutet?« Der Kunstlehrer hatte Bartek damit der Wirklichkeit und seiner eigenen Vorstellung von ihr beraubt, und somit lebte das Schusterkind ohne die richtige und unverfälschte Wirklichkeit und passte darauf auf, dass so gut wie niemand erfuhr, wie mickrig und ungenau und unbedeutend seine Vorstellung von der Wirklichkeit war. Niemand würde verstehen, dass die Kętrzyńska-Straße, der hiesige *Broadway*, für Bartek nicht nur die Hauptschlagader von Dolina Róż war, auch wenn die Kętrzyńska im Vergleich mit ihrem Original und Vorbild aus New York wie ein wahnwitziger und größenwahnsinniger Usurpator erscheinen musste: Der hiesige *Broadway* war für Bartek keine billige Nachbildung, kein unerreichbarer Traum, das Schusterkind lebte in seinem Städtchen wie in Manhattan, seine Mutter kaufte in den besten Boutiquen des echten *Broadways* ein, ihre rosafarbenen knielangen und plissierten Röcke waren mittlerweile berühmt geworden, und wenn Bartek keine Lust mehr auf das großstädtische Leben hatte, zog er sich aufs Land zurück – dann wurde das Lunatal zur mongolischen Steppe mit Jurten und Pferdeherden.

Nach gut einer halben Stunde erreichte der von Onkel Fähnrich angeführte Ausflüglertrupp den Stadtwald von Dolina Róż. Die Tennisplätze und Parkanlagen, die an den Defilierplatz grenzten, waren seine kleinen Geschwister, ja, man konnte durchaus behaupten, dass der Stadtwald als der eigentliche Schöpfer des Bösen nur eine einzige Absicht hegte: Er wollte der unangefochtene Anführer von Mördern, Frauen- und Mädchenschändern, Dieben, Untoten,

Unruhestiftern und Schulschwänzern, die auf dem Teufelsberg ihre anarchistischen Feste feierten, sein. Und das war sein gutes Recht, denn in seinem Herrschaftsgebiet fanden sogar diejenigen eine Zuflucht, die niemandem einen Schaden zufügten: Junge Liebespaare, die von ihren Eltern behelligt wurden, zeugten hier ihre Kinder; Pilzsammler, Pfadfinder, Sportler und sogar Angler, die an den Ufern der Luna ihre Spinnruten auswarfen und mit dem Blinker einen ausgewachsenen Hecht fangen wollten, suchten hier nach Ruhe und Entspannung. Im Stadtwald herrschte also eine Freiheit, die es nicht einmal in dem Spielzeug- und Papiergeschäft gab. In gewisser Hinsicht ähnelte er der Schusterwerkstatt, die auch keine Unterschiede zwischen bösen und guten Schuhen machte.

Die Einfahrt in den Rosenthaler Wald bewachte eine deutsche Villa, die, wie man sagte, während des Krieges den Offizieren als Kasino und gar Bordell gedient hatte. Opa Monte Cassino verriet nur ungern seine militärischen Geheimnisse, er nannte aber die Villa einen Ort der Verruchtheit und des Untergangs. Pfadfinder residierten nun in der ehrwürdigen Wehrmachtsvilla, und wenn sie zu später Stunde von ihren Lagerfeuerfesten auf der riesigen Wiese am Teufelsberg zurückkehrten, übernachteten sie in ihrer Herberge, die von den Ostpreußen gebaut worden war.

Der Pruzzenkönig Widewut wohnte im Stadtwald und kam manchmal sogar in den Garten der Villa geschlichen, stellte sich auf Zehenspitzen vor eines der Erdgeschossfenster und hörte den patriotischen Gesängen und Rezitationen der Pfadfinder zu. Bartek, der immer noch seine Pfadfinderuniform besaß, hatte den Pruzzenkönig schon mehrmals in diesem Garten getroffen, meist zusammen mit seiner Tochter, der Prinzessin Gustabalda, und seinem Sohn, dem Prinzen Bartel. Die beiden unglückseligen Geschwister liebten einander wie Mann und Frau. Das Liebespaar war aus fünf Fuß hohen Feldsteinen gemeißelt worden – wie auch ihr Vater – und konnte weder Deutsch noch Polnisch und schon gar nicht Englisch sprechen, sodass das Schusterkind jedes Mal

Meryl Streep ums Dolmetschen bitten musste, weil sie die Sprache der Steine verstand. Und die Steinskulpturen von Gustabalda und Bartel, die in Dolina Róż auf einem Hügel an einer Straßenkreuzung standen und auf die Tennisplätze und den Defilierplatz blickten, erzählten Bartek und Meryl die bittere Wahrheit über die Christen und ihre todesgierigen Schwerter, Pistolen und Atombomben. Der Pruzzenkönig Widewut hatte einmal im Garten der deutschen Villa zu Bartek gesagt: »Mein Volk kommt nicht von den Sternen, obwohl wir in unserem Wurm- und Hummelland die ersten Siedler gewesen sind. Der Mensch irrt, wenn er glaubt, von den Sternen abzustammen – nein, er ist noch vor ihnen, den Uhren des Universums, auf die Welt gekommen, als es nicht einmal unser Wurm- und Hummelland und in ihm unsere kleine Heimat, das Lunatal, gegeben hat. Sieh! Ich bin tot und ein Stein geworden, und dennoch lebe ich weiter und wache über Dolina Róż und den Stadtwald! Eines Tages wirst du mir helfen und auch ein Wächter werden – nach deinem Tod!«

Die Geschichten des Pruzzenkönigs Widewut, der von Zeit zu Zeit spontan die deutsche Villa besuchte, um im Garten Bartek zu treffen, waren vielen Bewohnern von Dolina Róż unbekannt, doch sie gefielen dem Schusterkind, und selbst seinem besten Freund, dem nüchternen und geschäftstüchtigen Anton, der sich aus Bildung nichts machte und auf Altäre der Kirche und des Staates spuckte, gefielen sie. Stasia mochte die Geschichten des Pruzzenkönigs auch sehr, sie kannte Widewut aus ihrer eigenen Schulzeit, und da ihr der Franzose erzählt hatte, dass der Prinz Bartel nicht nur ein treuer Liebhaber, sondern zugleich ein großer Volksheld und Gelehrter wie zum Beispiel Wojciech Kętrzyński oder Hermes Trismegistos gewesen war, schwor sie sich, dass ihr erster Sohn den edlen Namen des pruzzischen Prinzen bekommen würde: Bartłomiej erinnerte selbst in seiner einfachsten Koseform, Bartek, an den heidnischen Prinzennamen – damit war Stasia glücklich, als sie einen Jungen gebar, das Schusterkind, den Schusterprinzen. Dass der Prinz Bartel in seine eigene Schwester verliebt war, schien Stasia nicht zu stören: Die Wege eines Lippenstiftes waren genauso unergründlich wie die des Herrn von der St.-Johann-Kirche.

Im Stadtwald lag der Schnee an lichten Stellen hüfthoch, die Wege aber waren frei und gespurt. Als sich die Ausflügler dem Teufelsberg näherten, hörten sie Schreie, die so wild und verzweifelt waren, dass jeder dachte, auf dem Teufelsberg würde jemand bei lebendigem Leibe gehäutet. Die Stimme dieses Unglückseligen wurde rasch und einhellig erkannt: »Das ist ja der Bucklige Norbert!«

Der Teufelsberg, bewacht von dem Goethe-Denkmal der Ostpreußen, war bloß ein unbeholfener Name für den mit Bäumen bewachsenen und zirka zwanzig Meter hohen Erdhügel, der mitten in einem Hain von Laub- und Nadelbäumen stand. Ein Deutscher oder vielleicht ein Ukrainer oder ein Jude hatte sich diesen Namen ausgedacht, damit die Menschen vor dem Stadtwald Angst hatten und ihn nie allein betraten, sondern immer in Begleitung von guten Freunden. Man konnte den Erdhügel innerhalb weniger Minuten aufrecht gehend erklimmen, und die Äste der Sträucher und Bäume benutzte man wie ein Treppengeländer.

Onkel Fähnrich parkte den Geländewagen mit dem Pferdeschlitten auf der Lagefeuerwiese der Pfadfinder. Er und sein Gefreiter liefen auch sofort los, um nachzuschauen, warum der Sohn von Herrn Lupicki für einen so unmenschlichen Lärm sorgte. Unterwegs bückte sich der Funker aus der Gelben Kaserne kurz und griff mit der Hand nach dem Schnee, als wollte er einen Tennisball formen, dabei musste er lediglich seine Stirn und Schläfen kühlen: Das hysterische Geschrei des Buckligen Norbert machte ihn offensichtlich nervös. Er und sein Gefreiter erklommen rasch den Teufelsberg, ihnen folgten Onkel Versicherung und Bartek. Quecksilber und seine Cousine mit den beiden Vettern überholten sie aber auf halber Strecke, und ihre Mütter und selbst Oma Olcia eilten hinter ihnen her, mehr aus Sorge um ihre Sprösslinge als aus Neugier, was denn dem kranken und debilen Schustersohn zugestoßen sein mochte. Opa Franzose bestieg zuletzt den Erdhügel; schnaufend und fluchend kam er auf dem Plateau des Teufelsbergs an und sagte mit leiser Stimme: »Schaut euch bloß diese elende Kreatur an!«

Der Bucklige Norbert wurde augenblicklich still, als er die Ausflügler mit besorgten Rettungssanitätermienen auf sich zusteuern sah, und sein Anblick ließ keine Zweifel daran aufkommen, dass der Sohn von Herrn Lupicki Todesängste hatte ausstehen müssen: Er war mit einem Seil an eine Eiche gefesselt worden, und erst beim genaueren Hinsehen stellte man verwundert fest, dass jemand ein Brett an den Baum waagerecht genagelt hatte, um Norberts Arme an den Handgelenken mit einer Wäscheschnur festzubinden.

»Was für eine elende Kreatur ...«, wiederholte der Franzose unablässig, während sich Olcia mehrmals bekreuzigte: »*Jezus Maryja!* Der Ärmste! Was sind das bloß für Ganoven und Scheusale, die unseren Herrn Jesus verhöhnen und andere Menschen so grausam quälen?! Lupickis Sohn ist doch kein Hund! Und überhaupt: Wo sind heute die Sonntagsspaziergänger geblieben? Wären wir nicht auf die Idee gekommen, in den Wald zu fahren, hätte der Bucklige diese Nacht nicht überlebt!«

»Lupickis Sohn ist ein kranker Perversling, das habe ich euch schon immer gesagt, aber ihr wolltet mir ja nie glauben«, freute sich Onkel Versicherung.

»Ja, genau – er hat sich selbst gefesselt«, entgegnete Barteks Mutter.

Der Franzose sagte: »Männer! Bindet ihn endlich los!«

Onkel Fähnrich und sein Gefreiter durchschnitten mit Klappmessern die Seile und Schnüre, befreiten Norbert aus den Fesseln, und Barteks Mutter zog ihren Wintermantel aus und warf ihn dem Buckligen über die Schultern. Seine Lippen und seine Nase waren vor Kälte blau angelaufen, die Augen guckten gläsern und verängstigt, aber er konnte wieder lachen, wobei er dabei kräftig von Quecksilber, seiner Cousine und den zwei Vettern unterstützt wurde. Tante Hania und Tante Agata hatten angesichts des Leids, das dem Buckligen widerfahren war, kein Verständnis für dieses Lachen. Sie stauchten ihre Kinder zusammen und schlugen ihnen auf die Finger, als hätten die zarten Händchen Kleingeld für Süßigkeiten stibitzt. Stasias Schwestern überfielen Norbert mit kriminalistischen Fragen, obwohl sie wussten, dass er sich bei solchen Kreuzverhören immer in die Enge getrieben fühlte. Der Bucklige verbeugte sich mehrmals und wiederholte seine Standardsätze: »Norbert hat eine böse Strafe verdient! Norbert hat eine böse Strafe verdient! *Norbert zasłużył na tę straszną karę!*«

Bartek hatte Mitleid mit seinem Freund. Er ahnte schon, dass es den Schwestern seiner Mutter gar nicht um das Wohlergehen des Sohnes von Herrn Lupicki ging, sondern um ihre Selbstdarstellung. Stasias Schwestern wollten mit ihrem forschen Vorgehen bei dem Franzosen und bei ihren Ehemännern Eindruck schinden, wollten ihnen beweisen, dass sie nicht nur exzellente Erzieherinnen, Schneiderinnen und Liebhaberinnen waren, sondern auch fürsorgliche Mütter, die in unvorhersehbaren Situationen uneigennützig handelten. Bartek musste wieder lachen, und er bekam sogleich für sein Gelächter eine Ohrfeige von Tante Hania, was ihn gar nicht aus der Ruhe brachte, im Gegenteil – diese Ohrfeige machte ihn stolz (ich bin ein erwachsener Mann, dachte er sich, und erwachsene Männer werden von Frauen geohrfeigt!), sie klebte an seiner Wange wie ein heißer Kuss seiner Meryl Streep.

Eine Kreuzverhörfrage konnte der Bucklige Norbert eindeutig beantworten: Die beiden jüngeren Schwestern wollten wissen, wer ihn denn in den Stadtwald entführt und an den Baum gefesselt hätte. Herrn Lupickis Sohn sagte: »Schtschurrrk! Schtschurrrk … Schtschurrrk … Norbert hat eine böse Strafe verdient!«

»Ist ja gut, man wird von deiner Litanei ganz verrückt«, beruhigte ihn Onkel Versicherung. »Ich werde mir noch heute Abend diesen kleinen Hurensohn von Biurkowski vorknöpfen und ihm auf dem Friedhof den Arsch ver…«

Doch er musste seine Drohung, die er wie alle seine Drohungen nicht in die Tat umsetzen würde, unterbrechen, denn plötzlich begann der Bucklige in ganzen Sätzen zu sprechen. Allerdings stellte es sich schnell und zur Verwunderung seiner Zuhörer heraus, dass Norbert nichts anderes tat, als aus der Bergpredigt des Matthäus-Evangeliums zu zitieren, das zur täglichen Lektüre seines Vaters gehörte. Es handelte sich um Kernsprüche, die er in der Schusterwerkstatt schon hundertmal gehört hatte: »Ihr seid das Salz der Erde … Niemand kann zwei Herren dienen … Ihr seid das Licht der Welt … Sammelt euch nicht Schätze hier auf der Erde … Liebt eure Feinde und betet für die, die euch verfolgen… Hütet euch, eure Gerechtigkeit vor den Menschen zur Schau zu stellen …«

Oma Olcia kniete vor Norbert nieder, faltete die Hände zum Gebet und blickte in den Himmel, der sich mit Schneewolken bedeckt hatte. Sie sagte: »Heilige Maria, Mutter Gottes! Es ist ein Wunder geschehen! Der Bucklige Norbert, der Sohn des Schusters Lupicki, unser Bote und Stadtidiot, den Du – Gebenedeite – ja bestens kennst, kann sprechen, wie wir es tun, die wir gesund sind und nicht leiden müssen! Er hat Gebete auswendig gelernt! Gebete aus der Bibel!«

»Schweig du dummes Weib!«, erboste sich Opa Franzose und half ihr wieder auf die Beine. »Schtschurek, das arme Totengräberkind, hat Nobert so mächtig Angst eingejagt, dass er gleich sogar ein Liebesgedicht von Goethe rezitieren wird, und nur aus dem Grund, weil hier im Stadtwald das große Dichterdenkmal steht! Aber wem erkläre ich das?! Wem?! Und wozu habe ich mir gestern die Mühe gemacht, Schtschurek aus dem Gefängnis rauszuholen? Wozu, wenn er sich gleich am nächsten Morgen ein leichtes Opfer sucht, um sich zu rächen?«

Kapitel 14: Verführung und Rache

Die Schulappellmontage musste man als die eigentlichen, die wichtigsten und wahrhaftigsten Uhren von Dolina Róż betrachten: Sie maßen die Zeit, in der Bartek und seine Freunde lebten, am genauesten. Die Schulappellmontage erinnerten die Schüler an die glorreiche Vergangenheit ihres Vaterlandes. Und derart beladen mit der glorreichen Vergangenheit ihres Vaterlandes sollten die Schüler nach jedem dieser Montage zuversichtlich in die Zukunft schauen, um eine neue und ebenfalls glorreiche Zukunft zu schaffen, die sich der makellosen Vergangenheit ihrer sozialistischen Heimat nicht zu schämen bräuchte. Fleißige Packesel sollten die Schüler werden und ihre Last stolz und mit heroischer Ausdauer tragen – von Woche zu Woche, von Schuljahr zu Schuljahr. Die Turmuhr des mittelalterlichen Tors war angesichts der historischen Tatsachen wenigstens so freundlich, praktisch für immer zu verstummen, in einer eingefrorenen Zeit des Deutschen Ritterordens zu verharren und zu schlafen. Diese alte Zeit der Kreuzritter und ihres erlauchten Hofmeisters Dietrich von Altenburg schlief in einem indischen Schlangenkorb und wartete auf den Tag der Befreiung, an dem der richtige Schlangenbeschwörer endlich auftauchen würde, doch jenes unvorstellbare Aufwachen einer vor Jahrhunderten begrabenen Morgenröte lag noch in weiter Ferne, zumindest solange Dolina Róż von der Partei und auch von Marcin und seiner Bande regiert wurde.

Woche für Woche wurden die Schulfahne und die Nationalflagge aus dem Gedenkzimmer feierlich herausgetragen, besungen, bekniet und geküsst. Es könnten auch Hitlerjungen oder Ritter des erlauchten Hofmeisters Dietrich von Altenburg sein, dachte das Schusterkind, sie würden genauso gut ihre Arbeit erledigen, würden *ihre* Standarte in den Festsaal der ehemaligen Wehrmachtskaserne tragen, singen und ihre Partei und ihren Hofmeister loben.

»Volksgenosse! Ihro Gnaden, ehrwürdiger König der Pruzzen!«, würden die Hitlerjungen und Kreuzritter dann dem Stadtwald von Rosenthal zurufen. »Stoßt bloß nicht zu uns! Bleibt im Wald! Versteckt Euch vor unseren Schwertern und Pistolen!« Aber das Windrad der Geschichte hatte sich für die sozialistischen Fahnenträger entschlossen, für die Pfadfinder Bartek und Anton, für die Fabrik- und Schuldirektoren, die von der Partei gewählt worden waren; es hatte sich für die alkoholischen Orgien im *Piracka*, im Parteigebäude und Kulturhaus von Dolina Róż entschieden.

Bartek bekam wacklige Knie, als der Montagsappell im großen Festsaal des Mechanischen Technikums zu Ende gegangen war. Nach der Pause würde die zweite Stunde beginnen – der Polnischunterricht. Er hatte keine Angst davor, für seinen Aufsatz über die Heimatbilder in den Gedichten der Stalinistin eine schlechte Note zu kassieren. Die wackligen Knie waren auf eine andere Ursache zurückzuführen. Er fürchtete vielmehr, von dem Mahlstein mancher Mitschüler, die er nie mit in den Krieg nehmen würde, zerquetscht und zerrieben zu werden. Diese skrupellosen und feigen Mitschüler hassten das dichterische Wort, und sie hassten es deswegen, weil sie vor ihm unterwürfig niederknien mussten, und zwar auf Verlangen von »Frau Aquarell und Kolibri«, der Polnischlehrerin. Vor diesem heiligen Niederknien hatte Bartek ebenso wenig Respekt wie seine Gegner, aber es gefiel ihm nicht, wenn er, musste er mal wieder vor der ganzen Klasse seinen Aufsatz vorlesen, von den feigen und hasserfüllten Mitschülern wie ein nackter Frauenhintern im Gebüsch angeschaut wurde. Er hörte ihr spöttisches Flüstern, sah ihre dummen Augen, hörte ihre giftigen Zungen zischen, die nur eines im Sinn hatten: den Autor des Aufsatzes zum impotenten und lebensuntauglichen Muttersöhnchen zu degradieren, das sich heimlich mit dem Lippenstift seiner Mutter den Mund schminkt. »Schusterkind, Schusterkind!«, summten sie ihr Klagelied im Geiste. »Du glaubst wohl, dass du ein Günstling des Schicksals bist! Du irrst dich! Du wirst genauso wie wir im Dreck schuften müssen, du wirst von morgens bis abends Bohrer schärfen, Drehmaschinen putzen und Türschlösser bauen, die keiner kaufen will. Deine Finger werden von Metallsplittern hässliche Narben bekommen. Wodka wirst du trinken, Kinder zeugen und für kleines Geld den Rücken krumm machen. Arbeiterhände hast du, ja, Arbeiterhände! Aus Eisen bist du, aus Eisen! Und nicht aus dem dichterischen Wort! Oder willst du nicht mehr Techniker für landwirtschaftliche Maschinen werden?«

Bartek rauchte auf der Toilette eine Zigarette, um das Lampenfieber zu bekämpfen. Wenigstens war es seinem Opa Franzose am gestrigen Abend gelungen, Herrn Lupickis Nerven zu beruhigen, nachdem der alte Schuster seinen halberfrorenen Sohn in Empfang genommen hatte. Bartek und Onkel Fähnrich waren bei dieser feierlichen Übergabe dabei gewesen. Gäste waren Herrn Lupicki unangenehm, er empfing sie selten, und seine Dreizimmerwohnung im Altbau verteidigte er wie die Totenkammer in seiner Werkstatt.

Dass sein Sohn offensichtlich lernfähiger war, als man das bis jetzt angenommen hatte, beeindruckte ihn nicht: »Er mag zitieren, was er will: meinetwegen auch aus der Bibel. Ich werde Schtschureks Schuhe weiterhin reparieren! Und Wunder gibt's nicht: Norbert wird morgen von seiner Genesung nichts mehr wissen. Er wird wieder alles vergessen! Vielleicht wurde er zu Recht gekreuzigt, dieser Lümmel!«

Der alte Schuster wollte keine Anzeige erstatten; es wäre sinnlos gewesen, wenn er sich entschlossen hätte, juristisch gegen Schtschurek vorzugehen. Die Miliz hätte dem alten Schuster einen Vogel gezeigt, ihre Meinung war unmissverständlich, was die täglichen Aktivitäten des Buckligen Norbert betraf. Für sie war er selbst schuld daran, dass er ab und zu durch die Mangel genommen und wie eine räudige Katze behandelt und sogar gequält wurde – schließlich war er ein Idiot, ein Dummkopf, ein polnisch-jüdischer Bastard.

Die Miliz hatte Schtschurek längst abgeschrieben. Sie konnte ihm nichts beweisen, weder dieses noch jenes, vielleicht war er ein Tierquäler oder ein Molotowcocktailwerfer. Vielleicht verachtete er den Buckligen Norbert, weil der Sohn von Herrn Lupicki hässlich und dumm war, zumindest nach der Vorstellung und Meinung Schtschureks. Eines Tages würde Biurkowski junior einen großen Fehler begehen, und dann würde er ins Gefängnis wandern und die Gefängnismauern nie wieder verlassen. Darauf hoffte die Miliz.

Es hatte auch keinen Sinn, mit dem Totengräber Biurkowski zu sprechen und ihn zu bitten, seinen Sohn streng zu bestrafen. Biurkowski hätte dann gesagt: »Ihr wisst doch, der Junge lässt sich nichts gefallen! Er tanzt jedem auf der Nase herum! Oder soll ich ihn etwa zu Tode prügeln? Auf meinem Friedhof gibt es noch viel Platz! Gewiss! Der Tod kommt schneller, als man denkt – mein Junge weiß es bloß noch nicht, wessen Kind er ist. Und selbst wenn er jemanden umbrächte, würde ich ihn nicht anzeigen und schon gar nicht mit meinem Spaten unter die Erde bringen können – solche Drecksarbeit müsste dann Gott persönlich übernehmen, ich liebe meinen Jungen!«

Opa Franzose war auf sich selbst wütend, dass er den Fabrikdirektor Szutkowski am Samstagabend aufgesucht und ihn zu einem wichtigen Anruf bewogen hatte. Damit war eine Karte leichtsinnig ausgespielt worden, die er womöglich schon bald woanders, bei einem wichtigeren Spiel dringend brauchen könnte. Er ärgerte sich, weil er Schtschureks Vater sein Vertrauen geschenkt hatte. Und gestern Nacht, als Bartek mit seinem Opa im Bett lag und sie beide den Tag noch einmal hatten Revue passieren lassen, sagte ihm der Franzose, dass ihm seine eigene Dummheit bis jetzt immer die allergrößten Schwierigkeiten beschert hätte. Als das Schusterkind ihm dann von der »Unde-malum«-Aktion erzählt hatte, wurde es von seinem Opa ausgelacht: »Willst du so enden wie ich? Du bist moralisch nur dir selbst verpflichtet, sonst niemandem! Du musst lernen, mit Lichtgeschwindigkeit zu entscheiden, was für dich persönlich das Gute oder das Böse bedeutet. Wenn du das nicht tust, werden andere für dich diese Entscheidung treffen. Marcin – und ich habe dir schon einmal gesagt, dass dein älterer Freund mir nicht koscher ist – musst du nichts beweisen. Mein Gott! Ich habe schon so viele Brandsätze in meinem Leben gelegt, um die Welt zu retten – und bin doch jedes Mal das Opfer meiner eigenen Dummheit geworden! Also, lass die Finger von diesen Spielchen, die dir Marcin aufzwingen will – er ist ein Verführer, ein Diktator, ein zukünftiger Fabrik- und Schuldirektor und kein Schusterkind und kein Eisenbahner …«

In dieser Nacht von Sonntag auf Montag hatte das Schusterkind von Golgota und der Kreuzigung Jesu Christi geträumt. Es war kein gewöhnlicher Jesus – dieser Jesus ähnelte frappierend dem Buckligen Norbert. Und in dem mittelalterlichen Tor von Dolina Róż öffnete jemand ein Fensterchen, ein Gesicht zeigte sich plötzlich und sprach zu Bartek: »Siehst du, Schusterkind! Der Sohn des alten Schusters leidet für Millionen! Für Millionen! Damit ihr weiterhin eure Molkereien und Möbel- und Textilfabriken und Einkaufsläden und Schulen und Apotheken und Schusterwerkstätten betreiben könnt, ohne die Angst im Nacken, dass es auf Erden einmal richtig krachen und das Lunatal vollständig vernichtet wird! Da habt ihr also euren Jesus! Hier, schaut: Er ist bucklig und ein bisschen dumm, aber leiden kann er – muss er! Er muss leiden! Für Euch!« Später erkannte Bartek, dass das Gesicht, das wie eine Maske aussah, am ehesten Opa Franzose zugeordnet werden konnte. Die Nase war ein bisschen zu groß geraten, und die Augen hatten nichts von ihrer einstigen dunkelbraunen Leuchtkraft eingebüßt, die den Franzosen einmal ausgezeichnet hatte.

Bartek warf die brennende Zigarette, an der er nur wenige Male gezogen hatte, in die Klomuschel und ging zum Polnischunterricht. Nach der Begrüßung und der alphabetischen Anwesenheitsprüfung wurde er von »Frau Aquarell und Kolibri« aufgerufen, um bitte seinen Aufsatz vorzulesen. Und er stand auf und las, und in diesem Lesen las er weiter und wollte gar nicht mehr aufhören zu lesen.

»Setzen, Bartek, setzen!«

»Natalia Kwiatkowska, meine Nachbarin und einstige Physiklehrerin unseres Mechanischen Technikums, ist unsere größte Dichterin, und wir können uns in Dolina Róż damit rühmen, dass sie unter uns lebt – die allergrößte Dichterin, die es in unserem Landkreis Lunatal jemals gegeben hat. Sie schreibt nicht, sie dichtet«, las Bartek mit zitternder Stimme, aber deshalb, weil ihm die Hosenbeine zitterten und weil ihm seine Knie immer noch wacklig und zittrig waren. »Sie dichtet, unsere Frau Natalia Kwiatkowska, und so wie sie dichtet, kann niemand dichten, denn sie dichtet für uns und für unser Heimatstädtchen, das sie in einem Gedicht den ›Fingerhut der Milchstraße‹ nennt. Und sie dichtet über den 1. Mai und die roten Fahnen, die auch ich schon so viele Male am Tag der Arbeit durch die Straßen von Dolina Róż getragen habe – ich, der Schüler des 1. Mai und des Fronleichnams, habe den Himmel über unserem Lunatal rot bemalt und auf meinen Schultern getragen, schon so viele Male. Und da Frau Kwiatkowska über mich dichtet, ist sie nicht nur eine Dichterin, sondern auch eine Beschützerin derjenigen, die unterdrückt und vom Schicksal hart geprüft werden …«

»Setzen, Bartek, setzen!«, schrie die Polnischlehrerin plötzlich. »Das ›Ich‹ hat in einem Aufsatz nichts zu suchen! Setzen, setzen! Eine Sechs! Eine Sechs ist das! Dein Geschreibsel!«

Aber Bartek konnte sich nicht mehr setzen, denn er las seinen Aufsatz über die Heimatbilder in den Gedichten der Stalinistin, seiner Nachbarin, der ehemaligen Geliebten des Franzosen: »Sie ist die neue Lilja Brik, die vor zirka dreißig Jahren zu uns nach Dolina Róż kam, um uns die Augen zu öffnen. Denn wir sehen nicht, fühlen nicht, denken nicht – will uns die neue Lilja Brik sagen. Dabei sei unser Defilierplatz ›der Himmel auf Erden‹, wie Frau Kwiatkowska dichtet, er sei ›das wachsame und fürsorgliche Auge der Mutter namens Sozialismus‹, und das mittelalterliche Tor der Kreuzritter, über das es eine Handvoll Gedichte in den dünnen Lyrikheften von Frau Kwiatkowska gibt, sei ›von uns Sichel- und Sternenmenschen mit fünf Armen besiegt und gezähmt worden wie ein wildes Tier‹. Über das neue Krankenhaus dichtet sie auch, unsere verehrte Beschützerin und Mutter der Dichtung, das neue Krankenhaus, an dem seit Jahren gebaut wird, werde den Bewohnern unseres Städtchens als ›eine Fähre der Hoffnung an der Luna‹ dienen, damit ›der Kranke im Fluss der Geschichte nicht mehr untergehe‹. Und selbst Herr Lupicki findet in diesen Gedichten eine Würdigung: Der alte Schuster sei ›so fleißig wie Hephaistos‹, und in seiner Schusterwerkstatt brenne ›das Feuer der Gerechtigkeit und der Kunst‹, denn Schuhe zu reparieren, sei ›eine große und mühselige Kunst in der Einsamkeit‹, da ›der einzige Freund des Schusters der Dreifuß‹ sei. Ich kann auch endlich sehen und denken und fühlen, wenn sich diese Gedichte vor mir ausbreiten wie der Stadtplan von Dolina Róż ...«

»Setzen, Bartek, setzen!«, schrie »Frau Aquarell und Kolibri« wieder. »Das ›Ich‹ hat in einem Aufsatz nichts zu suchen, absolut gar nichts! Ich werde deinen Aufsatz, diese Schmähschrift, in unserer Wandzeitung vorstellen – hinterm Vitrinenglas wird dein Geschreibsel als abschreckendes Beispiel, wie man über Gedichte nicht schreiben darf, ja, wie man überhaupt nicht schreiben darf, den Schülern gute Dienste leisten! Sechs, Bartek, Sechs! Pfui! Was für ein Geschreibsel!«

»Aber Frau Professor, Frau Professor! Ich habe noch eine ganze Seite, die ich vorlesen muss: die Fontäne am Marktplatz, die ›den Liebespaaren Glücksmünzen spende‹, und der orangefarbene Wohnblock, in dem ich und Frau Kwiatkowska wohnen, sei ›das Zentralkomitee des Neuen Menschen‹, dichtet sie – mein Gott, wie sie dichtet! Frau Professor! In dieser Dichtung geht es um den ›Neuen Menschen‹ – und nicht um Heimatbilder!«

»Setzen, Bartek, setzen ... Eine Sechs! Auch eine Sechs für den ›Neuen Menschen‹!«

Das leise Kichern und Räuspern und Husten der Mitschüler war für niemanden zu überhören.

Das Schusterkind setzte sich. Und als es endlich saß und nicht mehr aufstehen durfte, musste es an seine Mutter denken, die ihm eine gute Note für den Aufsatz prophezeit hatte. Bartek lockerte seine Krawatte, nein, er lockerte sie nicht, er riss sie sich vom Leibe, riss das weiße Hemd auf, sodass drei Knöpfe in die Luft flogen, und sagte: »Wollen Sie meine Brust sehen, Frau Professor? Wollen Sie? Meine junge Männerbrust? Sie werden auf ihr kein einziges Härchen finden, kein einziges!«

»Raus, Bartek, raus!«, schrie ihn die Polnischlehrerin an. »Vor die Tür mit dir, vor die Tür ... Deine Mutter wird sich schämen für dich! Schämen wird sie sich! Pfui!«

Während des laufenden Unterrichts vor der Klassenraumtür zu stehen, war eine undankbare Aufgabe für den verbannten Renegaten. Er fühlte sich wie ein zum Abschuss freigegebener Elefant. Vor der Klassenraumtür verschwand die Schule nicht, im Gegenteil, sie wurde noch größer, das ganze Zirkuszelt der Schola blies sich auf und wollte abheben, da hörte Bartek im Treppenhaus Schritte und betete zu Jesus, es mögen gute, ihm wohlgesinnte Schritte sein. Als er dann den Buckligen Norbert um die Ecke schießen sah, rief er laut seinen Namen und lief ihm nach. Norbert drehte sich um, blieb stehen und lachte sogleich: »Bartk, Bartk!«, sagte er und gab ihm einen Zettel – eine neue Nachricht. Herr Lupicki hatte Bartek folgende Zeilen geschrieben: »Monte Cassino ist heute Morgen ins Krankenhaus eingeliefert worden. Es sieht nicht gut aus. Das Herz. Sein Herz, Bartek! Er will dich unbedingt sehen!«

Das Herz, dachte das Schusterkind, das Herz, und was ist mit meinem Herzen?

»Meryl, habe ich einen schönen Aufsatz geschrieben?«

Er musste seine Frage wiederholen, denn Meryl meldete sich nicht. Wo war sie? Warum konnte er sie nicht sehen und hören? Bartek wandte sich an den Buckligen Norbert: »Sag deinem Vater, dass ich mich gleich nach der Schule auf den Weg ins Krankenhaus machen werde! Hast du verstanden? Du verstehst doch jetzt alles, was man zu dir sagt, oder? Seit deiner Genesung auf dem Teufelsberg verstehst du uns besser, oder?«

»Jo, jo, jo!«, meinte der Sohn von Herrn Lupicki und verschwand.

»Mariola, Mariola!«

Bis zum Ende der zweiten Unterrichtsstunde versteckte sich Bartek auf der Toilette. Er versuchte noch einmal, mit Meryl Streep in Kontakt zu treten, aber ihre Stimme aus dem Kino *Zryw* war verstummt, und er fragte sich, ob er in letzter Zeit etwas Falsches und Beleidigendes zu seiner Geliebten gesagt haben könnte. Er strengte sich an, die Erinnerung an die allerletzten Gespräche mit Meryl zurückzuerobern, und je mehr er sich anstrengte, desto schwieriger war es für ihn, die weißen Flecken in seinem Gedächtnis mit Worten und Erinnerungsbruchstücken zu füllen. Vielleicht war sein Versteck nicht gerade der erlesenste Ort für eine Kontaktaufnahme mit seiner Geliebten, die doch ein Filmstar war und die im Kino *Zryw* wohnte und nicht auf der Toilette in einem ehemaligen Wehrmachtsgebäude. Bartek wusste, wie sehr ihn Meryl liebte, und das war das Einzige, was zählte und ihm etwas Trost spendete. Das Schusterkind sagte sich: »Du magst mich verlassen haben, für immer verlassen, aber ich bin mir sicher, dass wir uns schon bald wiedersehen werden, und dann wirst du endlich das Mädchen, auf das ich schon seit Jahren warte. Vielleicht wird dieses Mädchen genauso aussehen wie du, es spielt eigentlich keine Rolle, wie dieses Mädchen aussieht. Hauptsache ist, dass ich nicht mehr länger warten muss. Jesus Maria! Wann kommt sie endlich?! Wann kommt sie, meine Geliebte aus Fleisch und Blut?! Meine Liebe! Mein Sommerkleid aller Sommer! Und keine Schaufensterpuppe!«

Als die Pausenglocke läutete, und sie läutete auch in Barteks Kopf und seiner Brust, band er sich wieder die Krawatte um den Hals, machte sich am Waschbecken die Haare nass und kämmte sie mit gespreizten Fingern durch. Und so gekämmt und aufgerichtet, denn die Polnischlehrerin hatte ihn umgehauen, für eine Sekunde in der Mitte durchgebrochen wie ein Streichholz, ging er zurück in den Klassenraum, um seinen Rucksack mit den Schulbüchern und -heften zu holen. Und wie er ging! Mit halb entblößter Brust, im weißen Hemd, an dem drei Knöpfe fehlten. Er hatte beschlossen – nach dieser Niederlage seines Aufsatzes –, den Schulunterricht für den heutigen Tag zu beenden. Elefanten und Renegaten gingen eben ihre eigenen Wege, und außerdem »das Herz, sein Herz, Bartek«, wie ihm Herr Lupicki schrieb. Wenn Monte Cassino tatsächlich ins Johanniter-Krankenhaus eingeliefert worden war, musste man sich Sorgen machen. Große Sorgen. Bartek konnte diese Sorgen sehen, wie sie auf der Straße rollten wie riesige Kugeln aus Glas. Zerbrachen sie, verletzten sie die Füße und die Hände, weil manche Menschen auf den Händen gingen, wenn sie große Sorgen hatten.

Anton sagte: »Wie denn? Was denn? Du gehst?«

Ja, ich gehe, und wenn ich gehen will, dann gehe ich wirklich, dachte Bartek.

»Ich gehe und komme *heute* nicht mehr zurück. Das Herz, sein Herz!«, meinte das Schusterkind.

»Was denn? Wessen Herz?«

»Monte Cassino kämpft um sein Leben. Sterbenskrank liegt er im violetten Krankenhaus, seine letzte Stunde hat geschlagen, der Biurkowski hobelt schon die Bretter für den Sarg! Und wie er hobelt!«

»Nein!«, sagte Anton. »Nein! Das ist heute ein rabenschwarzer Tag für dich – erst der Aufsatz, dann der Opa: Das Herz, sein Herz! Und unsere ›Frau Kolibri‹ hat einen Vogel!«

»Ja, und gestern diese Kreuzigung … Schlimm … Norbert wäre beinahe draufgegangen, wir haben ihn aber gerettet – du hast schon davon gehört: beinahe draufgegangen! Dieser Hosenscheißer Schtschurek! Mach's gut, Anton.«

Bartek verließ den Klassenraum, und er empfand eine Genugtuung und Befriedigung, dass jeder gesehen hatte, wie er den Klassenraum mit geschultertem Rucksack und erhobenen Hauptes verlassen hatte, und die Schüler, die das dichterische Wort hassten und seinen Aufsatz schon hinterm Vitrinenglas der schulischen Wandzeitung dämlich hängen sahen, um ihn zu ihrem Vergnügen immer wieder zu lesen und zynisch weiterzuempfehlen, waren ganz still geworden und hatten nicht einmal gegrinst. Er dachte sich: Sie werden mich für meinen Mut bewundern! Klar, er hatte ein bisschen übertrieben, als er Anton erzählte, wie schlimm es um Opa Monte Cassino bestellt wäre, um sein Herz, ja, er hatte sogar mächtig übertrieben, aber sein Freund kannte auch das violette Licht des Johanniter-Krankenhauses und wusste, wozu dieses Licht fähig war. Ein verunreinigtes Skalpell, ein falscher Schnitt, eine Unaufmerksamkeit der Krankenschwester, ein Wodka zu viel im Kopf des Chirurgen – all das war harmlos, im Vergleich dazu, was das violette Licht anrichten konnte. Und Bartek war sich sehr wohl der Tatsache bewusst, dass Opa Monte Cassino ein leichtes Opfer für das violette Licht war, ein Leckerbissen sozusagen.

Die Sonne hatte das winterliche Schlachtfeld des Lunatals an diesem Schulappellmontag aufgegeben – zugunsten der Nacht und der Wolken. Es schneite. Es war dunkel. Und der Tag hatte noch gar nicht richtig begonnen. Bartek beeilte sich. Er hatte den Eindruck, von den Passanten wie ein Schulschwänzer angeschaut zu werden, und die Passanten und ihre auf Schulschwänzer geschulten Schäferhundenasen und Adlerblicke irrten sich gewaltig, Bartek war kein Schulschwänzer, er hatte einen guten Aufsatz geschrieben, und sein Opa Monte Cassino lag im violetten Sterben. Warum waren die Gedanken der Passanten so unreif und leichtfertig, ihre Schäferhundenasen so misstrauisch? Auf den Beinen der Unreife und der Leichtfertigkeit gingen sie jeden Tag durch die Straßen von Dolina Róż, Misstrauen wohnte in ihren Nasen und Blicken. Hey! Mein Opa liegt im Sterben! Hey! Ich bin kein Schulschwänzer! Ich habe einen Aufsatz über die Gedichte der Stalinistin geschrieben, und meine amerikanische Geliebte Meryl Streep hat mir heute Morgen einen sensationellen Chicago-Bulls-Korb gegeben! Wisst ihr!, schrie Bartek im Geiste. Hey!

Schade, er konnte nicht den gewohnten Nachhauseweg, den er jeden Tag mit Anton zurücklegte, gehen, obwohl die Strecke über den Friedhof und die Karol-Marks-Straße die kürzeste war – in zwanzig Minuten würde er im Johanniter-Krankenhaus sein. Er wollte nämlich vor dem Besuch bei Monte Cassino in der Schusterwerkstatt vorbeischauen und neueste Informationen bezüglich des gesundheitlichen Zustandes seines Opas einholen. Er war sich außerdem nicht sicher, ob ihn die Krankenschwestern zu ihm durchlassen würden, vielleicht lag er auf der Intensivstation, vielleicht segelte er schon auf der Luna im weißen Boot und trank einen Wodka, rauchte eine Zigarette und sang ein Soldatenlied, weil er sich auf die neuen Beine freute, die ihm sowohl im Himmel wie auch in der Hölle sicher niemand verweigern würde.

Bartek hoffte, dass Mariola an diesem Schulappellmontag Dienst hatte. Sie würde ihm bestimmt helfen.

Im Eisenbahntunnel kam ihm eine Gestalt entgegen, die ihm bekannt erschien, schnellen Schrittes näherte sie sich ihm, und alles an ihr war dem Schusterkind plötzlich vertraut – schmerzhaft vertraut: die Gangart, die Punker-Frisur, die Turnschuhe ohne Schnürsenkel, die Jeansjacke, der dicke und knielange Wollpullover, im Mund eine Kippe und ein Stirnband auf dem Kopf. Schtschurek! Bartek bekam sofort Angst vor dieser unheimlichen Begegnung der dritten Art, weil er in dem menschenleeren dunklen und stinkenden Eisenbahntunnel für Schtschurek so etwas wie ein gefundenes Fressen war. Das Schusterkind sah seine Angst neben sich hergehen, sie hieß Bartek, war spindeldürr, fünfzehn Jahre alt und eins achtundsechzig groß. Reiß dich zusammen, dachte das Schusterkind, zeig deiner Meryl, dass du ein Mann bist! Clint Eastwood bist du doch! Rocky Balboa und Kurt Russel, der in »Die Klapperschlange« den Präsidenten der Vereinigten Staaten von Amerika vor dem sicheren Tod und die Menschheit vor dem Weltuntergang rettet! Schtschurek kam ihm immer näher, immer näher, ein Komet näherte sich der Erdbahn, ein Raumschiff würde bald auf Barteks Territorium landen und sein Volk angreifen. Er hatte Angst. Er richtete den Mantelkragen auf, verhüllte sich Mund und Nase mit dem Schal, senkte den Kopf und schaute auf den Boden. Ich gehe an Schtschurek vorbei, als würde ich ihn nicht kennen, so sprach seine ganze Körperhaltung.

»Hey!«, sagte sein Feind, der sich direkt vor Barteks Nase aufbäumte und ihn zum Halten brachte. »Hey! Du Drecksack! Kennst du mich nicht mehr?! Ich bin's – dein Schatten!«

Bartek konnte seinen Atem riechen, Schtschureks Nase berührte den von Oma Olcia gestrickten Schal, seine Augen rollten wild.

»Der Franzose hilft dir, holt dich aus dem Bunker raus, und das ist deine Bezahlung für diese selbstlose Hilfe? Was hast du Norbert angetan?«, fragte die Angst, die neben Bartek stand und seinen Namen trug.

Biurkowskis Sohn packte das Schusterkind an den Schultern, schüttelte es mehrmals hin und her und sagte: »Ich habe in Gottes Namen gehandelt! Heute lass ich dich allerdings in Ruhe, ich bin in Eile, und falls du es noch nicht erfahren haben solltest: Dein Opa Monte Cassino, dieser Drecksack, wurde mit Blaulicht von der Schusterwerkstatt abgeholt – ich hoffe, dass dieser verdammte Faschist den Löffel abgibt …«

Er spuckte Bartek ins Gesicht, traf sein rechtes Auge und brach in Gelächter aus. Dann zischte er endlich ab.

Dem Schusterkind wurde es übel: Es hatte das Gefühl, als müsste es alles, was es je gegessen hatte, erbrechen, hier, im nach Säuferurin stinkenden Eisenbahntunnel. Bartek wischte sich den klebrigen Speichel mit dem Schal weg und wusch sich anschließend im Schnee die Hände und auch das Auge. Er hatte gesagt, was gesagt werden musste, und seine Angst vor Biurkowski junior hatte ihn letztendlich beschützt.

Als Bartek den *Broadway* erreicht hatte, war er endlich in Sicherheit. Hier würde ihn Schtschurek nicht mehr angreifen, nicht vor all den Augen der Passanten, vor den Schaufenstern der Einkaufsläden und den Verkäuferinnen, die sich hinter den Fleischer-, Apotheken- und Bäckereitheken langweilten. Es könnte sein, dass Schtschurek ihm gefolgt war, und Bartek hatte es nicht einmal gemerkt. Es gab in Dolina Róż nur einen einzigen Menschen, vor dem Schtschurek Respekt und Furcht zeigte: Wenn Biurkowski junior dem Mörder und Kurpfuscher Baruch begegnete, wurde dieser Respekt sichtbar und hörbar – Schtschurek stand dann regungs- und sprachlos und vor Glück schmatzend vor seinem Idol, das ein echter Mörder war und viele Jahre im Gefängnis gesessen hatte. Es verschlug dem jungen Biurkowski jedes Mal die Sprache, lief er dem Mörder Baruch direkt oder zufällig in die Arme – in der Schusterwerkstatt oder am Marktplatz, wo auch immer.

Als Bartek die Schusterwerkstatt betrat, fiel ihm als Erstes auf, dass niemand hämmerte und die Schleif- und Nähmaschinen bediente. Zur Totenkammer stand die Tür halboffen, irgendjemand hatte vergessen, das Licht auszuschalten, aber es war auch dort mucksmäuschenstill. Wo waren die Schuster? Plötzlich hörte er aus der Dunkelheit des Schuhlagers die Stimme von Mariola, die fragte: »Wer ist da?«

Er ging zu ihr und sagte: »Ich bin's! Was tust du denn hier? Wo ist dein Vater? Und Herr Kronek?«

Mariola lag auf dem Sofa, las ein Buch und antwortete nicht. Und so wie sie da auf diesem Sofa lag, in diesen kniehohen schwarzen Stiefeln und im Minirock, so wie sie da lag und schwieg und mit dem Buch ihr Gesicht verdeckte, wobei sich ihre Brüste unter dem Kaschmirpullover von *Pewex* wölbten, brachte sie Bartek in Verlegenheit und gleichzeitig in höchste Erregung – sein Windrad in der Hose drehte sich, sein Kopf drehte sich, sein Herz drehte sich. Es war eine angenehme Verlegenheit, eine angenehme Erregung und Drehung. Schtschurek, fragte er sich, was würdest du jetzt an meiner Stelle tun? Dazu noch an einem Tag, an dem Monte Cassino im violetten Sterben liegt? Was würdest du mit der Krankenschwester anstellen, wenn du jetzt hier wärst?

Mariola richtete sich auf und setzte sich so hin, dass Bartek ihre Knie in den zarten Strumpfhosen zu sehen bekam: Was für Knie, aber nicht der Unschuld, sondern der Sünde!, schoss es Bartek durch den Kopf. Mariola legte das Buch weg: »Sie sind alle im Krankenhaus, bei deinem Opa. Ich passe hier auf – falls mal ein Kunde vorbeischauen sollte … Komm zu mir, wir wollen uns ein bisschen unterhalten – ich habe heute Spätdienst und viel Zeit! Sei kein Spielverderber!«

Kein Spielverderber?, staunte Bartek, wie soll ich das verstehen? Und er setzte sich zu ihr, musste sich zu ihr setzen, zumal ihn seine Geliebte aus dem Kino *Zryw* verlassen hatte, und wenn man traurig und am Boden zerstört war, setzte man sich an eine Flasche Wodka wie Krzysiek oder neben eine fünfundzwanzigjährige Krankenschwester, deren Knie lediglich von der zarten gläsernen Strumpfhosenhaut verhüllt waren.

Doch kaum dass er sich neben die Tochter von Herrn Lupicki gesetzt hatte, stand sie auf und ging weg: kaum dass – schon weg. Die Enttäuschung über dieses »Kaum-dass-schon-weg« war für Bartek schlimmer als diejenige über das Schweigen des kosmischen Drahtes zum Kino *Zryw*, in dem seine geliebte Meryl hauste. Dem Schusterkind standen Tränen in den Augen; sie schmeckten nach Zitronensaft, als sie beim Hinunterkullern seine Lippen erwischten. Und dann hörte Bartek, wie Mariola den Schlüssel in der Eingangstür zweimal umdrehte.

Sie hat die Tür abgeschlossen! Von innen! Was hat sie vor?, überlegte das Schusterkind. Was hat das schöne Biest vor?

Mariola kam zu ihm und dem Sofa in der Totenkammer zurück, sah seine verweinten Augen und sagte: »Jawohl! Du sollst weinen, denn mein ist die Stunde der Rache …«, griente sie.

»Wie bitte?«, fragte er.

Sie stellte sich vor ihn hin und hob ihren Rock hoch, dann packte sie ihn mit der rechten Hand am Kopf und führte diesen mit Barteks Nasenspitze direkt an ihr Grasbüschel zwischen den Beinen, und dort war es neblig, dunkel und mollig. Mariola trug ein weißes Höschen, das im Schritt wegen ihres üppigen Grasbüschels einem Nadelkissen glich. Das weiche Nadelkissen roch genauso streng wie blühende Kartoffelrosen.

»Du wolltest einmal, dass ich dich in die Geheimnisse der Liebeskunst einweihe und dir ein paar schöne Dinge beibringe. Oder willst du dies nicht mehr tun?«, fragte sie und fuhr ein paar Sekunden später fort, da sie keine Antwort von Bartek erhalten hatte: »Ihr verlangt nur eines von mir, dass ich euch jederzeit – überkommt es euch mal wieder – mit meinen Lippen, mit meinem ganzen Körper dienen möge, und auch wenn du jetzt weinst: In einem Punkt seid ihr alle gleich, egal, ob ihr jung oder alt seid, gut aussehend oder hässlich, da ihr ständig mit eurem Windrad, eurem Wolf, eurem Kamm in der Hose beschäftigt seid!«, zischte sie. »Mein junger Doktor aus dem Johanniter-Krankenhaus ist auch so ein gieriges Schwein. Er will ein Baby von mir. Los, küsse mich dort in der Mitte! Küsse mich, mein Schusterkind!«

Bartek küsste sie, er küsste die Kartoffelrosen und das Nadelkissen – und küsste gleichzeitig nicht; sein Mund küsste, er küsste nicht.

»Nun zeig mir dein Windrad!«, sagte Mariola, während er sie dort unten und in der Mitte küsste und nicht küsste. »Zeig mir deinen Wolf! Zeig mir deinen Kamm! Los, du Schusterkind! Kämme mich! Du Schusterkind!«

»Mariola, Mariola!«, flehte Bartek. »Verzeih mir, ich bin anders …«

»Nein, du bist nicht anders! Benutzt du Papierservietten oder Taschentücher? Oder das Bettlaken? Oder machst du es direkt in die Hose?«

Sie drückte seinen Kopf gegen ihren Bauch und stöhnte leise. Wie sie leise stöhnte! Bartek musste wieder an Schtschurek denken, und in diesem Denken an Biurkowski junior suchte er nach einem Ausweg, denn er wusste nicht, was er tun, was er mit Mariolas Nadelkissen anstellen sollte.

Die Krankenschwester sagte: »Leg dich hin.«

Bartek legte sich hin.

Sie zog ihren Rock und die Winterstiefel aus. Und zog den Rest aus – bis auf den Kaschmirpullover von *Pewex*. Und nachdem sie die Kleidungsstücke ausgezogen hatte, setzte sie sich rittlings auf Barteks Bauch, rutschte mit ihrem Hintern tiefer und knöpfte seine Hose auf. Dann knöpfte sie noch weitere Knöpfe auf, und dieses Aufknöpfen hörte selbst dann nicht auf, als Bartek gänzlich nackt war. Er schaute sich nur das Regal mit den vielen toten vergessenen Schuhen an, er schaute sie genau an, weil ihn die toten Schuhe auch penetrant anschauten, während er Mariola in seinem kleinen Schusterstaat gewähren ließ.

»Mariola, Mariola!«, wiederholte er sinnlos ihren Namen.

»Es soll dir nicht anders ergehen als mir«, sagte sie, »als ich mich meinem ersten Mann habe hingeben müssen, obwohl ich damals noch nicht so weit war. Du wirst zumindest keinem einzigen Mädchen schaden und wehtun – ich werde dir diesen Unsinn aus dem Kopf schlagen!«

Und dann drehte sie sich über ihm, und sie drehte sich in alle Richtungen und ging in die Höhen und ging in die Tiefen und versteckte Bartek unter ihrem Nadelkissen. Er spürte auf einmal ihren kalten feuchten Lippenstift, der in ihn eindrang und in ihm sich drehte. Er warf ab und zu einen Blick auf die toten Schuhe im Regal an der Wand, er drehte sich in diesem Drehen Mariolas mit und war ganz erstaunt darüber, dass Mariolas Lippenstift so sehr demjenigen seiner Mutter oder ihrer beiden Schwestern ähnelte: Schließlich hatte er schon oft ihre Körper völlig nackt gesehen. Und dann wurde das Stöhnen der Tochter von Herrn Lupicki immer lauter, bis es unerwartet gänzlich verstummte; ihr Lippenstift zog sich wieder von allein in seine Erdhöhle zurück, dieser ungezogene Maulwurf, und Bartek musste schreien, und er schrie, so laut es nur ging, da ihn Mariolas Lippenstift von innen vollkommen ausgehöhlt hatte, als wäre er ein Kürbis. Dann schlief er augenblicklich ein.

Im Traum behauptete ein Paar Damenstiefel von sich, es sei mit Meryl Streep befreundet: »Bartek, schlaf, Bartuś, schlaf wie ein

Stein! Deine Liebste hat dich nicht verraten – sie hat dich doch in der Totenkammer besucht! Hat es dir gefallen? Möchtest du immer wieder tun, was sie dir gezeigt und beigebracht hat?« – »Verschwindet!«, schrie Bartek. »Verschwindet!« Er öffnete die Augen. Wie lange mochte er geschlafen haben? Wo war er überhaupt?

»Wach auf! Zieh dich an«, forderte ihn eine Männerstimme auf. »Los! Aufstehen! Zieh dich an!«

Bartek rieb sich die Augenlider, blickte den alten Mann, der auf einem Hocker saß und mit ihm sprach, konsterniert an und schreckte aus seinem Halbschlaf auf. Er deckte sein Geschlecht mit seinem weißen Hemd zu und richtete sich auf dem Sofa auf.

Herr Lupicki sagte: »Ich weiß nicht, was du hier in meinem Werkstattlager getrieben hast, aber du wirst dich jetzt anziehen und zu deinem Opa gehen – er braucht dich, und ich brauche ihn auch: Mach ihn mir wieder schnell gesund! Ohne Monte Cassino kann ich den Laden schließen! Ich kann es nicht zulassen, dass wir Schuster auf den Hund kommen! Meine Tochter hat mir übrigens in all dem morgendlichen Chaos eingeflüstert, du hättest dich bloß ein bisschen ausruhen wollen … Sie hätte dich auf dem ollen Sofa schlafen lassen.«

Der alte Schuster stand auf und ging – er schloss auch die Tür, damit niemand einen neugierigen Blick in die Totenkammer werfen konnte.

»Dieses schöne Biest«, sprach Bartek mit sich selbst, als er sich anzog. »Ich werde dich töten. Schtschurek hat Recht. Man muss euch alle umbringen …«

Als Bartek in die Schusterwerkstatt trat, war Herr Lupicki mit seinen Kunden beschäftigt. Michał Kronek bediente die Nähmaschine. Norbert hörte Radio und aß an der Theke eine heiße Suppe.

»Nun geh schon, Bartek, geh!«, verabschiedete ihn Herr Lupicki.

Er rannte nach draußen. Es war schon spät – er hatte auf dem Sofa in der Totenkammer vier Stunden geschlafen. Er hatte Hunger, und einerseits war es ein gutes Gefühl, hungrig und ausgeschlafen zu sein – andererseits fühlte er in sich eine Leere, die er bis dato nicht gekannt hatte. Mariola hatte ihm etwas gestohlen, etwas, das in ihm an einem geheimen Ort gelebt hatte. Nun gab es diesen Ort und das Geheimnis nicht mehr. Wut und Leere saßen ihm schwer auf den Schultern wie zwei Tauben, die sich nicht verjagen ließen. Er ging mit diesen beiden Vögeln zu seinem Opa Monte Cassino, sie pickten ihm ins Gesicht, schlugen mit ihren Flügeln, hoben aber nicht ab. Sie erdrückten ihn, obwohl sie federleicht waren.

Ich darf niemandem, aber auch wirklich niemandem – nicht einmal Anton oder Marcin – erzählen, dass auf meinen Schultern zwei Tauben sitzen und mich picken. Mariola will ich nie wieder sehen, ich werde sie töten, ich töte sie! Es ist also beschlossen: Anton und Marcin dürfen von all dem, was mir heute Morgen passiert ist, nichts erfahren! Gar nichts! Franzose! Immer, wenn man dich braucht, bist du nicht da! Was soll ich deiner Meinung nach tun?

Als sich Bartek dem Johanniter-Krankenhaus näherte und in der Warschauer Straße am Gerichtsgebäude mit dem Stadtgefängnis vorbeimarschierte, lief er geradewegs in die Arme seiner Oma Hilde und seines Vaters Krzysiek. »Es geht ihm gut, es geht ihm gut!«, hörte er schon von weitem Hilde rufen. »Es geht ihm gut, es geht ihm gut ...«, wiederholte sie und weinte. Dann sagte sie, dass er, Bartek, sie morgen am späten Nachmittag wieder einmal aufs Milizrevier begleiten müsse – der deutsche Spion aus Amerika werde erneut verhört. Barteks Vater sagte anschließend, er würde jeden Morgen etwas früher aufstehen und zu Monte Cassino gehen, um ihn zu rasieren. Die Krankenschwestern seien – vor allem die dumme Pute Mariola – verantwortungslose Hexen, die man andauernd bestechen müsse: mit Pralinen, Kaffee oder Zigaretten. »Bartek, du kommst morgens mit ins Krankenhaus!«, sagte er zu seinem Sohn. »Wir werden deinen Opa waschen und rasieren, damit er wieder schnell gesund werden kann!«

Und dann gingen Oma Hilde und der Vater weg – ohne Bartek gefragt zu haben, warum er nicht in der Schule war. Sie hatten sich nicht einmal dafür interessiert, weshalb er gerade in dieser Gegend, die doch an das Johanniter-Krankenhaus-Revier grenzte, unterwegs war. Sie hatten ihn vor dem Gerichtsgebäude stehen gelassen, als hätten sie einen Bekannten getroffen – und nicht ihr Schusterkind. Der Vater war in Eile. Er sagte, er hätte am Abend Mathematikunterricht und müsste bis dahin noch einiges erledigen, vor allem schwierige Algebraaufgaben lösen. Wenn er nicht trank und wenn er wieder ein guter Wassermann werden wollte, kehrte er zum Studium der Algebra zurück, um das Abitur nachzuholen. Monte Cassinos Herz, sein Herz lag im violetten Sterben und jagte dadurch Barteks Vater Angst ein: Der Wassermann kämpfte mit seinem schlechten Gewissen. Und dem Tod auf seinen Schultern.

Das Algebrabuch des Vaters

Die Zeit der Überschwemmungen fror friedlich ein, wenn der Vater sich dem Studium des Algebrabuchs hingab, das meistens mehrere Wochen dauerte, in denen er keinen einzigen Tropfen Alkohol trank und an zwei Tagen und am Wochenende wieder zur Abendschule ging. Hatte er schulfrei, setzte er sich nach der Arbeit im Personalbüro der Textilfabrik *Warmianka* in Barteks und Quecksilbers Zimmer und rechnete bis in die späten Abendstunden, manchmal sogar noch länger, sodass Bartek und sein Brüderchen Quecksilber im Licht der Schreibtischlampe einschliefen. Und der Vater rechnete und rechnete am Schreibtisch und zeichnete geometrische Figuren und schrieb lange Zahlen- und Buchstabenreihen ins Heft. Niemand durfte ihn beim Rechnen und Zeichnen stören, und alle mussten in der Wohnung auf Zehenspitzen gehen. Gelegentlich, wenn ihm Stasia in einem Teeglas Kaffee gebracht hatte, sah er von den Büchern zu ihr auf und hielt einen kurzen Monolog über die physikalische Macht der Zahlen. Stasia stand dann neben ihm reglos und voller Ehrfurcht da und wagte nicht, den Monolog ihres Mannes zu unterbrechen. Und obwohl Stasia ein abgeschlossenes Universitätsstudium besaß, wurde sie von Barteks Vater wie eine piepsende dumme Maus behandelt, wenn er einen seiner Algebramonologe hielt. Und dass er Stasia als eine piepsende dumme Maus betrachtete, hinge damit zusammen, erklärte Opa Franzose seinem Enkel, dass ungebildete Menschen, die ein bisschen in irgendein Wissen reingeschnuppert hätten, sich gleich wie Halbgötter vorkämen. Sie könnten sich nicht vorstellen, dass es in den Büchern auch noch ein unsichtbares Wissen gebe, das auf seine Entdeckung durch einen klugen Leser warte.

Ausgerechnet in dieser eingefrorenen mathematischen Trockenzeit des Wassermanns lebte die Mutter auf und besuchte ihre Freundinnen, ging einkaufen und sogar ins Kino. Und Bartek musste des Öfteren seinem zu einer mathematisch-physikalischen Formel gewordenen Vater am Schreibtisch Gesellschaft leisten und seinen Kurzmonologen Gehör schenken. »Lerne, lerne von mir!«, sagte dann der Vater. »Ich bin der Erste und der Letzte, und du gleichst einer Null, wie jedes Kind. Deswegen musst du von mir lernen, ich weiß nämlich, worum es auf Erden geht, weil ich die Gesetze der Algebra verstehe und beherrsche. Das ganze Universum besteht aus Zahlen, und du bist auch eine Zahl, so wie ich natürlich auch. Nehmen wir zum Beispiel die Zylinderform! Was für eine Schönheit und Genialität! Das Volumen, die Oberfläche, der Mantel, die Zahl Pi – du kannst am Beispiel der Zylinderform die Dimensionen unserer Welt erforschen, so wie ich es eben hier an eurem kleinen und banalen Kinderschreibtisch tue, ohne Dolina Róż zu verlassen, während alle anderen Raketen, Flugzeuge und Radaranlagen bauen müssen.« Das Algebrabuch des Vaters durfte niemand benutzen, es lag in der Schublade der Küchenvitrine und wurde von ihm persönlich auf der Titelseite unterzeichnet und mit einem Datum versehen. »Bartek, du wurdest im Übrigen von einem Zylinder erschaffen, genauso wie ich«, grinste der Vater, unwissend, dass sein Sohn mit den Geheimnissen der Zeugung bestens vertraut war. »Zahlen! Zahlen!«, lachte der Franzose, der die Theorien seines Schwiegersohns für einen Humbug hielt.

»Zahlen, mein Sohn, sind das Werk der Demiurgen – die kosmische Schöpfung in ihrer Ganzheit beschränkt sich nicht auf so etwas Unvollkommenes wie die Zahlen, die von den Demiurgen erfunden wurden, weil sie mit ihrer Hilfe die kosmische Schöpfung in ihrer Ganzheit nachzubilden versucht haben: Und diese primitive unechte Nachbildung begeistert solche Dummköpfe wie deinen Vater! Krzysiek wird sich zu Tode rechnen und dennoch nichts erkennen! Ich habe Platon gelesen, ich weiß, wovon ich rede!« Von diesen unvollkommenen und vollkommenen Zahlen des Vaters und den Theorien des Opas Franzose wurde es dem Schusterkind nicht selten schwindelig, es musste sich dann ins Bett legen, und nachts versuchte es, sich die Unendlichkeit vorzustellen, doch es bekam bei diesen Anstrengungen nur Kopf- und Augenschmerzen, weil es die Unendlichkeit weder denken noch sehen konnte. Bartek sagte sich: Ich zähle bis zehn, und bei zehn werde ich die Unendlichkeit sehen! Aber schon bei sechs war ihm klar, dass er die Unendlichkeit niemals zu sehen bekäme.

Als Bartek in die Karol-Marks-Straße abbog, geriet er in Panik. Mein Gott! Und wenn ich schwanger bin? Ich kann doch von Mariola schwanger geworden sein, dachte er, wer weiß, wie sich unsere Liebessäfte miteinander vermischt haben, wohin sie geflossen sind – in meinen oder ihren Bauch, in mein oder ihr Blut! Er hatte in einer Zeitung gelesen, dass ein Mann theoretisch und praktisch ein Baby in seinem Bauch tragen und ernähren könnte, ja, die Wissenschaftler arbeiteten schon an solch perfiden Experimenten, und wenn Bartek aus Dolina Róż der erste schwangere junge Mann der Welt werden sollte, gäbe es sofort eine Invasion von Wissenschaftlern und Journalisten aus aller Herren Länder, denn alle würden dabei sein wollen – bei dieser einmaligen Geburt eines zweiten Schusterkindes. Nein, dachte Bartek, dann soll lieber Mariola schwanger werden, eine traurige Berühmtheit möchte ich nicht sein, und die Hure Marzena kann uns vielleicht helfen, Oma Olcia wird wieder ein bisschen weinen und den Hühnern und Gänsen die Federn ausrupfen und dabei immerzu weinen, doch ich will nicht schwanger sein!

In der riesigen Eingangshalle des Johanniter-Krankenhauses wimmelte es von männlichen Patienten in gestreiften Pyjamas, darüber trugen sie einen Bademantel. Sie langweilten sich sichtlich, rauchten draußen Zigaretten, schlenderten durch die Krankenhausflure, palaverten stundenlang miteinander. Ihre Köpfe waren bandagiert, oder ein Bein steckte in Gips, ihre Gesichtshaut war entweder kreidebleich oder hepatitisgelb. Waren sie Soldaten?, fragte sich Bartek. Und von welcher Front hatte man sie hierher zur Behandlung und Gesundwerdung geschickt? Von welcher verlorenen Schlacht? Bartek sah in ihre Soldatengesichter und sah in den Augen der Männer, dass sie an allen Fronten Europas gekämpft hatten. Unter Napoleon und Hitler, unter Stalin und Churchill. Nein, diese Männer waren keine gewöhnlichen Patienten.

An der Rezeption fragte das Schusterkind nach seinem Opa Monte Cassino und bekam keine zufriedenstellende Antwort. »Monte Cassino? Vielleicht ist das die Station Nr. 5«, sagte die Rezeptionsdame. »Vielleicht aber auch die 3. Wer kann das schon wissen? Es gibt zu viele Stationen und Patienten.« Bartek machte sich dennoch auf den Weg zur Station, auf der Monte Cassino untergebracht wurde. Aber wo war diese Station? In welchem Licht? In welchem Stockwerk?

Er traf Mariola, die Spätdienst hatte, ja, er traf sie wirklich, und sie sprach mit ihm wie gewöhnlich, schnoddrig-kalt, ohne Pardon – du Schusterkind, du blauäugiges Schusterkind, mich kriegst du nicht, ich bin etwas Besseres, ich bin ein Geschenk für meinen jungen Doktor! So klang Mariolas Musik.

»Niemand wird dir glauben, was du heute Morgen in der Schusterwerkstatt erlebt hast«, sagte sie und führte ihn zu Monte Cassino.

Der Franzose stand an seinem Bett, aber als er Bartek erblickte, erklärte er ruhig, er wolle sie beide nicht stören und würde unten, bei der Rezeption, auf ihn warten. Und verließ die Station.

»Tag«, sagte Bartek, nachdem der Franzose weggegangen war.

»Mein Sohn, mein Schusterkind!«, freute sich Monte Cassino; er sprach leise – auf seiner Station lagen noch andere Männer. »Meine letzte Stunde hat geschlagen! Deshalb wollte ich dich unbedingt noch einmal sehen …«, begann sein Opa wieder, als sich Bartek auf die Bettkante setzte. »Und denk dran! Du darfst kein Schuster werden und auch kein Eisenbahner«, erklärte er mit heiserer Stimme. »Komm zu mir, komm näher – ich höre dich nicht …«

»Ich habe nichts gesagt …«, antwortete das Schusterkind. »Ich soll kein Schuster und kein Eisenbahner werden, hast du gesagt.«

Und wie Monte Cassino das gesagt hatte! Ohne Worte, ohne Sprache! Mit dieser Bitte, die eine Aufforderung war, hatte sich Monte Cassino von der Welt verabschiedet, und Bartek wurde klar, dass Monte Cassinos Herz, sein Herz, gesprochen hatte. Wie ein Postpaket lag er in dem metallenen, weiß lackierten Krankenhausbett, zugedeckt bis an das Kinn, und da er seine Hände und Arme unter der Bettdecke versteckt hielt, hatte Bartek den Eindruck, dass von seinem Opa Monte Cassino nur noch wenig übriggeblieben war. Sein Kopf bewegte sich noch, aber die Beinstümpfe und die Arme nicht mehr, und den Rollstuhl hatten schon die Leichenwäscher zum Verschrotten abgeholt. Oder waren es der Gärtner und der Hausmeister gewesen, die beide für einen reibungslosen Betrieb im Krematorium sorgten? Und wie konnten die Ärzte feststellen, dass ihr Patient Monte Cassino einen schweren Herzinfarkt erlitten hätte und seine Stunden gezählt wären? Wo waren ihre Messinstrumente? Wo die ganze Apparatur, die Bartek aus dem Kino *Zryw* kannte? Hier in dem ehrwürdigen Gebäude des Johanniter-Ordens gab es unzählige Betten, Rollstühle, Skalpelle und Tropfständer, jedoch keine Elektrotechnik aus einem Flugzeug. Zum Sterben kamen die Patienten hierher, oder zum Gebären – dazwischen gab es nichts anderes.

»Und jetzt geh – geh, Bartuś!«, sagte das violette Licht des Johanniter-Krankenhauses. »Ich muss deinen Opa bei mir behalten, sein Herz gehört bald mir …«

Oma Olcias Kleiderschrank und Natalia Kwiatkowskas zweite Rede (gegen die Schüler, Lehrer und Dichter)

»Dummheit frisst, Intelligenz säuft: Wir gehen ins Café *Wenecja*«, sagte der Franzose vor der Rezeption des Johanniter-Krankenhauses. »Ins *Wenecja* werden wir gehen und auf Monte Cassinos Gesundheit einen Weinbrand trinken ... Der Lümmel will nicht mehr, und ich will eigentlich auch nicht mehr ... Du verstehst das noch nicht, was es heißt, wenn man nicht mehr will ...«, lachte er. »Du weißt dann nur eines: Deine Geliebte schmeckt dir nicht mehr, und du hast es satt, Winter für Winter auf die Sonne zu warten, den Zug Richtung Toruń und Poznań zu besteigen, um am anderen Ende deiner Geschichte wieder dich selbst zu finden ... Du hast es satt, dort auszusteigen, wo du nach wie vor unveränderlich und sterblich bist, wie der Ort, der dich geboren hat. Wir gehen ins *Wenecja*, früher bin ich gern ins *Wenecja* gegangen, Frauenbeine angucken, Radio hören, Weinbrand schlürfen, Zigaretten rauchen, Zeitung lesen – ach, das Leben! Wir gehen! Gehen wir ins *Wenecja* ... Gehen wir!«

Im Café floss dann der Weinbrand schon nach dem ersten Trinkspruch auf Monte Cassinos Gesundheit von Glas zu Glas, von Flasche zu Flasche, von Mund zu Mund, und die Kellnerinnen flossen und schwammen in diesem Weinbrandfluss mit, genauso wie die Zeit dahinfloss und nicht aufhörte zu fließen und zu schwimmen. Bartek durfte auch zwei Gläschen in die Kehle kippen, er zierte sich nicht, als ihm Opa Franzose den Weinbrand eingegossen hatte. Schließlich war er ein Mann geworden – er hatte letzte Woche Kühe im Molotowcocktailfeuer sterben gesehen und heute einen fünfundzwanzigjährigen Lippenstift kennen gelernt, von einer begehrenswerten Krankenschwester, die ihn von innen ausgehöhlt hatte wie einen Kürbis. Er spürte immer noch das Jucken und Brennen, das er unter anderem Mariolas üppigem Grasbüschel zu verdanken hatte.

Der Franzose trank irgendwann auch auf die Gesundheit seiner Kameraden und seines Bataillons, das nach dem 1. September 1939 von deutschen Flugzeugen und Panzern zerrieben wurde. Er plusterte sich auf und sagte: »Zum Schluss haben wir den Feind vernichtet! Vernichtet haben wir ihn, zerschmettert! Vom Erdboden weggefegt haben wir ihn, Dresden und Berlin dem Erdboden gleichgemacht! Vernichtet haben wir den Feind für immer und ewig! Zerstört haben wir seine Häuser und Fabriken, mit der Faust seine Hakenkreuze und Totenköpfe zerschmettert, ja, das haben wir mit bloßen Händen gemacht! Das haben wir, Bartek! Monte Cassino kann es dir bezeugen!«, schrie er. Und die Kellnerinnen ließen ihn schreien und den Säbel wetzen und schwingen, denn er war der Franzose, der Eisenbahner, der Bücher las und Gedichte rezitierte. Die Mütter der jungen Kellnerinnen waren mit ihm einst ausgegangen, die Mütter dieser noch unverdorbenen Mädchen hatten ihn einst zum Liebhaber gehabt und ihm nichts vergessen, aber auch nichts verziehen.

Als sich der Franzose wieder etwas beruhigt hatte, sagte er, dass er am kommenden Sonntag nach Gdańsk fahren wolle, um endlich seine Tochter Joanna abzuholen. Er habe dafür die Erlaubnis von der Stalinistin und sogar von seinen Töchtern erhalten. In allen Ehren!

»Du wirst nicht mehr zurückkommen …«, meinte das Schusterkind.

»Red keinen Unsinn, Bartek! Red keinen Unsinn, Junge! Ich bin keine Jahreszeit und kein Mond – ich kann kommen und nicht kommen. Diesmal komme ich!«

Und als sich sein Opa beruhigt hatte, erzählte ihm Bartek von Mariola und davon, was am Vormittag in der geschlossenen Schusterwerkstatt ihres Vaters vorgefallen war. Der Weinbrand hatte seine Zunge zum Plaudern gebracht und seiner Moral einen empfindlichen Schlag versetzt. Er hatte doch beschlossen, über die Verführung in der Totenkammer zu schweigen wie ein Stein. Andererseits: Der Weinbrand konnte einen Stein zu Pulver zermahlen, und das war für Bartek eine wichtige Erkenntnis. Er begriff nun auf einmal, warum sein Vater im Alkoholrausch entweder ganz zahm und ein bisschen weinerlich war oder eben ein ekelerregender Schlagetot, der andere bedrohte.

»Hol der Teufel ihre niederträchtige Seele! Mariola ist so präzise wie der Satan, dessen Pläne nie schiefgehen«, meinte der Franzose, nachdem er sich den Bericht seines Enkels genau angehört hatte – und plötzlich wurde er auch nüchtern. »Sie hat sich an deinem Vater gerächt, du Naivling – alte Zeiten und Schuhe sind das! Und wenn du es noch nicht weißt, so sage ich's dir jetzt, zumal ich einen im Tee habe! Dein Alter war's, der die Tochter von Herrn Lupicki im zarten Alter von sechzehn Jahren entjungfert hat! Ein Skandal war es in Dolina Róż gewesen! Doch wir haben damals, wie das bei uns so üblich ist, die ganze Geschichte schön unter den Teppich gekehrt! Zumindest hast du davon nichts mitgekriegt, Freundchen! Selbst der alte Lupicki hat nichts gesagt! Gar nichts hat er gesagt! Diese verdammten Schuhe, die er für jeden Kunden reparieren muss – mag auch der Kunde der Teufel persönlich sein –, machen ihn gleichgültig! Doch nun zu dir, Junge – früher oder später musste es geschehen! Sei froh, dass es Mariola gewesen ist. So bleibt der ganze Spuk in der Familie! Auf deine Gesundheit!«, trank er seinem Enkel zu. »Du bist nun ein Mann geworden!«

Am nächsten Morgen musste sich Bartek zusammen mit seinem Opa Franzose übelste Beschimpfungen von Oma Olcia anhören – aus ihrem Munde klangen sie noch schlimmer als die Flüche und Verwünschungen, die ihr Schwiegersohn Krzysiek manchmal zum Besten gab.

»Ihr Säufer! Teufel noch mal! Elendig krepieren sollt ihr! Und der Große verführt den Kleinen zum Saufen! Teufel noch mal! Verflixt! Und zum Kuckuck! Und all den Weinbrand, den ihr in euch gekippt habt, haben auch die Toten, die zu ihren Lebzeiten selbst Säufer gewesen sind, mitgetrunken«, schimpfte sie beim Frühstück. »Das ist eure schwärzeste Sünde!«

Zum Glück musste Olcia für den ganzen Tag verschwinden und sich einer schwierigen Aufgabe widmen – Hilde, ihre Erzfeindin, hatte sie gebeten, ihr beim Kochen und Putzen zu helfen. Ihr Mann liege im Sterben, sagte Hilde, sie müsse Gardinen waschen, für die Schuster Mittagessen kochen, aus Gehacktem Würste drehen, die Spinnweben aus den Ecken der Küchendecke wegfegen; plötzlich waren bei ihr zu Hause der Frühjahrsputz angesagt und die vorweihnachtliche Kocherei – dabei waren all diese Arbeiten nicht nötig. Hilde fürchtete sich bloß vor dem violetten Licht, das nun die Macht in ihrem Staat ergriffen hatte.

Opa Monte Cassino musste im Krankenhaus rasiert und gewaschen werden: Bartek war deshalb an diesem Dienstagmorgen früher als gewöhnlich aufgestanden. Sein Vater nahm ihn mit ins Krankenhaus, sodass Anton später allein zum praktischen Unterricht in den Werkstätten an der Luna gehen musste. Barteks Freund hatte aber Verständnis für die missliche Lage, in der sich das Schusterkind befand. Wenn die Väter schwer krank waren, sich aus eigener Kraft nicht mehr waschen und rasieren konnten, schämten sie sich; sie schämten sich so sehr, dass selbst ihre schwere Krankheit augenblicklich bedeutungslos wurde, mochte sie auch unwiderruflich grausam sein. Und wovor schämten sie sich? Wovor? An diesem frühen Dienstagmorgen war Bartek das klar geworden: Die zarten jungen Hände der Krankenschwestern jagten ihnen Angst ein, und sie wollten von diesen zarten jungen Händen nicht angefasst werden, weil sie ihnen »in Reih und Glied« (wie es Opa Franzose ausdrückte) nichts mehr zu bieten hatten – außer einem halbtoten entmannten Körper.

Die Oberkrankenschwestern waren normalerweise unüberwindbare Bollwerke, sie verteidigten ihre Krankenstation wie ihr eigenes Haus und erlaubten oft keine Besuche bei ihren Patienten – selbst dann nicht, wenn man sie mit einer kleinen Aufmerksamkeit wie Kaffee oder Schokolade zu bestechen versuchte. Barteks Vater hatte aber keine Mühe, die Station, auf der Opa Monte Cassino lag, zu betreten – er kannte die Stationsschwester aus seiner Schulzeit.

Und dann, als es so weit war, rasierten Bartek und sein Vater Monte Cassino, der ganz still war, und sie rasierten ihn mit seinem Rasiermesser, das er in der Schusterwerkstatt einmal in der Woche an einem Ledergürtel zu schärfen pflegte. Sie rasierten ihn, und er sagte nichts, schloss nicht einmal die Augen, er schaute ihnen beim Rasieren zu, weil er wusste, dass sie ihn für den Tod rasierten, weil er wusste, dass der Tod seine glattrasierten Wangen begehrte und liebte. Und nachdem sie Monte Cassino rasiert hatten, wuschen sie ihn; sie wuschen seine Beinstümpfe, wuschen seine Hände und seine Brust, sie wuschen seine Arme und drehten ihn auf den Bauch, sie drehten das Postpaket, das schon bald dem Tod geschickt werden sollte, und sie wuschen Monte Cassinos Rücken und Nacken. Barteks Vater beteuerte unablässig, dass er jeden Morgen ins Krankenhaus kommen würde, jeden verdammten Tag. Er sagte: »Ich werde dich waschen und rasieren, und auch Bartek wird dich waschen und rasieren!«

Erst beim praktischen Unterricht in den Werkstätten des Mechanischen Technikums fiel Bartek wieder ein, was ihm Opa Franzose im Café *Wenecja* über den Wassermann Krzysiek und seine Affäre mit der minderjährigen Mariola gesagt hatte – Bartek bezweifelte es jedoch, ob es eine richtige Affäre gewesen war. Ihm sträubten sich die Haare, sein Herz blieb stehen, schlug nicht mehr bei all den wirren Gedanken, da es sich bei jener Affäre wohl eher um eine Vergewaltigung gehandelt hatte. Sein Vater hatte Herrn Lupickis Tochter entjungfert, sie womöglich geschwängert, doch wer konnte schon genau wissen, was sich damals zwischen Mariola und Krzysiek abgespielt haben mochte? Vielleicht musste Bartek die Stadthure Marzena befragen, vielleicht besaß sie genauere Informationen als die, die ihm der Franzose in seinem Weinbrandrausch von *Wenecja* als großartige Wahrheiten aufgetischt hatte. Gewiss würde Bartek es nie wagen, mit seiner Mutter über Mariola und über die erotischen Kavalkaden, die schweinischen Überschwemmungen des Wassermanns zu sprechen: Er wollte seiner Mutter nicht wehtun.

Bete zu Gott, Krzysiek, dachte Bartek, als er nach dem praktischen Unterricht zu Oma Olcias Wohnung ging, in der ihn ein warmes Mittagessen erwartete, bete zu Gott, Krzysiek, denn ich werde dich nicht rasieren und waschen, wenn dich eines Tages das violette Licht des Johanniter-Krankenhauses zum Sterben zwingen wird! Das kannst du dir *abschminken*! Ich werde dich nicht rasieren und waschen!

Auf dem Kohleherd stand eine Suppe, die er warm machen musste. Opa Franzose war nicht da. Bartek aß die Suppe, aß eine Scheibe Brot und las die Tageszeitung aus Olsztyn. Er spülte den Teller, ging in Oma Olcias Schlafzimmer und öffnete den Kleiderschrank. In ihrem Kleiderschrank gab es Geld. Das Geld, das sie zwischen den Bettlaken versteckte, brauchte er aber nicht. Er suchte nach alten Briefen und Postkarten, und er wusste nicht, wonach er suchte. Er wollte Beweise finden. Beweise für die Unschuld seines Vaters. In einem Schuhkarton fand er Briefe, Postkarten und Fotos. Aber keine Beweise für die Unschuld des Vaters.

Wenn sich Olcia, was selten passierte, einen neuen Rock oder eine neue Bluse gekauft oder von der Schneiderin Sadowska abgeholt hatte, schlief sie in diesen Sachen in der folgenden Nacht – für eine einzige Nacht zog Olcia sie an, weil sie sich so sehr über die Hose oder das Hemd freute. Ihre bombastischen Sonntagskleider und -kostüme, die sie vor allem in der Kirche trug, verglich Onkel Fähnrich mit seinen Ausgehuniformen, nur dass Olcia dem Papst Johannes Paul II. und er dem General Jaruzelski diente, meinte der Funker aus der Gelben Kaserne. Und als Bartek ein kleiner Junge war, spielte er mit seiner Mutter oder seinen Großeltern mütterlicherseits Blindekuh und versteckte sich oft in Olcias Kleiderschrank und später in demjenigen seiner Mutter. Stasias Röcke, Strümpfe, Büstenhalter und Höschen eigneten sich ausgezeichnet für eine Moderevue, die das Schusterkind manchmal veranstaltete, allerdings war Meryl Streep sein einziger Gast. Die Mutter wunderte sich ab und zu darüber, dass ihre Unterwäsche immer wieder verschwand oder bereits nach kurzem Tragen Löcher und Risse aufwies. Sie musste schweigen, ihre Vermutungen für sich behalten; sie hatte Liebhaber und durfte sich keine Fehler leisten. Krzysiek hätte sie sonst erschlagen.

Plötzlich hörte Bartek, wie jemand die Eingangstür aufschloss und in den Flur trat, und er hörte auch zwei Stimmen – und was für Stimmen! Mariola und der Franzose sprachen laut miteinander, sie fühlten sich von niemandem bedrängt und behelligt, sie lachten und waren bester Laune. Umgehend kroch das Schusterkind in den Kleiderschrank von Oma Olcia, schloss von innen die Türen, die sich gar nicht richtig schließen ließen, und hielt die Luft an, als würde es beim Tauchen in der Badewanne die Zeit messen wollen; Bartek zählte die Sekunden: eins, zwei, drei ... sieben – bei acht atmete er wieder tief durch und spürte, wie seine Stirn kalt wurde, die Stirn und die Ohrläppchen. Ich ersticke! Ich ersticke!, sagte er sich und biss sich auf die Zunge, als er die unerwarteten Gäste in das Schlafzimmer von Olcia einfallen hörte.

»... und du bist dir sicher, dass deine Frau erst am Abend nach Hause kommt?«

»Ich bin mir hundertprozentig sicher!«, antwortete der Franzose. »Und nun zur Sache, mein Täubchen – zieh dich aus, mach schon! Hü, hü! Der Marschall Piłsudski will jetzt *Bigos* kochen!«

»... und Bartek? Wo mag er sich herumtreiben?«

»Mein Enkel ist wie der Wind – er ist bestimmt mit seinen Freunden unterwegs. Hü, hü! Verspeisen sollst du mich, mein Täubchen, verspeisen mit Haut und Knochen, mit Säbel und Orden!«

In Olcias Kleiderschrank war es genauso düster wie in der Kirche, wenn sich die Winterabende beim Beten in die Länge zogen und der Pfarrer Jędrusik Strom sparte, wie die Regierung, die er angeblich hasste, obwohl das Hassen des Teufels Domäne war. Und in dieser heiligen und sozialistischen Düsternis des Kleiderschrankes musste Bartek wieder lernen, leise zu sein, durch die Haut zu atmen, durch seine Kleidung – Mariola und der Franzose waren aber nicht leise, und Bartek hörte all die Geräusche, die er schon am gestrigen Morgen in der Totenkammer gehört hatte: das Jauchzen und Stöhnen von Mariolas Lippenstift. Es war das Begehren, das diese Lippenstiftgeräusche hervorbrachte und wieder stoppte: In der Düsternis des Kleiderschrankes von Oma Olcia war es plötzlich still geworden, und Bartek wäre beinahe eingeschlafen. Auf einmal hörte er aber einen Satz, der ihn wieder wachrüttelte: »Wenn du dich noch einmal an meinen Enkel heranmachst, schneide ich dir die Kehle durch …«

Mariola lachte und sagte: »Und wenn du es nicht tust, werde ich mich an Krzysiek wenden – dein Schwiegersohn ist mein Liebhaber. Er ist nicht so zimperlich wie du: Er wird mir die Kehle durchschneiden!«

»Was?«, staunte der Franzose. »Nach all dem, was du mit ihm durchgemacht hast? Nach all dem, was er dir angetan hat, lässt du dich von ihm erneut verführen?«

»Was habe ich mit ihm durchgemacht? He?! Was weißt du davon? Krzysiek will mich heiraten und mit mir in den Westen abhauen: Das imponiert mir!«

»Und der junge Doktor?«

»Er wird warten! Sobald Krzysiek sein Frauchen für mich verlassen hat, werde ich ihn abschießen und meinen jungen Doktor heiraten! Süß ist die Stunde der Rache – ihr Schweine!«

»Willst du eine Ehe zerstören? Meine arme Tochter hat schon genug gelitten! Los, zieh dich an! Verschwinde! Du Biest, du Schlampe!«

»Reg dich nicht auf, Alterchen! Du bist auch nicht heilig – im Gegenteil! Du ähnelst mir sogar in vielen Belangen! Und deine Tochter ist ebenfalls ein nettes Früchtchen – und du ahnst nicht, was für ein nettes! Außerdem bin ich nicht deshalb mit dir ins Bett gestiegen, damit du mich jetzt beschimpfst! Ha! Nichtsdestotrotz! Du bist bestimmt einmal ein guter Liebhaber gewesen! Hast du auch meine Mutter gevögelt? Bestimmt nicht! Krumme kurze

Beine magst du nicht! Sie hat aber ein hübsches Gesicht! Jetzt gib mir mein Geld!«

Die Tochter von Herrn Lupicki lachte, und Bartek zählte wieder die Sekunden, weil er leise sein musste, und er dachte an seine Mutter, die von ihrem Mann betrogen wurde, und er dachte auch daran, dass Monte Cassino im violetten Sterben lag und morgen wieder rasiert und gewaschen werden musste. Und irgendwie, in diesem grölenden Lachen Mariolas, gelang es dem Schusterkind, endlich ganz ruhig zu atmen.

»Du Biest, du Schlampe!«, schrie der Franzose. »Sei still! Du kriegst von mir nicht einmal einen *Złoty*! Willst du etwa deiner Freundin Marzena Konkurrenz machen?«

»Halsabschneider! Halsabschneider!«, lachte sie weiter.

Er schlug sie ins Gesicht, klatsch! Er schlug sie ein zweites Mal: »Ich werde eine Zigarette auf deinem Bauch ausmachen! Das werde ich tun – du Biest!«, drohte ihr der Franzose.

»Du Feigling! Mache es! Das will ich sehen! Ich will diesen Schmerz spüren!«, lachte sie.

Mariolas Lachen hörte nicht auf, und dann schlief Bartek aus Angst vor dem Ersticken und vor der brennenden Zigarette, die auf Mariolas Bauch ausgedrückt werden sollte, ein. Er schlief in Oma Olcias Kleiderschrank, und die Kleiderbügel von Olcia trugen ihn durch den kurzen Schlaf. Als sich dann die beiden Kleiderschranktüren öffneten, weckte ihn das schwächelnde Tageslicht: Der Abend war im Anmarsch. Der Franzose sagte: »Los, komm da raus, Junge. Wir gehen zu Natalia Kwiatkowska! Sie möchte uns sehen!«

»Wie hast du mich entdeckt?«, fragte Bartek, als er aus seinem Versteck herausgekrochen kam und als Erstes die Arme und Glieder reckte und dehnte, da sie ihm taub geworden waren. »Und was hast du Mariola angetan?«

»Ich musste sie bestrafen. Und du Spion, du hast uns schön zugehört und alles aufgeschrieben?«

»Ich habe nichts gehört und auch keine Notizen gemacht.«

»Lügner! Ich habe mich von dir auf frischer Tat ertappen lassen, doch sei es drum, Schusterkind! Du bist ganz nach meinem Geschmack … Und auch ganz schön dreist und neugierig … Macht es dir Spaß, Liebespaaren nachzustellen?«

»Kann sein, Franzose«, sagte Bartek. »Ihr habt mich zu einem Spanner erzogen, zu einem Guckloch in der Tür – so ist es in Wahrheit gewesen.«

Das Schusterkind erinnerte seinen Opa daran, dass Hilde einen Termin auf dem Milizrevier hätte, wo sie wieder als Dolmetscherin für den deutschen Spion aus Amerika arbeiten müsste. Bartek hatte Oma Hilde versprochen, sie zu diesem zweiten Termin zu begleiten; somit könnte er erst gegen Abend bei Natalia Kwiatkowska vorbeischauen, meinte er, bevor er in seine Stiefel schlüpfte, sich die Winterjacke überwarf und auf die Straße zurückeilte, wo er sich am wohlsten fühlte, in diesem weißen Amphitheater von Dolina Róż, in dieser schwarzen Milchstraße, die an dem Fluss Luna und auch hier in der Nähe der Schusterwerkstatt und des Markplatzes mit dem mittelalterlichen Tor und seiner stehengebliebenen Turmuhr ein Zuhause gefunden hatte. Hier war das Schusterkind endlich allein und konnte Pläne schmieden und seine momentane Lage in aller Ruhe analysieren. Fliehen oder nicht fliehen?, das ist hier die Frage, dachte sich Bartek, zumindest darf ich den Franzosen nicht allein nach Gdańsk fahren lassen – er wird nicht mehr zurückkommen; im besten Fall wird er uns Joanna schicken, falls sie überhaupt seine Tochter ist: Vielleicht kommt sie von den Engeln und gar nicht von der Erde?! In einem Punkt hat er mich dennoch überzeugt, der Opa Franzose – ich muss Marcin nichts beweisen! Soll er doch selbst seine Aktion »Unde malum« in die Hand nehmen und meinetwegen ganz Dolina Róż in einen Atompilz verwandeln!

Oma Hilde, die sich wegen ihres todkranken Mannes mit migräneartigen Kopfschmerzen herumschlug und die nachts kaum schlafen konnte, war für den deutschen Spion aus Amerika kein großer Trost. Er sollte in ein Gefängnis in Warschau verlegt werden, und nachdem alle Dokumente unterschrieben worden waren, durfte die Dolmetscherin mit ihrem Enkel das Milizrevier verlassen. Die mal verängstigt, mal kämpferisch dreinschauenden Augen des Spions würde Bartek nie vergessen. Er sagte zu Oma Hilde: »Obwohl dieser Mann zu uns aus der großen Welt gekommen ist, hat er die Milizoffiziere genauso dämlich angeglupscht, wie es auch meine Mitschüler aus dem Technikum oder die Kühe auf der Wiese tun, wenn ich vor ihnen stehe.« – »Die Angst kann selbst aus einem König einen Bauerntölpel machen, Bartuś«, antwortete ihm Hilde. »Dem Franzosen will ich nichts Böses wünschen, aber ein bisschen Angst vor Gott und dem Teufel hätte ihm nicht geschadet …«

Monte Cassinos Zustand habe sich kaum gebessert, sagte sie vor der Schusterwerkstatt unter Tränen und zum Abschied, es sei eigentlich noch schlimmer geworden, sie habe sogar für den morgigen Tag den Pfarrer Jędrusik wegen der letzten Ölung und auch den Pastor von ihrer Kirche bestellt. Ihre größte Sorge war, wie sie ihren Mann unter die Erde bringen solle – katholisch oder evangelisch? Monte Cassino habe sich von Luther abgewandt, habe »auf-Teufel-komm-raus« ein Pole sein wollen. Und wo bekomme man in solchen schwierigen Zeiten einen schönen Sarg aus Eichenholz? Wo? Und die Nägel erst! Die Nägel!

Hilde war in Eile, da ihre beste Freundin – ja, Olcia war auf einmal ihre beste Freundin geworden – alle Hände zu tun und Hilfe bei ihrer Hausarbeit nötig hatte. »Und du, Bartuś, geh auch nach Hause, Herr Lupicki kann dich heute nicht gebrauchen. Ich habe ihn noch nie weinen sehen … Seit mein Monte Cassino weg ist, weint er … Vielleicht ist er doch kein Chassid – allerdings muss man sich dann fragen, warum er in den Gulag musste! Seine Eltern waren Juden, und dann Trotzkisten und dann Polen! Was für eine Welt! Bei seinen Eltern sollte sich der alte Lupicki für die Ferien im Gulag bedanken … Und die Wahrheit wird mein Monte Cassino mit ins Grab nehmen …«, schluchzte sie. »Er kennt die Wahrheit – Tote kennen die Wahrheit!«

»Oma – er lebt noch!«, warf das Schusterkind ein. »Er wird leben!«

»Er kommt nicht mehr zurück – du kennst unser Johanniter-Krankenhaus ... Er kommt nicht mehr zurück ... Nicht einmal im Rollstuhl ...«

Bartek hatte Hildes Ratschlag verstanden und auch sofort in die Tat umgesetzt: Anstatt bei Herrn Lupicki anzuklopfen, drehte er sich auf der Ferse in die andere Richtung und ging in die hereinbrechende Nacht – er ging zu der Stalinistin und zu Opa Franzose, er ging an dem Wolkenkratzeraspiranten vorbei und sah, dass bei Marcin Licht brannte und dass dieses Licht ab und zu seine Farbe pulsierend und ekstatisch änderte wie ein Quasar. Der Aristokrat des Denkens und Handelns sah sich wohl einen Videofilm an in seinem privaten Kino. Und Bartek ging weiter, ging durch die verschneite Nacht von Dolina Róż und vermisste nicht mehr die Stimme seiner Geliebten Meryl. Das Städtchen schwieg ebenfalls, es wollte ihn nicht ansprechen, aber er sah, dass die Häuser – die Einkaufsläden, Wohnblöcke, Schul- und Amtsgebäude – ihn wohlwollend anblickten, als hätten sie sich an die fremde Rasse, die ihren Kontinent vom Übersee her überschwemmt hätte, gewöhnt. Und er ging gar nicht so wie sonst, wenn er zu seinen Eltern ging: schwerfällig, gelangweilt, abgekämpft – in der einen Hosentasche der neue Lippenstift für die Mutter, in der anderen die Schachtel Zigaretten für den Vater, in der Hand die Packung mit den Antibiotika für Quecksilber, unglücklich darüber, dass er für die kleinen Botengänge gezeugt worden war und für den Sozialismus und für den Gott im Himmel und für die Drehmaschinen, die er an grauen Samstagen zur Strafe putzen musste. Heute ging er anders, denn er ging nicht nach Hause zu seinen Eltern, sondern zu Natalia Kwiatkowska, der Stalinistin, die in einem anderen Raum- und Zeitkontinuum lebte. Das Lunatal hatte einen Doppelgänger. Dort in diesem anderen und für die meisten Bewohner von Dolina Róż unsichtbaren Tal marschierte die Stalinistin mit ihren treuen Heerscharen des kommunistischen Jugendverbandes *ZMP* Morgen für Morgen auf, hielt großartige Reden über den Neuen Menschen, rezitierte Gedichte und half ihrer Mutter bei der Arbeit auf dem Feld. In diesem anderen Tal musste die Welt dem Betrachter seitenverkehrt erscheinen, wie auf einem Negativbild, stellte sich Bartek vor, der schon viele Male dem Fotografen Pośpiech bei seiner Arbeit in der Dunkelkammer hatte assistieren dürfen. Das Schusterkind war fasziniert von den weißen Augen und den schwarz verkohlten Gesichtern auf den Negativen.

Als er in Natalia Kwiatkowskas Wohnung trat, übermannte ihn die alte Müdigkeit und Schläfrigkeit, was fast immer geschah, wenn er die Stalinistin besuchte; er fühlte sich dann um etliche Jahre älter, um etliche Erfahrungen reicher – gleichzeitig senkte sich sein Kopf am runden Tisch in Natalias Wohnzimmer, seine Nase wurde länger in diesem schläfrigen Herabsenken und berührte fast den Rand des leeren Glases, in dem ihm der schwarze Tee von Jadwiga serviert wurde. Und während er meistens bereits nach wenigen Augenblicken einzuschlummern drohte, hielt die Stalinistin ihre ideologischen Reden, oder sie setzte den Franzosen nach einem mehrstündigen Spielmarathon schachmatt. Von seiner ehemaligen Geliebten ließ er sich gern besiegen.

Nicht nur an Sonntagen musste man eine Uniform anziehen, das war auch die Meinung von Frau Natalia: Sie trug an diesem späten Dienstagabend ein rotes Kostüm und unter dem Jackett einen roten Rollkragenpullover. Ihre Mutter saß auf dem Sofa, sie saß dort schon seit etlichen Jahren, und niemand hatte gemerkt – außer dem Schusterkind –, dass sie dort schon jahrelang saß und das Sofa, ihren privaten Friedhof, nur verließ, um zum Beispiel ihrer Tochter oder einem Gast schwarzen Tee zu kochen. Und Natalia schien es nicht zu interessieren, dass ihre Mutter im Laufe der langen Winter zu einer halbblinden und -tauben Katze geworden war: zu einer Katzenmumie.

Die nächste Runde Schach war in vollem Gange: Der Franzose beugte sich am runden Tisch über das Schachbrett, zog den Läufer nach »g4« oder vielleicht auch woandershin und sagte zu seinem Enkel, ohne ihn dabei anzublicken: »Endlich bist du da, Schusterkind! Frau Natalia hat von deinem Aufsatz gehört – so schnell sprechen sich in unserem Städtchen Klatschgeschichten und Skandale herum. Sie hat in Tschossneks Frisiersalon angerufen, und ich war zum Glück da, als sie nach mir verlangte. Und nun habe ich mir erlaubt, Frau Natalia dein Polnischheft mit deiner kurzen Abhandlung über ihre Gedichte zu lesen zu geben, was du mir hoffentlich verzeihen magst! Mit anderen Worten: Frau Natalia hat dir so einiges zu sagen ...«

»Ach ja?«, staunte Bartek. Er betrachtete seinen Aufsatz als nicht existent – er hatte ihn im Geiste verbrannt und die Asche in der Schultoilette heruntergespült. »Frau Aquarell und Kolibri« wünschte er allerdings, sie möge in ihrem nächsten Leben als ein Schuster wiedergeboren werden. Oder wenigstens als Mariola oder die Hure Marzena.

»Keine Bange«, sagte die Stalinistin. »Ich bin Lehrerin. Ich weiß, wie man mit Schülern umgehen muss. Streng, aber nicht allzu streng.«

Bartek setzte sich zu seinem Opa Franzose, und als dem Schusterkind der schwarze Tee gebracht wurde – und auch ein Stück Käsekuchen mit Rosinen –, fielen ihm die Augenlider für wenige Sekunden fast zu; Bartek schrak plötzlich zusammen, als hätte ihm jemand von hinten einen kräftigen Rückenschlag versetzt, und blickte abwesend. Vor ihm breitete sich eine papierene Landschaft aus: Die zu Wolkenkratzern gestapelten Bücher und Zeitschriften wurden von engen Schluchten getrennt, die wiederum zu gigantischen Tälern und Halden führten. Wer las all diese Bücher und Zeitschriften? Jadwiga etwa? Natalias Schüler, denen sie in Physik Nachhilfe gab? Und die Palmenblätter, die Farne und die Orchideen, die Kakteen und die Sträucher hassten ihre gebildeten papierenen Mitbewohner und versuchten, sie aus dem Wohnzimmer zu vertreiben, indem sie jeden freien Winkel besetzten und in ihrem anarchistischen dschungelgrünen Wuchern keine Grenzen kannten.

Frau Natalia nahm Platz in ihrem Lieblingssessel neben dem Ficus, blickte Bartek an und verkündete, eine Rede halten zu wollen. Oder war es wieder der Ficus, der diesen Wunsch geäußert hatte?

»Ich habe deinen Aufsatz über meine Gedichte gelesen, Schusterkind«, begann sie. »Besonders begabt bist du nicht, nein, obwohl ich mich über deine mir herzlich zugeneigten Worte gefreut habe. Allerdings tauchte bei mir schnell die Frage auf, wie jemand über etwas, das er nicht zu begreifen imstande ist, schreiben kann? Was verstehst du schon von Dichtung, Schusterkind? Ich antworte dir hiermit: gar nichts! Mein Urteil soll dich jedoch nicht kränken, denn deine Polnischlehrerin ist genauso wenig begabt wie du. Aber ich muss meine Rede von hinten herum anfangen: Ich bin vorzeitig in Pension gegangen, ich konnte die Dummheit und Arroganz der Schüler, Lehrer und Dichter nicht mehr ertragen. Nach meinem Nervenzusammenbruch blieb mir nur eines: der Rückzug ins Private. In meinem privaten Staat habe ich mich dann so weit erholen können, dass ich wieder zu mir selbst fand – und auch zur Welt. Nach dieser Erholung setzte ich meine physikalischen Forschungen fort und beschloss, nie wieder ein Gedicht zu schreiben. Nie wieder! Die Wahrheit ist nämlich die, dass die Schüler vor Gedichten wie auch vor den physikalischen Gesetzen des Universums keinen Respekt und vor allen Dingen keine Ehrfurcht aufbringen. Die Schüler spucken sogar auf die Dichtung und auf die physikalischen Gesetze des Universums, weil ihnen nichts mehr heilig ist. Und es ist grausam, ihnen bei diesem respektlosen Spucken zuschauen zu müssen – wie ich das einmal als Physiklehrerin erfahren habe –, mit dem Wissen zu leben und sich damit herumzuschlagen, dass die Schüler nicht einmal ahnen, wie sehr sie von der Dichtung und von den physikalischen Gesetzen des Universums geformt werden, und zwar Tag für Tag: Die Schüler ahnen es aber nicht! Sie denken tatsächlich, sie seien *sie* selbst! Dabei sind sie nur das Produkt ihrer eigenen Vorstellung von der Welt und Wirklichkeit und von sich selbst! Noch schlimmer ist es mit unseren Lehrern. Sie foltern die Schüler mit toten Jahreszahlen, Fakten und Formeln, die normalerweise von Bibliothekskartotheken oder elektronischen Abakussen und Gehirnen namens *Odra* gespeichert und verwaltet werden. Die Lehrer nehmen Galileo Galileis Verse ›Alles messen, was messbar ist, und messbar machen, was noch nicht messbar ist‹ wortwörtlich. Sie betrachten die Welt und die Wirklichkeit als eine tote Materie, und mit diesem künstlichen und formlosen Brei füttern sie die Schüler. Wir brauchen uns deshalb nicht zu wundern, dass auf unsere Gesellschaft Jahr für Jahr lauter Dilettanten und Ignoranten losgelassen werden, die über einen zweifelhaften Schulabschluss verfügen und kein Interesse daran haben, für das Wohl der Allgemeinheit und an der Weiterentwicklung des Neuen Menschen zu arbeiten. Diese Dilettanten und Ignoranten wollen in Wahrheit nur eines: die Bedürfnisse ihres Egos befriedigen. Doch all das ist bei weitem nicht so spektakulär wie der Betrug der Dichter, und glaube mir, Schusterkind, ich weiß, wovon ich rede! Die Dichter sind Sklaven ihrer Selbsttäuschung. Sie wollen uns ihre Vorstellung von der Welt und Wirklichkeit aufzwingen und erwarten dafür noch eine Belohnung. Dabei sind sie geborene Angsthasen, weil sie die Dinge, die sie zu beschreiben versuchen, nie beim Namen nennen. Stattdessen verkriechen sie sich in ihrer Vorstellung von der Welt und Wirklichkeit und behaupten sogar, dass sie für die Erhaltung und Heiligung der Dichtung und der physikalischen Gesetze des Universums kämpfen. Von wegen! Betrüger sind sie, Betrüger! Und Sklaven ihrer Selbsttäuschung! Manipulanten! Illusionisten! Betrüger … Falsche Götter … Betrüger …«

Bartek konnte sich nicht mehr konzentrieren, seine Gedanken waren chaotisch, und Natalias Rede, die nicht aufhören wollte, hatte ihn in einen Zustand der Amnesie und Resignation versetzt, den er von der Heiligen Messe am Sonntag kannte oder auch vom

Wehrunterricht, wenn er zusammen mit seinen Klassenkameraden von dem pensionierten Leutnant Żukrowski durch die Schneewehen des Stadtwaldes gejagt wurde – die Schrotflinte geschultert, unterm Schädel der sozialistische Brei, die Anfeuerungsrufe des Leutnants: »Ich-habe-das-Herz-am-rechten-Fleck-aber-Training-muss-sein!« Und das Schusterkind verstand kein Wort von dem, was ihm die Stalinistin zu erklären versuchte. Ihm fielen die Augenlider zu, und es nickte mit dieser monotonen metallenen Stimme in seinem Kopf ein.

Kapitel 15: Das Mahl des Ziegenbocks, die litauischen Sänger und Monte Cassinos neue Beine

(Epilog für die Polnischlehrerinnen des Mechanischen Technikums in Dolina Róż)

Opa Monte Cassino starb in der Nacht zum Mittwoch. Kurz nach seinem Tod mussten die Notstromaggregate des Johanniter-Krankenhauses ihre Arbeit aufnehmen, da der Strom ausgefallen war. Bei besonders hohen Minustemperaturen trat diese Störung ein, wodurch die Regierung zusätzlich Steinkohle sparte – das violette Licht in den beiden Operationssälen im zweiten Stock, dieses Olympische Feuer des Todes, durfte aber niemals ausgehen. Und als Bartek zusammen mit seinem Vater am frühen Morgen ins Krankenhaus kam, um Hildes Mann zu rasieren und zu waschen, waren sein Bett bereits neubezogen, das irdische Postpaket auf den Weg ins Totenreich gebracht und die Stromstörung behoben worden.

»Wir wollten dich doch rasieren! Verdammt! Rasieren!«, schrie Barteks Vater, warf sich auf das neubezogene Bett und stopfte sich das Kissen zwischen die Beine. In dieser embryonalen Position eines Trauernden verharrte er lange, schluchzte und klagte, dass er seinen geliebten Papa, den Schuster Monte Cassino, nie wieder würde rasieren können. Das Schusterkind verzog unterdessen keine Miene: Auf solche violette Trauer und Überschwemmung war es nicht gefasst gewesen. Und nachdem sich der Vater ein wenig beruhigt hatte, bat er Mariola, die an diesem Morgen auf Monte Cassinos Station Frühdienst hatte, sie möge ihm alle notwendigen Dokumente ausstellen und den Leichnam offiziell übergeben – ein Krankenwagen könne Monte Cassino dann nach Hause fahren, wo er in einem Sarg im Wohnzimmer für drei Tage aufgebahrt werde, so wie es dem Brauch im Lunatal entspräche, meinte Krzysiek. Mariola weigerte sich, Krzysieks profane Wünsche zu erfüllen, sie besitze keine Befugnis dazu, derlei Dinge standardmäßig abzuwickeln, sagte sie und kassierte von ihrem Liebhaber dafür eine saftige, rot strahlende Ohrfeige.

»Es ist aus zwischen uns! Aus!«, schrie Krzysiek sie an und wischte sich mit dem Mantelärmel die Trauertränen. »Und jetzt gebt mir meinen Vater zurück, oder ich vergesse mich!«

»Gebt mir meinen Vater zurück!«, wiederholten die Mauern des Johanniter-Krankenhauses im Chor.

Bartek war endlich stolz auf seinen Vater – den Wassermann, unberechenbaren Algebraschüler, Taschenrechner, Freizeitanimateur von *Warmianka* und Säufer. Er sagte: »Mariola, Mariola! Wir werden keine zwei Minuten lang warten! Wir haben dafür keine Zeit!«

»Genau, mein Schusterkind!«, pflichtete ihm der Wassermann bei. »In Teufels Namen!«

Und dann ging alles sehr schnell: Wenige Stunden später lag Opa Monte Cassino schon in einem von dem Totengräber Biurkowski ausgeliehenen Sarg im Wohnzimmer bei Oma Hilde. Es gab keine Särge – in ganz Dolina Róż nicht, es war ein kommunistisches Elend mit diesen Särgen, und nicht selten mussten die Angehörigen der Verstorbenen in fremde Städte und Dörfer des Lunatals fahren, um einen Sarg und ein Dutzend Nägel zu besorgen.

Onkel Fähnrich stellte die halbe Kaserne auf den Kopf, aber einen Sarg fanden seine Soldaten nirgends zwischen all den Panzern und Haubitzen und sowjetischen Wunderwaffen. Ja, Onkel Fähnrichs Gelbe Kaserne war eine perfekte Mordwaffe, aber Särge bauen zu lassen, das hatte der General Jaruzelski ganz einfach vergessen!

Onkel Versicherung hatte mehr Glück: Er fuhr nach Galiny zu seinen Bauern, die er als Versicherungsvertreter betreute, trank mit ihnen ein Fläschchen Wodka, zahlte ihnen ein beträchtliches Sümmchen und kam freudestrahlend und angetrunken zu Oma Hilde zurück – nur drei Stunden hatte er für dieses Geschäft gebraucht. Auf dem Dachgepäckträger seines fünfzehn Jahre alten

Volvos, eines der wenigen ausländischen Autos von Dolina Róż, ruhte der mit Seilen befestigte Sarg aus dunkelbraun gebeizten Kiefernbrettern. Seine Innenwände waren sogar gepolstert und mit einem samten schillernden Stoff bezogen, und auf dem Sargdeckel prunkte ein Kreuz aus rostfreiem Stahl. Der Totengräber Biurkowski bekam noch am selben Abend sein Prachtstück zurück; er sagte, er würde diesmal tiefer als sonst das Grab ausheben, er würde graben und graben, bis ihm der Spatenstiel in der Hand bräche. Bis zum Umfallen grübe er für Monte Cassino!

Barteks Opa wurde dann doch noch ein letztes Mal rasiert und gewaschen, und Hilde und ihr Sohn zogen ihm seinen besten Sonntagsanzug an. Herr Lupicki brachte der Witwe ein Paar nagelneue, blitzeblank geputzte Halbschuhe aus schwarzem Kalbsleder. »Wozu das? Wozu? Er hat keine Füße, keine Beine – es gibt ihn nicht mehr!«, ärgerte sich Hilde und weinte.

»Die Beinprothesen, die Beinprothesen, Verehrteste!«, antwortete der alte Schuster. »Seine Beinprothesen haben Füße – aus bestem Eichenholz! Er soll wie ein Mensch beerdigt werden!«

Monte Cassinos letzter Wunsch war, dass Bartek seine schwarzen Sonntagslackschuhe aus feinstem Leder bekäme. Hilde übergab ihrem Enkel kommentarlos den Karton mit dem nagelneuen Paar Lackschuhe, sie waren Bartek zu groß, er versprach aber seiner Oma, sie ordentlich zu pflegen und mit Bestimmtheit zu besonderen Anlässen zu tragen. »Sie werden dir sowieso nicht passen«, entgegnete ihm Hilde schließlich. »Diese Schuhe – das ist nicht deine Welt, Bartek. Du sollst nicht in Monte Cassinos Fußstapfen treten!«

Das Begräbnis und die Totenfeier wurden auf den Freitag festgesetzt, wobei sich Oma Hilde in letzter Sekunde für den Pfarrer Jędrusik und seine Kirche entschied. Zu Herrn Lupicki sagte sie: »Monte Cassino wollte meinen Gott nie akzeptieren: Er war ihm zu menschlich, und er warf ihm vor, dass ein Gott den Menschen das Fürchten lehren müsse und nicht das Lieben!« Und da Hilde andauernd davon redete, sie würde in den Fluss springen (»... ich gehe in den Fluss …«), und keine einzige Minute allein verbringen konnte, weil sie sonst die ganze Zeit heulen würde, musste Bartek wieder umziehen: Er sollte bis Freitag oder gar Samstag bei ihr in der Hanka-Sawicka-Straße übernachten. Das Schusterkind packte seinen Rucksack und verabschiedete sich schweren Herzens von Opa Franzose; zu Hilde sagte es: »Im Wohnzimmer werde ich nicht schlafen – da liegt er doch!« – »Du wirst meine Kammer kriegen – ich werde zu meiner Nachbarin gehen und bei ihr schlafen!« – »Ich dachte, du brauchst mich! Stattdessen lässt du mich über die Nacht mit dem Toten allein?« – »Mit was für einem Toten? Er ist dein Opa …« Bartek blieb keine andere Wahl: Er musste Hildes Bedingungen akzeptieren. Und an den beiden Abenden vor der Beerdigung kamen Anton, Marcin und Romek zu ihm und wollten den Toten sehen. Sie fragten: »Ist Monte Cassino wirklich tot?« – »Ja, er ist tot … Seht selber!« – »Dürfen wir ihn wirklich einmal sehen?« – »Ja, ihr dürft! Ich halte hier die Totenwache!«

Hilde und Olcia zogen ihre im Trauertragen erfahrensten Kleider an: Die schwarzen Kostüme und Hemden mit Stehkragen, die Stiefel und Kopftücher gefielen dem Schusterkind außerordentlich. Ihre Trauerkleidung schrie nach Vergebung für all die bösen Taten, die Monte Cassino zeit seines Lebens seinen Nächsten angetan hatte, und Bartek konnte diesen Schrei der Trauerkleidung hören, er hörte die Klagen von Hilde und Olcia, die für die Seele des Toten beteten – jede in ihrer Muttersprache.

Am mittelalterlichen Tor wurden die alten Todesanzeigen mit einer neuen überklebt. Der Drucker hatte jedoch einen fatalen Fehler gemacht, der den Pfarrer Jędrusik ganz verrückt machte – laut der Informationen auf der Todesanzeige fände die Totenmesse in der evangelischen Kirche statt. Der junge Vater Jędrusik fegte mit einer Kleiderbürste die gefrorene Schneeschicht von der Todesanzeige säuberlich weg und korrigierte den Fehler: DIE TOTENMESSE FÜR MONTE CASSINOS SEELE FINDET IN DER ST.-JOHANN-KIRCHE STATT! »Dieser Gläubige hat sich von Martin Luther abgewendet und Christus und Maria als seine Eltern wiederentdeckt – geheiligt sei sein Name!«, antwortete er den verwunderten Passanten, die ihn höflich danach fragten, was er denn da an der mittelalterlichen Mauer eigentlich tue, bürstend, kratzend, kritzelnd.

Auch Herr Lupicki ließ sich nicht lumpen, was das Trauertragen anging: Er bestellte bei der Schneiderin Sadowska einen neuen Anzug, und auf seinem Kopf wollte der alte Schuster eine schwarze Kippa aus Seide tragen. An den folgenden zwei Abenden kam er zu Hilde und saß mit ihr zusammen ein halbes Stündchen am Sarg. Er zündete die vier Kerzen an, die Hilde so aufgestellt hatte, dass an jeder Ecke des Sargs ein Docht brannte, und Herr Lupicki sprach ganz leise und rauchte keine einzige Zigarette. Er sagte, dass er am Freitag seine Schusterwerkstatt für vierundzwanzig Stunden schließen würde, was es im Städtchen noch nie gegeben hätte. »Das wird mein erster Urlaub werden – der Tag der Beerdigung meines Freundes ... Was soll's! Ich kann sowieso meine Werkstatt dichtmachen – ohne meinen besten Helfer bin ich völlig aufgeschmissen ...«, sagte er. – »Red keinen Unsinn ...«, antwortete Hilde. »Wir brauchen dich ...« Und Herr Lupicki bereitete sich auf diesen Urlaub, auf die Schließung seiner Werkstatt bedächtig vor – er spielte die leiseste und bedächtigste Schustermusik, die Bartek je gehört hatte. Michał Kronek, Monte Cassinos größter Feind, versuchte auch, leise und bedächtig zu sein, doch es gelang ihm nicht: Er schlug die Nägel in die Absätze der Männer- und Kinderschuhe mit für ihn typischer Wucht eines Cholerikers ein, als wäre nichts geschehen. Er beteuerte die ganze Zeit, dass er am Freitag seine litauischen Cousins zur Trauerfeier in der Hanka-Sawicka-Straße mitbringen würde, seine litauischen Sänger, die Monte Cassino ein paar Trauerlieder sängen.

Opa Franzose mochte sich mit all den trauernden Verwandten, Freunden und Bekannten nicht arrangieren und zog sich in den Frisiersalon von Herrn Tschossnek zurück. Dort spielte er Schach und liebte Tschossneks Frau. Für die Nacht zum Donnerstag kam er in die Hanka-Sawicka-Straße. Er sagte zu Bartek: »Heute will ich dir Gesellschaft leisten – die Toten sind seltsame Geschöpfe: Sie können nicht mehr sprechen und leiden, aber sie sind dennoch so verzweifelt, dass sie manchmal auf die Erde zurückkehren und ihre alten Winkel aufsuchen – hab keine Angst, Bartek, ich werde dich vor diesen lebensgierigen Kreaturen beschützen!« Der Franzose konnte aber nicht einschlafen und ging dauernd in die Küche, in der Monte Cassino auf einer Campingliege oft ein Mittagsschläfchen gehalten hatte. Der Franzose überprüfte, ob er die Wohnzimmertür wirklich richtig abgeschlossen hatte, holte sich einen Schluck Wasser, weckte Bartek und fragte ihn: »Hast du etwas gehört? Irgendein Geräusch?« – »Nein, ich habe nichts gehört.« – »Dann schlaf weiter«, sagte er.

Komisch, dachte sich das Schusterkind, wie kann es angehen, dass der Franzose Angst vor dem Tod hat? Und meine Bettdecke – sie bewegt sich von allein! Komisch! Sie kann fliegen!

Für die Nacht żum Freitag kam Barteks Mutter zum Schlafen in die Hanka-Sawicka-Straße. Sie zog ihren Pullover und ihren Rock aus, zog ihre Unterwäsche und Strümpfe aus, und nachdem sie ihre Kleidung vollständig ausgezogen hatte, legte sie sich nackt zu ihrem Sohn und sagte: »Hilde – die ist so was von krank im Kopf! Dass sie dich mit Monte Cassino über die Nacht allein lassen wollte, werde ich ihr nie verzeihen! Und du komm wieder nach Hause zurück, mein Schusterkind, komm zurück! Du fehlst uns sehr! Ich schaffe es nicht einmal mehr, richtig einkaufen zu gehen oder etwas zu kochen! Quecksilber kann ich nicht mit einem Einkaufszettel losschicken – er ist so kränklich und schwach! Und du bist so klug und stark!« Dann schlief sie ein, und sie schlief und schlief in dieser letzten Nacht vor der Beerdigung ohne ein absehbares Ende ihres Schlafs, und da sie so fest schlief, begann das Schusterkind sich Sorgen zu machen, denn seine Mutter schlief in ihrer Nacktheit unbekümmert, als wäre Opa Monte Cassino gar nicht tot. Sie hatte keine Angst vor ihm und, wie es Bartek schien, auch nicht mehr vor dem Wassermann, ihrem Ehemann. Dem Schusterkind fiel es dann am nächsten Morgen schwer – zumal es selbst in Monte

Cassinos violetter Obhut nicht richtig schlafen konnte – Stasia zu wecken, damit sie wieder in ihre Schule ging und die Kinder unterrichtete. Solch einen tiefen unbekümmerten Schlaf zu unterbrechen, glich für Bartek einem schlimmen Verbrechen. Und als er im Begriff war, Stasia zu wecken und seiner Mutter das Aufwachen schmackhaft zu machen, öffnete sie von allein ganz langsam ihre Augen. Und sie öffnete auch ihre Lippen, die ungeschminkt waren und die nach einem Lippenstift schrien, weil sie große Sehnsucht nach Liebe hatten. Ausgerechnet an diesem verschlafenen Lippenstifttag sollte das Begräbnis von Opa Monte Cassino stattfinden? Bartek staunte, und seine Mutter wachte endlich auf, und sie war hungrig und durstig und lebendig und gesprächig: »Komm, Bartuś! Wir werden Olcia beim Zubereiten des Frühstücks für die Trauergäste helfen! Das heißt, du wirst mich am Herd vertreten müssen, wofür ich dir sehr dankbar wäre! Es ist das Mahl des Ziegenbocks, das heute den Trauergästen serviert wird! Hast du davon noch nie gehört? Nicht einmal in der Schule? Lest ihr keine Werke unseres großen litauischen Nationaldichters?« – »Wir lesen, und wir wollen lesen, aber wir müssen lesen …«, antwortete ihr das Schusterkind.

Stasia hatte sich für die Beerdigung Monte Cassinos beurlauben lassen, sie war ausgeschlafen und strotzte vor Tatendrang; dieser jedoch hatte nichts mit den Arbeiten zu tun, die in der Küche anfielen und erledigt werden mussten: Für solche Arbeiten hatte sich Barteks Mutter noch nie begeistern können, insbesondere dann nicht, wenn sie sich die Fingernägel frisch lackiert hatte. Sie brauchte viel Zeit für ihre Toilette, für das meditative Sitzen vor dem Spiegel, wenn sie sich schminkte, die Wimpern tuschte, den Puder auftrug, die Lippen rosafarben zum Glänzen brachte, sich das weiße Hemd von ihrem Bauchnabel aufwärts zuknöpfte, den Sitz des Büstenhalters korrigierte. Sie musste sich an diesem Morgen über einer Schüssel waschen – in Hildes Altbauwohnung gab es kein Badezimmer. Und Bartek beobachtete sie beim Waschen, Anziehen und Schminken; er saß auf dem Stuhl in der Küche – die

Tür zu Oma Hildes Schlafkammer war einen Spalt breit geöffnet – und sah seiner Mutter bei ihrer morgendlichen Messe zu: Stasia sprach mit dem Spiegel und ihrem Lippenstift, summte zwischendurch einen Schlager und freute sich, dass sie sich für die Trauergäste, für all die jungen Männer in schwarzen Anzügen, hübsch machen durfte. Und somit war es selbstverständlich, dass Hilde ihrer besten Freundin, der Polin Olcia, beim Zubereiten des Frühstücks und beim Kochen helfen musste – die meisten Gerichte waren Gott sei Dank schon fertig, nachdem Oma Olcia zwei Nachmittage an ihrem Herd verbracht hatte.

Die Witwe erwartete zum Leichenschmaus mehr als zwanzig Trauergäste. Das Mahl des Ziegenbocks, von dem Barteks Mutter gesprochen hatte, würde sehr üppig ausfallen, obwohl am Freitag normalerweise kein Fleisch gegessen werden durfte; aber Hilde war nicht katholisch und musste nicht fasten: Es gab Kohlrouladen, Buletten, Schweineschnitzel, *Bigos*, selbst gemachte Blut- und Schinkenwürste, Hähnchenkeulen, hart gekochte Eier mit Mayonnaise – sowie Bier und Wodka, Cognac und Eierlikör, Kartoffelsalat und Rote Beete, Käsekuchen mit Rosinen und Pralinen aus Warschau; im Fleischerladen am Marktplatz versetzten die splitternackten Fleischhaken an den gefliesten Wänden die hungrigen Kunden in Wut, aber in jedem Haus des Lunatals waren die Kühlschränke voller Wurstwaren und Leckereien, besonders dann, wenn jemand gestorben war oder geheiratet hatte. »Das Jenseits und die Liebe kennen den Hunger und die Gier genauso gut wie das Diesseits und der Hass«, sagte Opa Franzose.

Gegen elf Uhr morgens kam der Wassermann Krzysiek mit Barteks jüngerem Bruder, wenig später Onkel Fähnrich mit dem Geländewagen, auf dessen Ladefläche der Sarg mit Monte Cassinos Leichnam für den Trauerzug zur St.-Johann-Kirche und zum Friedhof an der Luna befestigt werden sollte, und dann erschien endlich auch der Pfarrer Jędrusik. Von seinen Messdienern begleitet, begutachtete er die Speisen, den Leichnam und seinen Sarg. Er war zufrieden und sagte, dass er eine ausgezeichnete Trauerrede für den Verstorbenen halten würde. »Requiem æternam dona eis, Domine, et lux perpetua luceat eis«, sagte er am Sarg Monte Cassinos. »Wir werden mit deiner Totenmesse, mein Sohn, pünktlich anfangen!«

Die Trauergäste strömten in Hildes Wohnung: Opa Franzose, Onkel Versicherung mit Tante Agata und Onkel Fähnrich mit Tante Hania, der Fabrikdirektor Szutkowski, Herr Tschossnek und seine Frau, die Hure Marzena, der Totengräber Biurkowski, der Mörder Baruch, Herr Lupicki mit seiner Tochter Mariola, Michał Kronek, der seine drei Cousins mitgebracht hatte, die litauischen Sänger. Und selbst die Stalinistin Natalia Kwiatkowska war gekommen und erntete von ihrem ehemaligen Geliebten Respekt und bewundernde Blicke – von Olcia und der Witwe dagegen hasserfüllte Curare-Pfeile, die das Herz der Stalinistin auf der Stelle vergiften und töten sollten. Alle Anwesenden unterhielten sich kaum miteinander, sie aßen eine Scheibe Brot, tranken ein Glas schwarzen Tee oder Bohnenkaffee aus Westdeutschland und zwängten sich still ins Wohnzimmer, wo schon der Fotograf Pośpiech zusammen mit dem Pfarrer Jędrusik, den Messdienern und der Witwe am Sarg wartete.

Bartek staunte, als er das Wohnzimmer betrat. Er schloss seine Augen und öffnete sie erst wieder nach zehn Sekunden – er hatte im Geiste bis zehn gezählt. Doch nach wie vor täuschte er sich nicht: Sein Bruder, seine Eltern und Verwandten, der Pfarrer Jędrusik, die Messdiener, der Fotograf, die litauischen Sänger, alle Trauergäste hatten zwei Köpfe – jedem von ihnen war ein Ziegenbockkopf gewachsen, er spross den Trauernden aus der Brust, als würden sie auf der Höhe ihres Herzens einen erntereifen Kürbis in den Händen halten. Die einzige Person, die von dieser blitzartigen Entstellung ein wenig verschont wurde, war Barteks Mutter: Stasia ragten aus der Stirn zwei stumpfe, nur wenige Zentimeter hohe Hörner hervor. Der Fotograf schoss ein paar Fotos – sie würden Bartek die Beweise liefern: Er blickte erschrocken und nervös auf seine Brust und betastete sie und auch seine Stirn mit den Handflächen, doch ihm war, Glück gehabt, diese Transformation erspart geblieben. Und wo war eigentlich der Bucklige Norbert?, fragte er sich. Die Augen des buckligen Sohnes von Herrn Lupicki logen nie, seine Ohren auch nicht – nur er konnte Bartek bestätigen, ob diese grauenvollen Ziegenbockköpfe wirklich existent waren oder nicht.

Als der Pfarrer Jędrusik mit den Gebeten begann, hörte Bartek hinter seinem Rücken eine süße Stimme, die er schon seit langem vermisste; Meryl flüsterte ihm ins Ohr: »Ich bin gekommen, weil ich dich in dieser schweren Stunde nicht allein lassen konnte. Ein letztes Mal will ich dich unterstützen ... Aber ich bleibe nicht lange, ich habe viel zu tun, ich drehe einen neuen Film!« Bartek war außer sich vor Freude, sein Herz lachte, seine Brust lachte, sein geliebtes Mädchen lachte mit, und dann, nachdem der junge Pfarrer die Gebete gesprochen, den Leichnam gesegnet und das Aspergillwasser gänzlich verspritzt hatte, stellten sich die litauischen Sänger vor den katholischen Altar, den Oma Olcia neben dem aufgebahrten Sarg errichtet hatte: Auf einem mit einem weißen Tuch bedeckten runden Tisch, an dem man normalerweise Bridge oder Poker spielte, standen vier Kerzenleuchter, ein Kreuz und ein Bild mit der Gesegneten Jungfrau Maria. Die litauischen Sänger, gekleidet wie Musiker eines Symphonieorchesters, stimmten ein Trauerlied an, zunächst ganz leise, aus Respekt vor dem Toten, aus Respekt vor der Witwe und vor allem aus Ehrfurcht vor dem provisorischen Altar und der Kirche in Rom, und sie sangen im Falsett eine ganze Weile so leise und respektvoll, dass selbst Herr Lupicki – er nahm sogar seine Kippa ab – die Tränen nicht mehr unterdrücken konnte. Bartek musste sich zwingen, ruhig zu bleiben, er hätte am liebsten mitgesungen, denn das Trauerlied gefiel ihm sehr, und dann sangen die litauischen Sänger immer lauter und lauter, und ihre Ziegenbockköpfe, die ihnen aus der Brust gewachsen waren, sangen auf einmal mit tiefen Stimmen mit. Sie sangen nun schon zu sechst, diese litauischen Sänger, wie ein richtiger Chor, und es war kein geistlicher, ja, kein kirchlicher Gesang, sangen da doch drei Heiden und drei Ziegenbockköpfe.

Plötzlich aber brach der Gesang der litauischen Sänger ab, ohne Vorwarnung, als wäre das Trauerlied an dieser Stelle von seinem Autor nicht zu Ende geschrieben worden, und Bartek musste seine Augen wieder kurz schließen und öffnen, denn die Ziegenbockköpfe waren in dem Moment verschwunden, in dem die litauischen Sänger abrupt geendet hatten.

Natalia Kwiatkowska klatschte Bravo, Bravo, wie bei einem Konzert, was nicht einmal den Pfarrer Jędrusik zu einer Rüge anspitzte – Michał Kroneks Cousins verbeugten sich, und nun, in der Stille ihrer höflichen Verbeugung, erinnerte man sich wieder an den Verstorbenen. Sein Sarg wurde mit dem Sargdeckel geschlossen, aber noch nicht vernagelt: In St.-Johann sollten die Trauergäste von Monte Cassinos Antlitz das letzte Mal Abschied nehmen.

Opa Monte Cassinos Trauerzug setzte sich wenig später endlich in Bewegung – es schneite nicht, der Himmel ertrank allerdings in grauen Wolken, und auf den Straßen war es neblig und dämmrig. Barteks Vater und Onkel Versicherung nahmen Hilde in ihre Mitte, um sie beim Gehen zu stützen, und die Männer mussten sie auch während der Totenmesse in der St.-Johann-Kirche stützen, da sie weder sitzen noch knien wollte. »Ich gehe in den Fluss … Bringt mich in den Fluss …«, jammerte sie. Selbst als der Pfarrer Jędrusik von der Kanzel die Trauerrede für ihren Mann hielt, wurde Oma Hilde nicht still und jammerte leise vor sich hin: »In den Fluss will ich …« Und der junge Pfarrer sprach zu den Gläubigen: »Monte Cassino hat einen weiten Weg zu uns ins Lunatal zurückgelegt, um unsere Heimat zu bewirtschaften und zu bevölkern, und lasst es euch gesagt sein: ohne solche Menschen wie Monte Cassino wäre unser Land nicht zu dem geworden, was es heute ist: ein friedliches freies Polen …« Er sprach lange, klarsichtig und mit Nachdruck, die Kanzel schenkte ihm diese ungeheure Macht der Sprache, weil die Kanzel ihre gottestreuen Redner liebte, und der junge Pfarrer sprach über Monte Cassinos schwere und nützliche Arbeit in der Schusterwerkstatt und über seine Frau, die als Einheimische mühselig Polnisch gelernt hätte, und er sprach auch über das grausame Los der Repatrianten, das Monte Cassino mit dem Franzosen und Herrn Lupicki geteilt hätte. Er sprach über Krzysiek und über das Schusterkind, und das war das erste Mal, dass Gott in aller Öffentlichkeit über das Schusterkind sprach – von der Kanzel! Der Pfarrer erwähnte jedoch mit keinem Wort Monte Cassinos Kriegsjahre bei der Wehrmacht, was Michał Kronek zum Naserümpfen und lauten Räuspern veranlasste.

Nach der Totenmesse setzte sich der Trauerzug wieder in Bewegung durch die Straßen von Dolina Róż; er wurde mal von Herrn Lupicki angeführt – sein Angestellter war gestorben, ein Arbeiter und Soldat einer besiegten Armee –, mal von Pfarrer Jędrusik, der das Prozessionskreuz mit beiden Händen hielt. Eine solche Ellenbogenrangelei an der Spitze eines Trauerzugs hatte ihr Städtchen noch nie erlebt. Oma Hilde meinte: »Mir zuliebe, zumal ich auf meinen Gottesdienst verzichtet habe, sollten Sie sich schnell einig werden, wer den Trauerzug anführt.« Herr Lupicki sagte zu Pfarrer Jędrusik: »Ich repariere auch Ihre Schuhe! So lassen Sie mich, Vater, beim Trauern um meinen Freund Schuster sein! Ich habe mit ihm zusammen mein halbes Leben verbracht! Und als wir uns kennen gelernt haben, waren Sie nicht einmal auf der Welt! Es gibt Dinge zwischen Himmel und Erde – da kann die Kirche einem wie mir nicht mehr weiterhelfen, Vater!« – »Sie, Herr Lupicki – mein Sohn –, Sie sollten lieber Ihre Kippa wieder abnehmen! Und ich bin nicht Ihr Lakai!«, ärgerte sich der Pfarrer.

Auf dem Friedhof, als Monte Cassinos Sarg ins Grab herabgelassen worden war und der Totengräber Biurkowski sein Werk zu vollenden begonnen hatte, tauchte wie aus dem Nichts der Bucklige Norbert auf. Er schleppte auf seinem krummen Rücken einen Kartoffelsack aus Jutegewebe, der mindestens fünfzig Kilo fasste, dessen Inhalt aber ganz leicht schien. Norbert rannte den Hügel, auf dem sich Monte Cassinos Grab befand, hoch und kam auf die Trauergäste zugelaufen – auf den Sargdeckel waren schon die ersten Schollen gefallen. Herrn Lupickis Sohn nickte die ganze Zeit mit dem Kopf, lachte und rief freudig von weitem: »Cassin, Cassin, Cassin! Bein, Bein, Bein!« Die Trauergäste machten ihm Platz, und als er direkt am Grabesrand Monte Cassinos, vor Erschöpfung keuchend, zum Stehen kam, öffnete er feierlich den Kartoffelsack und ließ seinen Inhalt in die Tiefe gleiten: Auf den frischen Schollen auf dem Sargdeckel landeten zwei Menschenbeine – blutleer, regenbogenfarben, fachmännisch vom Rumpf abgetrennt, zwei rechte Beine von offenbar unterschiedlicher Länge.

Die Trauergäste sprangen erschrocken und schreiend zur Seite, Oma Hilde fiel augenblicklich in Ohnmacht, kam aber schon nach wenigen Sekunden zu sich – dank Olcias Intervention, die ihr zwei Ohrfeigen verpasst hatte.

Olcias Töchter, die sich weinend umarmten, wurden vom Fabrikdirektor Szutkowski von der in Angst und Schrecken versetzten Meute weggezerrt.

Quecksilber schmiegte sich an Barteks Mantel und fragte: »Sind das die Beinprothesen von Opa Monte Cassino?«

»Schau weg, Quecksilber, schau weg – das ist nichts für dich!«, antwortete ihm das Schusterkind. »Komm, mein Brüderchen, geh zu deiner Mama!«

Herr Lupicki aber war in seiner Wut und Verzweiflung über die Tat seines Sohnes nicht mehr zu bremsen; er ging auf den Totengräber Biurkowski los, um ihm den Spaten aus der Hand zu reißen. Der alte Schuster brüllte, er würde Norbert umbringen, ihn wie einen Hund totschlagen, den eigenen Sohn totschlagen!

Biurkowski ließ sich von dieser Attacke nicht beeindrucken, obwohl er wusste, über welche Muskelkraft der alte Schuster verfügte. Der Totengräber stand da wie eine Mauer, hielt seinen Spaten fest in beiden Händen, den er niemandem hergeben würde, das sagte seine ganze Entschlossenheit, während die drei blonden Schwager sich auf Herrn Lupicki stürzten, um ihn zu Boden zu werfen und zu überwältigen, was ihnen auch mit Leichtigkeit gelang.

Herr Lupicki wehrte sich nicht: Er lag mit dem Rücken auf der Erde, seine Arme zitterten, sein Mund war weit geöffnet, und seine

Augen blickten reglos in den Himmel. Aber er atmete noch, sein Brustkorb hob und senkte sich, wenn auch kaum bemerkbar, wie es der Franzose feststellte, der sein rechtes Ohr an die Brust des Schusters gelegt und nach dem Atem Herrn Lupickis gehorcht hatte. Und während alle vor Entsetzen weiterschrien und weinten, behielt Mariola einen klaren Kopf und brüllte zu Pfarrer Jędrusik herüber, er solle seine dämlichen Messdiener zu der benachbarten Molkerei schicken, damit sie einen Krankenwagen riefen. Aber die Messdiener waren längst über alle Berge, und dem jungen Pfarrer hatte es die Sprache verschlagen: Er klammerte sich an sein Prozessionskreuz, als befände er sich in Lebensgefahr, und konnte in seiner Angststarre keinen Fuß mehr vor den anderen setzen.

Opa Franzose und der Friseur Tschossnek machten sich stattdessen sofort auf den Weg, um die Miliz zu benachrichtigen. Und da begriff der Bucklige Norbert allmählich, dass er etwas Falsches getan haben musste. Er hockte sich neben seinen Vater hin und sagte: »Cassin nicht tot – er braucht Bein, Bein, Bein für Himmel!« Doch Herr Lupicki reagierte nicht auf die Worte seines Sohnes. Er lag im Schnee und zitterte am ganzen Körper. Er reagierte auch dann nicht, als Barteks Vater den Buckligen Norbert an den Haaren packte und ihn derb beschimpfend von Herrn Lupicki wegschleifte: »Du Drecksack! Du Aas! Du Drecksack!«

Da wurde dem Schusterkind klar, dass es Norbert nie wieder in Freiheit sehen und dass in Dolina Róż nie mehr Frieden herrschen würde. Der Franzose war an allem schuld, der Franzose, dachte Bartek, obwohl er wusste, dass das dumme Gedanken waren – aber irgendjemand musste schuld sein. Der Franzose war schuld! Der Franzose! Der Hale-Bopp-Komet war schuld, und auch das Olympische Feuer des Johanniter-Krankenhauses. Die Polnischlehrerinnen aus dem Mechanischen Technikum in Dolina Róż – sie trugen alle die Schuld: die Himmelskörper und die Menschen, dachte Bartek, der Franzose!

Kapitel 16: Die Flucht

(Epilog für die Schusterkinder)

»Schusterkinder aller Länder, vereinigt euch!«, sprach Bartek laut vor sich hin. Es war Samstagabend, und er ging zu seinem Freund Anton, mit dem er jedoch in ihrem geliebten *poczekalnia*, im Yachtclub, nicht nur ein paar Bier zu trinken und die Hitliste von *Radio 3* zu hören beabsichtigte, nein, Bartek wollte Anton vor allen Dingen in seinen Fluchtplan einweihen, zumal er das wenige Geld, das er besaß, für eine Bahnfahrkarte nach Gdańsk ausgegeben hatte. Bartek hatte beschlossen, seinem Opa Franzose nach Gdańsk zu folgen, und er hoffte, dass ihm Anton ein paar Kröten leihen würde, um das Allernotwendigste an einem fremden Ort bezahlen zu können – eine Taxifahrt zu der Wohnung des Bruders von Opa Franzose oder eine Schachtel Zigaretten, ein Brötchen und eine Pepsi-Cola und, wenn alle Stricke reißen sollten – was das Schusterkind durchaus in Betracht zog –, eine Rückfahrkarte nach Hause. Vielleicht wollte Anton sogar mit ihm zusammen durchbrennen – wer konnte das schon wissen?

»Schusterkinder aller Länder, vereinigt Euch!«, wiederholte Bartek immer wieder laut vor sich hin. Nach der chaotischen Beerdigung von Opa Monte Cassino hatte er seinen Fluchtplan gefasst. Und aus dem Leichenschmaus bei Oma Hilde zu Hause wäre zum Schluss beinahe eine doppelte Trauerfeier geworden: Herr Lupicki hatte noch auf dem Friedhof einen leichten Herzinfarkt erlitten, musste jedoch nur eine Nacht zur Beobachtung im Johanniter-Krankenhaus verbringen. Sein Sohn war zwar von der Miliz vom Friedhofsgelände in Handschellen abgeführt und vorläufig ins städtische Gefängnis gesteckt worden – zu dem deutschen Spion aus Amerika –, der Bucklige Norbert hatte aber im Grunde nichts Böses getan. Die Miliz hatte in seinem Fall erstaunlich schnell ermittelt. Es stellte sich heraus, dass Norbert am Freitagmorgen in das Krematorium des Johanniter-Krankenhauses eingebrochen war, um zwei Menschenbeine zu stehlen. Dort fielen ihm zwei Raucherbeine, die für die Einäscherung bestimmt waren, in die Hände, und er hatte sie ganz einfach mitgenommen. Opa Franzose meinte, dass Herrn Lupickis Sohn nicht mehr nach Hause zurückkehren würde – ihm blühe eine Einweisung in die geschlossene Abteilung einer psychiatrischen Klinik, und zwar mit der Empfehlung für einen dauerhaften Aufenthalt; daran könne nicht einmal der liebe Gott etwas ändern, behauptete der Franzose. »Euer lieber Gott!«, hatte er gesagt.

Aber das war noch nicht alles, denn an jenem Freitagabend geschahen in Dolina Róż noch andere merkwürdige Dinge. Auch Schtschurek hatte sich einen Einbruch geleistet, der für ihn jedoch ein schlimmes Ende nahm. Er war in einen Keller der Plattenbausiedlung an der Luna eingedrungen, um einen mit Sprit vollgefüllten Kanister zu stehlen. Dabei wurde er erwischt und zusammengeschlagen. Der Kellerbesitzer, der Schtschurek bestens kannte, hatte mit dem Dieb kein Erbarmen gehabt. Schtschurek erlitt Knochenbrüche, Platz- und Risswunden und musste ambulant behandelt werden. Die Miliz verhängte über Barteks größten Feind Hausarrest – fliehen konnte er sowieso nicht. Er lag nun zu Hause im Bett, und Bartek hatte seinen ganzen Mut zusammengenommen und ihn am Nachmittag besucht, weil ihm eine Frage nicht aus dem Kopf gehen wollte: Wozu brauchte der Sohn des Totengräbers Benzin?

Schtschurek staunte sichtlich – er bekam nie Besuch, und selbst seine Eltern mussten staunen –, als Bartek bei ihnen zu Hause hereingeplatzt kam. Das Schusterkind hatte erwartet, dass ihn Schtschurek auf der Stelle verjagen würde (»Verpiss dich, du Hurenkind!«), doch sein größter Feind, der im Gesicht Risswunden hatte und dessen rechte Hand in Gips steckte, brach stattdessen in Tränen aus und sagte, er hätte nie und nimmer damit gerechnet, dass sich irgendjemand aus dem Städtchen nach seinem Zustand würde erkundigen wollen, schon gar nicht einer seiner Feinde, eines seiner beliebtesten Opfer, und überhaupt, Marcin sei schuld an allem, er hätte ihm den Auftrag gegeben – für viel Geld –, nach Monte Cassinos Leichenschmaus in der Nacht zum Sonntag die Schusterwerkstatt anzuzünden, und das sei schon der zweite Auftrag gewesen. »Du warst es also, der auch die Molotowcocktails geworfen hat?«, fragte ihn Bartek anschließend. – »Ja, ja, ja!«, antwortete Schtschurek, der auch verriet, wo er Marcins Geld für die beiden Aufträge versteckt hatte. »Du kannst es haben!«, meinte er. – »Ich will's nicht! Diese Knete ist schmutzig!« Und das Schusterkind war froh, das gut gemeinte Angebot abgelehnt zu haben. »Können wir wenigstens Frieden schließen?«, fragte zum Schluss sein größter Feind. – »Das muss ich mir noch überlegen ...«

Der Besuch bei Schtschurek hatte sich als Volltreffer erwiesen: Bartek fühlte sich nun darin bestätigt, dass er alles richtig machte und dass ihm nichts mehr aus dem Ruder laufen konnte. Und nun ging er zu seinem Freund auch deshalb, weil er Anton von Marcins Verrat berichten und mit ihm über mögliche Konsequenzen für Marcin, den Aristokraten des Denkens und Handelns, beraten wollte.

»Schusterkinder aller Länder, vereinigt euch!«, sprach er mit sich selbst. »Unsere Verräter, unsere Aristokraten und Denker, unsere Mitschüler, unsere Lehrer für Metallurgie und für Technisches Zeichnen, unsere Polnischlehrerinnen, unsere Dichter und auch unsere Eltern und Verwandten führen uns ständig an der Nase herum! Damit muss endlich Schluss sein! Wir sind keine Feiglinge und Duckmäuser, keine Schreiberlinge und Nichtsnutze! Wir sind die Schusterkinder, die in Wirklichkeit nicht wissen, was ihnen der Tag bringen wird und wo sie speisen, trinken und übernachten werden! Und wo es brennt – das sind wir! Und jetzt brennen die Bahnhöfe und Züge! Im ganzen Land brennen die Züge und Bahnhöfe!«

Er war glücklich: Morgen würde er zum ersten Mal in seinem Leben auf eine große Reise gehen und Dolina Róż womöglich für eine lange Zeit verlassen! Er war noch nie in Gdańsk gewesen, noch nie, denn die größte Stadt, die er je gesehen hatte, war Olsztyn, und in Olsztyn gab es vielleicht mehr ehemalige Wehrmachtskasernen, mehr Friedhöfe und Krankenhäuser, mehr Schul- und Parteigebäude, mehr Schusterwerkstätten und Fabriken, mehr Kirchen und Plattenbauquartiere als in Dolina Róż, doch das war es auch schon. Selbst der Bahnhof von Olsztyn, den der Franzose am liebsten als Missgeburt der sozialistischen Architektur der Volksrepublik Polen bezeichnete, zog im Vergleich mit der alten ostpreußischen Station von Dolina Róż den Kürzeren. Das war nun aber Bartek egal, da jetzt beide Bahnhöfe brannten, in seinem Reisefieber brannten …

Barteks Fluchtplan war einfach und dann doch nicht so einfach, obwohl er eigentlich einfach war. Er wollte den Franzosen bei dessen Bruder Jan in Gdańsk überraschen. Er hatte die Adresse aus Stasias Adressbuch abgeschrieben, und er konnte sich nicht vorstellen, dass ihn der Bruder von Opa Franzose vor die Tür setzen würde.

Opa Franzose verbrachte seinen letzten Abend zusammen mit Barteks Eltern, bei denen er auch übernachten wollte. Stasia und Krzysiek würden den Eisenbahner am nächsten Morgen mit dem Taxi zum Bahnhof bringen. Sein Zug fuhr kurz nach acht. Bartek hatte sich von Opa Franzose anständig verabschiedet und den Eltern erzählt, er hätte eine Verabredung mit Anton und würde auch bei ihm über Nacht bleiben. Doch das war nur die halbe Wahrheit. Der Zug nach Korsze, dem nur wenige Kilometer entfernten Nachbarstädtchen und wichtigsten Eisenbahnknotenpunkt des Lunatals, wo der Franzose umsteigen musste, bestand nur aus zwei Waggons der 2. Klasse, und diese wurden schon am Abend zuvor am Bahnsteig bereitgestellt, denn Dolina Róż war der letzte Bahnhof vor der Grenze zu Russland. Die Waggons luden früh zum Einsteigen ein!

Er ging zu Anton, aber er ging auch gleichzeitig zum Bahnhof. Seine Beine trugen ihn zu Anton, in Gedanken ging er jedoch zum Bahnhof, der brannte, und wie er da so glücklich und in seinem Reisefieber zum Bahnhof ging, wo auf den Gleisen die beiden Waggons auf ihn warteten, dachte er, dass er bald, in wenigen Stunden bereits, in einem der dunklen Waggonabteile sitzen und aus dem Fenster schauen würde. Und dann dachte er, dass genau hier, an diesem Punkt, sein Fluchtplan gefährdet war. Er durfte sich nicht von Opa Franzose erwischen lassen, der ihn in Korsze bestimmt wieder nach Hause zurückschicken würde. Aber ich werde es schaffen, dachte er, ich werde mich auf der Toilette einschließen und in Korsze als Letzter aus dem Zug steigen und als Letzter in den Zug nach Gdańsk springen – unsichtbar für die Welt und den Franzosen: Ich werde mich unsichtbar machen wie die Klapperschlange Kurt Russel im Kino *Zryw*! Schusterkinder aller Länder, vereinigt euch! Und du, Mutter, du sollst nicht traurig sein, du hast deinen Lippenstift, er wird dich beschützen und trösten! Keine Bange, ich werde eines Tages nach Dolina Róż zurückkommen, wie der Franzose! Ich bin Eisenbahner! Ich brenne ...

Herr Lupicki und der Hauklotz

... und während das Schusterkind zu Anton ging (nein!, zum Bahnhof!), saß Herr Lupicki schon seit einer Weile auf dem Sofa in der Totenkammer seiner Werkstatt und versuchte, seine Gedanken zu ordnen, und da ihm dieses Ordnen nicht gelingen wollte, klemmte er sich den Hauklotz zwischen die Beine und fing an, in den Hauklotz Nägel zu schlagen, einen Nagel nach dem anderen, und je härter, je wütender er mit dem Hammer die Nägel in den Hauklotz haute, desto klarer wurden seine Gedanken. Die Ärzte hatten ihm ausdrücklich gesagt, er solle zu Hause bleiben und sich ausruhen und am Montag wieder zur Kontrolle kommen. Der alte Schuster pfiff aber auf den Ratschlag der Ärzte, er hatte seinen besten Angestellten und Freund verloren, und obendrein auch noch seinen Sohn, denn sein Sohn war verloren: Der Hauklotz wusste es und auch der Hammer, der in Herrn Lupickis Hand den Takt seiner Wut trommelte, dass Norbert endgültig verloren war. Von seiner Tochter war nichts zu erwarten. Mariola machte schon seit langem nur noch, was sie für richtig hielt, außerdem war sie genauso verrückt wie ihre krummbeinige Mutter. Im Prinzip war Mariola auch verloren – verloren an die vielen, vielen Männer, die sie begehrten. Und während das Schusterkind zu Anton ging, schlug Herr Lupicki die Nägel in den Hauklotz, einen nach dem anderen, ohne Unterbrechung, und seine Gedanken wurden so klar und leicht, dass er mit diesem sinnlosen Hämmern nicht mehr aufhören konnte. Er schlug auf den Hauklotz ein und begriff plötzlich, gegen wen sich seine Wut richtete.

»Der Franzose«, brüllte er. »Der Franzose! Es ist der verdammte Franzose, der an all dem Schlammassel schuld ist! Warum ist er bloß zu uns zurückgekommen? Warum? Der Franzose, der verdammte Franzose!«

Herr Lupicki brüllte und hämmerte weiter, weil ihm das Hämmern im Kopf Klarheit verschaffte, obwohl er sich gleichzeitig vor dieser Klarheit ein wenig fürchtete, denn er dachte, dass es für alle in Dolina Róż besser gewesen wäre, der Franzose hätte niemals das Licht der Welt erblickt, niemals.

»Franzose!«, brüllte er. »Franzose, überall musst du dein Gift verteilen – das Gift eines Eisenbahners und Reisenden, das Gift eines Heimatlosen und Ungläubigen, und sobald die Menschen von deinem Gift etwas gekostet haben, wollen sie weder leben noch sterben. Sie wollen nur noch fliehen! Und ich will auch nicht mehr leben oder sterben! Ich will nicht mehr! Franzose! Warum musstest du bloß zu uns zurückkommen?! Und ihr, ihr toten vergessenen Schuhe, warum glotzt ihr mich so an?!«

Wumm!, Wumm!, er schlug auf den Hauklotz ein, Wumm!, Wumm!, er haute auf ihn ein und trommelte auf ihm und beschimpfte den Franzosen und die von ihren Besitzern nicht abgeholten Schuhe, die ihn im Regal der Totenkammer anstarrten, mit den Augen ihrer verantwortungslosen Besitzer anglotzten, an deren Namen sich Herr Lupicki bestens erinnerte, obwohl diese Kunden längst unter Toten wandelten und schon bald für immer in Vergessenheit geraten würden. Wumm! Wumm!

Glossar

Dietrich von Altenburg Hochmeister des Deutschen Ordens in Ostpreußen, gest. 1341 in Toruń (dt. Thorn). Er bemühte sich um dauerhaften Frieden mit Polen und war Nachfolger des Hochmeisters Luther von Braunschweig, der 1332 die Stadt Bartenstein (poln. Bartoszyce) begründete: Sie ging aus dem Ort Rosenthal (poln. Dolina Róż) hervor.

AK poln. »Armia Krajowa«, die Landesarmee (auch Heimatarmee), militärische Widerstandsbewegung, gegr. 1942, unterstand der poln. Exilregierung in London, 380 000 Mitglieder. AK bereitete den Warschauer Aufstand vom 1. August 1944 vor.

Krzysztof Kamil Baczyński poln. Dichter, geb. 1921 in Warschau, ein Ausnahmetalent – er fiel 1944 als AK-Soldat im Warschauer Aufstand. Seine Liebesgedichte für Basia, seine Frau, die ebenfalls im Warschauer Aufstand umkam, sind legendär.

Bartel und Gustabalda Die pruzzische Liebeslegende hat eine Ähnlichkeit mit dem klassischen Liebesstoff à la »Tristan und Isolde«. Vermutlich stellen die berühmten, wahrscheinlich von den Pruzzen geschaffenen Steinskulpturen von Bartoszyce, die auch »Bartki« oder »kamienne baby« genannt werden, Bartel und Gustabalda dar.

Bartuś poln. Koseform von Bartłomiej wie z. B. auch Bartek.

cześć poln. für »Hallo!« und »Tschüs!«.

ćpun poln. für Junkie, wobei Substantive im Poln. klein geschrieben werden.

Die Gelbe und Schwarze Kaserne In Bartoszyce gab es vor 1989 zwei Kasernen, da diese Stadt nach 1945 eine Garnisonsstadt geblieben ist. Der Name der Gelben Kaserne ist eine Huldigung an den General Tadeusz Kościuszko (1746–1817), der im Amerikanischen Unabhängigkeitskrieg kämpfte und auch dem Aufstand gegen das Zaristische Russland im Jahre 1794 seinen Namen gab.

Katyń Im Frühjahr 1940 ermordeten NKWD-Schergen in einem Wald bei Katyń 22 000 poln. Staatsangehörige, u.a. Offiziere, Polizisten, Beamte, Intellektuelle und viele andere. Erst 70 Jahre nach dem Massaker und nach dem Flugzeugabsturz des poln. Präsidenten Lech Kaczyński am 10. April 2010 kam es zu einer beiderseitigen Annäherung zwischen Russland und Polen bezüglich des Massakers von Katyń.

»*Das Lied von der Perle*« heißt der 1982 erschienene Gedichtband von Czesław Miłosz (1911–2004). Der Titel geht auf die gnostisch-eschatologische Geschichte vom Fall und von der Wiederherstellung der Seele zurück. »Das Lied von der Perle«, auch »Hymn of the Pearl«, ist eine apokryphe bzw. gnostische Dichtung iranischen Ursprungs und findet sich in den sogenannten Thomasakten.

Lwów poln. für Lemberg.

masarnia poln. Fleischerladen, vor allem in Masuren.

Karol Marks poln. Schreibweise von Karl Marx.

Adam Mickiewicz (1798–1855) Als wichtigster poln. Dichter und Romantiker übte er einen ungeheuren Einfluss auf Czesław Miłosz aus, der ebenfalls in Litauen geboren wurde. Mickiewicz' Drama »Totenfeier« (»Dziady«, zum Teil in Dresden entstanden) und National- und Versepos »Pan Tadeusz oder Der letzte Einritt in Litauen« (»Pan Tadeusz czyli ostatni zajazd na Litwie«) sind wichtige Schlüssel zur Kulturgeschichte nicht nur der poln. Mentalität und Psyche; beide Werke haben in ihrem philosophisch-literarischen Synkretismus einen universellen Charakter und sind daher ein kulturelles Erbe der Menschheit.

Mimesis In Platons literarischer Ästhetik ist das Prinzip der Nachahmung moralisch fragwürdig.

Nacia poln. Koseform von Natalia.

Fryderyk Nietzsche poln. Schreibweise des Vornamens Friedrich. Nietzsche (1844–1900) bekannte sich zu seiner poln. Herkunft in »Ecce Homo« und in dem Brief an Georg Brandes vom 10.4.1888, in dem er seine »Vita« folgendermaßen vorstellt: »(…)

Meine Vorfahren waren polnische Edelleute (Niëzky); es scheint, daß der Typus gut erhalten ist, trotz dreier deutscher ›Mütter‹. Im Auslande gelte ich gewöhnlich als Pole, noch diesen Winter verzeichnete mich die Fremdenliste Nizza's comme Polonais. Man sagt mir, daß mein Kopf auf Bildern Matej(k)o's vorkomme. (...)« Und in »Ecce Homo« schreibt der Philosoph (Autorenrechtschreibung und -interpunktion): »(...) Und doch waren meine Vorfahren polnische Edelleute: ich habe von daher viel Rassen-Instinkte im Leibe, wer weiß? zuletzt gar noch das *liberum veto*. Denke ich daran, wie oft ich unterwegs als Pole angeredet werde und von Polen selbst, wie selten man mich für einen Deutschen nimmt, so könnte es scheinen, daß ich nur zu den *angesprenkelten* Deutschen gehöre.«

Odra poln. Computerentwicklung aus Wrocław, populär vor allen Dingen in den 70ern des 20. Jahrhunderts.

Józef Piłsudski (1867–1935), poln. Politiker und Marschall, der die sogenannte II. Polnische Republik maßgeblich mitgeprägt hatte: politisch und militärisch. Piłsudski wurde auf der Wawel-Burg beigesetzt.

Piracka Im Dt. würde die Bar »Zum Piraten« heißen.

PKS Państwowa Komunikacja Samochodowa, von 1945 bis 1992 Staatlicher Personenverkehr.

PKP Polskie Koleje Państwowe, Polnische Staatliche Bahn.

SB poln. Sicherheitsdienst, vergleichbar mit der Stasi in der DDR.

Schtschurek poln. Schreibweise »szczurek«, junge Ratte.

skurwysyn poln. Hurensohn und zugleich eines der vulgärsten Schimpfwörter.

das dunkle süße Tal Eine Anspielung auf die Verse aus dem Gedicht »Synthese« von Gottfried Benn.

Tolek Banan Filmfigur aus der TV-Kultserie »Stawiam na Tolka Banana« (»Ich setze auf Tolek Banan«) für Jugendliche aus dem Jahre 1973.

Tschossnek poln. Schreibweise »czosnek«, Knoblauch.

Unde malum ist eine der wichtigsten Fragen der Theodizee, die sich mit Hiobs Problem auseinandersetzt und nach dem Sinn des Übels in der Welt forscht. Bei Plotin (um 205 – um 270) ist sie auch eine Zentralfrage. Fiodor Dostojewski (1821 – 1881), Jean-Paul Sartre (1905 – 1980) und Leszek Kołakowski (1927 – 2009) beschäftigte diese Frage in ihren Werken ebenso sehr intensiv. In Czesław Miłosz' gleichnamigem Gedicht aus dem Bändchen »To« (»Das«) von 2000 heißt es an einer Stelle: »(…) gute Natur und der böse Mensch / das ist eine romantische Erfindung / und wenn es wirklich wahr wäre / ließe es sich aushalten (…)«

Vielleicht kommt sie von den Engeln und gar nicht von der Erde?! Anspielung auf den Titel der Erzählung »Matka Joanna od aniołów« (»Mutter Joanna von den Engeln«) von Jarosław Iwaszkiewicz (1894 – 1980) – eine Erzählung, die 1960 unter demselben Titel von Jerzy Kawalerowicz meisterhaft verfilmt wurde.

Wenecja poln. für Venedig.

Widewut auch Widewut, sagenhafter König der Pruzzen.

ZMP (1948 – 1957) Związek Młodzieży Polskiej, Verband Polnischer Jugend im Stalinismus.

zwyczajna zwyczajny poln. gewöhnlich, hier Bezeichnung für Wurst.

Gisela Rudolf

Das Leben der Eltern ist das Buch, in dem die Kinder lesen

Die wilden 50er Jahre der Schweiz: neue Autos, Schlager im Radio, Dienstmädchen aus Italien, schräge Tanten, tolle Männer, die erste Beichte, Camping am Meer. Ein Familienroman, der von einer Reise aus dem Wallis in die Üsserschwiz erzählt, von der Reise eines kleinen Mädchens ins Leben und in die große Welt.

»Ein kleiner Roman. Und doch ein großes Buch.«

Martin Lüdke

»Leichtfüssig geschriebener, jedoch tiefgründiger Familienroman.«

Schweizer Illustrierte

»Gisela Rudolf hat den charmantesten Schweizer Roman der Saison geschrieben.«

Sven Boedecker, Sonntagszeitung

Roman
Geb., 300 Seiten
€ 19,80 (D)
€ 20,40 (A)
CHF 33.50
weissbooks.com

weissbooks.w

Artur Becker
Der Lippenstift meiner Mutter
Roman

Konzept Design
Gottschalk+Ash Int'l

Umschlaggestaltung
Julia Borgwardt, borgwardt design
unter Verwendung einer Illustration von Lisa Hohmann

Foto Artur Becker
© Jürgen Bauer

Druck und Bindung: CPI – Claussen & Bosse, Leck
Printed in Germany
Erste Auflage 2010
ISBN: 978-3-940888-57-0

arturbecker.de
weissbooks.com